卷四

周易全书

林之满 主编

吉林出版集团有限责任公司

周易全书

目　录

易经的智慧

引　言

易经的做人智慧

易经的处世智慧

易经的智慧

引　言

《易经》不但是我国最古老的经典，而且自古以来，就被推崇备至，尊为“群经之首”。

《易经》仰观天文，俯察地理，中通万物之情；究天人之际，探索宇宙、人生必变、所变、不变的大原理；通古今之变，阐明人生知变、应变、适变的大法则，以为人类行为的规范。这一天理即人道的天人合一的哲学思想，称作“天人之学”，为我国传统文化的基础，一切学术思想的根源。

天地间万事万物由卑下微小到高尚宏大，杂然纷呈，又共居于天地之间。

天地万物从小到大，从卑到尊自然排列。

动与静有常理：动极必静，静极必动，阳刚阴柔，自有分别。

到这里，我们有必要说到精神，说到智能，说到有无。

精神智能之有无在于人。人有精神，人有智能在于人在想、人在动，精神、智能又从无中来。正因为无，人们便可凭精神智能去创造成功，也可能失败。而无则无所不在，则所在皆有成功与失败，或者吉凶祸福。人要知此结局，应该细细了解《易经》道理。

人各有道，物各有理；人以类聚，物以群分。此一方和彼一方，必然有矛盾冲突，也必然和平共处。这就是吉凶产生的原因，变化发生的内在动力。

道在中国人的智能中，是至高无上的。

什么是道？阴阳结合，相反相成、相克相生而已。它是规律，它是路线，它是方向。它并不存在，但它又与人与事与物同在，并且无处不在。所以，它又是发生、发展、变化，它是过去，是现在，更是未来。

玩味道理是一种乐趣。行动中观察它的应验与事理变化，物象变幻，证吉凶，算未来，上得天，下得地，中得人，趋吉避凶，一切吉祥如意，无往不利。这又如何不其乐无穷。

道理是虚的，人的行动却是实在的。

君子立身处世，言语、行动是关键。

成功的路上，吉利的路上，人总是越聚越多；失败的路上，祸患的路上到底也有人走，虽然不是愿意的，这不愿意只是在事后才后悔不及，永以为戒。所谓一朝被蛇咬，十年怕井绳。

然而成败本无道路，只在众人一心愿往。

按道去做，那就是事件、事业。

运用道，神妙莫测；与道共舞，那就出神入化了。

吉凶善恶见卦爻，利害得失在明察。卦爻是死的，人是活的。人活得聪明有精神便看得出卦爻风起云涌，或日月光明。所以，人活卦活万事活，成败祸福全在君子一心。

《易经》，真是造物主失落在大地上的神奇的戏法。

易经的做人智慧

《易经》强调变化，给人指方向，指道路，但道路、方向本身不是成功，一切都在时空中，路还得靠自己走，走快走慢，和谁一起走，怎么走，况且路也有岔道，取舍即有吉凶成败，易不能告诉人所有，全在自己把握。

所以，应当这样说，阴阳交错变化，数字错综推演，正如世事如棋，人心似海，这就是变化。知道变化，便可读易经，便可用易经，也便知人事，亦可于此世界，安身立命。

胸怀有多大，成就就有多大

原文：地势坤，君子以厚德载物。

译文：大地的气势厚实和顺，君子应增厚美德，容载万物。

活学活用：有一个电视栏目，好像叫“成功人士谈成功”吧，一位台湾来上海做生意的女士，曾谈到成功的“三本”原则，即：本钱，本事和本人到场。

这“三本”是指生意而言。所以，第一本就是本钱，然后才是本事和本人到场。

这是个人的生活体验。但从《易经》的层面上理解，这“三本”确实也谈到了一些人生成功的要素。

一个人，无论从事什么样的职业或工作，本钱是不可缺少的。

本钱对于不同的工作，不同的环境，不同的对象，有不同的理解和要求。老板需要一些雇员下河捞沙，雇员最大的本钱是身体强壮，适合在水里长时间泡浸；老板需要一位柜台收银员，这位收银员最大的本钱应该是诚实、厚道，而不在于会算、小心。会算、小心也重要，但它仅仅是基本本钱，而不是最大的本钱；老板如果需要推销员的话，那么勤快，能说会道，是最大的本钱。

如果人生是一场拼搏，是一场“生意”，那么，你有什么样的本钱，就应该做什么样的生意。这是成功的第一要诀。

《易经》全书六十四卦，几乎都在强调人的“本钱”的积累。这个本钱，是指道德与精神。

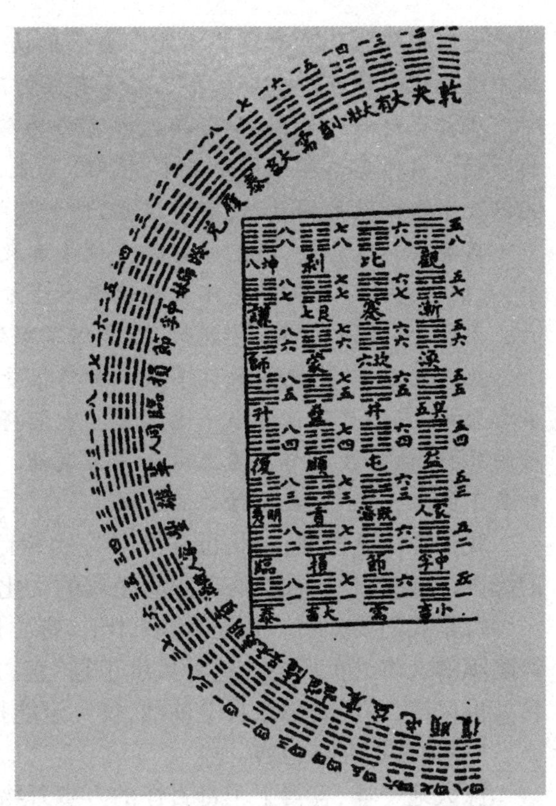
六十四卦方圆象数图(部分),出自明·来知德《易经来注图解》

《易经》是一本说“变”的书,变是天道,变是永远,不变是暂时。所以,《易经》认为,什么事都可以变化,并且可以预测(或者说预知)。如果有不能预知(预测)的,那么就是客观太强大,事情太糟糕。这样的情势,就是我们一般人常说的“想都没有办法想”。另外一种情形就是,你这个人用心太坏,太险恶,所以事情不能预测。即使能预测结果,也是不准的,因为你有悖天理人情。《易经》讲究因果关系,讲究“正”。如果你不中不正,老天也帮不上你的忙。

《易经》中有一个著名的故事,说明假如你不中不正,占卜有结果也没有用处。一位王母与奸夫一起,为了窃国陷害天子,结果事情败露。她去占卜,得了一卦。卦师告诉她:可以走,还是吉。但王母自己都知道死期已到,不会脱身走得了的。她说:像我这样不忠不贞的人,做了这样不中不正的事,即使得了好卦,有了指点,也不会逃脱得了。

由此,君子应当效法大地,以宽厚的德行,负载万物。做人首先要宽厚为怀。这是基础。

坤卦的第二爻辞说:“直、方、大,不习无不利。”古代有一个说法:天圆地方。所以《易经》教导人,只要你像大地一样坦荡,一样笔直,又极为广大,如果你具有了“直”、“方”、“大”这样的德行(或者说底蕴),不需要学习,也不会不利。

这里强调了厚德的基本原则是,直率、方正、宽大。

直,是公正无私的正直;方,是处世果断有方的才干;大,是宽大为怀的气量。这是每一个人处世必须具备的人格魅力。

拿破仑手下一位将军在一次军官会议上说:

在很短的期间内,你们之中的每一个人都将控制另外某些人的生命。你们将领导一些忠于国家但未经训练的公民,他们将接受你的指挥与领导。你所说的话就是他们的法律。你随口说出的每一句话都被他们铭记在心。你的态度将被模仿。你的服装、你的举止、你的言谈、你的指挥态度,都将被模仿。

当你加入你的部队时,你将发现,有这么一群人,他们对你并无所求,只希望你能表现出一些才能,获得他们的尊敬、效忠与服从。他们已准备妥当,急于追随你,只要你能使他们相信你具有这些才能。当他们认为你并未拥有这些才能时,你最好自己挥手道别吧。你在那个部队中已经没有任何用处了。

从社会观点来看,这个世界也许可分为领袖与追随者两部分。各行各业有他们的领袖。在所有这些领导阶层中,很难(如果不是不可能的话)分辨出纯粹的领导才能以及个人成就的因素,没有了这些,任何领导能力都失去了它的价值。

只有在军队方面,我们才能盼望领导者表现出最高尚、最公正的态度,因为,在军中,人们愿意为了信仰而毫不犹豫地牺牲生命,为了正义或阻止错误而愿意受苦或死亡。因此,当我说到领导才能时,我是指军事领导才能而言。

几天之后,你们之中的大多数人都将接受委任,出任军官。这些委任令不会使你成为领袖,它们只能让你当一名军官。它们将把你安置在一个位置上,只要你拥有正确的品行,你将在这个位置上成为一名领袖。但你一定要善待他人,而且要多多善待你属下的人,而不是去巴结你的上司。

我们在读这段演讲时,也许不以为然,因为这是一位早已过时的、不知名的将军的演讲,是在与现代社会有着很大距离的文化背景和时代背景下的即兴表述。

可是我们要知道一位正直、有才干、有心量的人,实际上就要具备指挥将士们冲锋陷阵的大将处世风度。这种风度正是“直、方、大”综合品质的凝结和发散。有了这种处世风度,不需要你亲自上前线,仗一定能打赢的,这就是“不习,无不利”的秘诀。

广大,必然存在包容。

像大地一样,容得下千奇百怪的万事万物。

大地既容得下天丽日艳,也容得下狂风暴雨;既容得下百花争艳,也容得下秋风萧瑟;容得下春风得意,也容得下数九寒冬……

宽容,就会博大,就会丰富,就会轮回,就会长久。

宽容,也必定包含着正直。一个人自己不正直,就无法做到宽容。

没有正直和正义之心、之行,就不会高屋建瓴,就不能有大的胸襟,去包容万物万事。

《左传》说了一个故事。有一个叫南蒯的人,羽翼丰满了就想谋反。他想起事,还占了一卦,刚好是坤卦的“六五”爻。爻辞说:“黄裳,元吉。”春秋战国时期,盛行“东、南、中、西、北”的说法,中代表黄色。

皇帝的衣服为什么要用黄色就是从这里来的,黄色代表“中”,代表“中心”。那“黄裳,元吉”就是说,有成功的可能,有取代中心的意象,爻辞又明显说“元吉”,于是他就非常高兴,摩拳擦掌。但子服惠伯规劝他说:“忠信的事,则可;不然必败。”接着,给他解释:黄是中色,裳是下饰。你要得到元吉,必须谦逊,藏好自己的文韬武略。什么叫黄裳呢?最初的说法是,士以上身份的人穿黄色的裤子,上身穿黑色的礼服,礼服很长,罩着黄裤子,只露出一点文采,象征着一个人的美德。

只要你能够宽容,一般来说,会成功。

按照《易经》的说法,直即正,方指义。如果一个人能够以敬畏和谨惧的态度,使内心正直,又能以正义的准则作为自己外在的行为规范,他的德行就不会孤立。如果不孤立,得到了大家的拥护,离成功还远吗?

宽容的表现,有一大特色就是温和,温柔。

《易经》的作用,完全在阴阳。阴阳生八卦。孔子说:进入《易经》,有一个门。这个门就是阴和阳。

《易经》里所指的“温柔”,有三层意思。第一层意思温柔是一种美德,但首先要储蓄隐藏,这温柔是天成自然,不是做给别人看的,不是表面功夫;第二层意思是有功不自恃,好比大地生育万物却归功于天,归功于太阳;第三层意思是服从,因为按照《易经》的说法,温柔属阴,阴指地,指臣,指妻(相反,阳指天,指王,指夫),温柔就要有大地的原则,为臣的原则,为妻的原则。

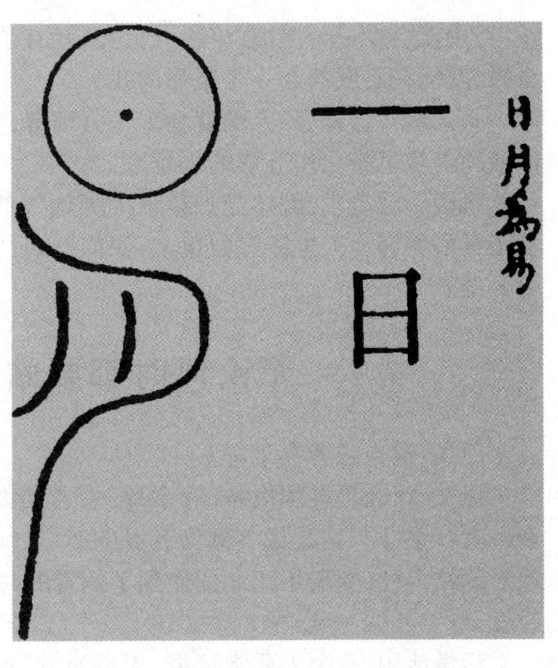

日月为易图,出自宋代佚名辑《周易图》

针尖对麦芒,不是温柔。绵里藏针,也不是温柔。

温柔,不仅仅是一种态度,还包括人生价值的取向。

有天地,然后有万物;有万物,然后有男女;有男女,然后有夫妇;有夫妇,然后有父子;有父子,然后有君臣;有君臣,然后有上下;有上下,然后有礼仪。

知天地、万物、男女、夫妇、父子、君臣、上下,然后懂礼仪。有了礼仪,才知宽容。

宽容既是立身之本,也是创业的艺术。

每个人都会有不如意,每个人都会有失败,当你的面前遇到了倾全力但仍难以逾越的屏障时,请别忘了:生活需要宽容。

宽容意味着给予,给予别人能使自己变得更加丰富。刻薄意味着摄取,摄取得再多也容易干涸。宽容是有力量的表现,而刻薄却是力量不足的流露。

宽容是人类情感中最重要的一部分,这种情感能融化心头的冰霜,驱散眉宇的阴翳,焕发出重整旗鼓的力量,使你留得青山,可图再起。

宽容是一种无声的教育,“惟宽可以得人”,宽容最终将使伤害你的人情愿或不情愿地走向道德法庭的被告席位,或者受到宽容的巨大感召,放弃伤害,归顺于美好的人际中来。

宽容是人类性情的空间,这个空间越大,你的情绪就会有转折的余地,就愈加不会大动肝火,纠缠于鸡虫之争。从某种意义上说,宽容别人也是宽容自己,保护自己。给别人留一些空间,你自己将得到一片蓝天。一个宽容的人,到处可以契机应缘,和谐圆满,微笑着对待人生。正所谓:“退一步海阔天空”。

宽容是心境,是涵养,是境界。它是处世的经验,待人的艺术,为人的胸怀。

失败时,多一分宽容,停止对自己的申诉,驱散“一朝被蛇咬,十年怕井绳”的阴影，心中就会少一分懊悔，少一分沮丧，就有了“胜败乃兵家常事”和“尽心焉而已”的自慰，就能在心底扶起一个坚强的我。

人人多一分宽容，人类就会多一分理解，多一分真善，多一分珍重与美好，生活中的酸甜苦辣也将化作五彩的乐章。

触摸一脉黄土，就感受到整个中国地气的淳淳；脚踩一方空间，就感受到所有炎黄子孙的宽容。人生应厚似黄土，深似空间，历经苦难而不萎，荣宠而不惊，那是入得境界的。

无论何时都要站得直，行得正

原文：辨吉凶者存乎辞。

译文：什么是吉凶悔吝“存乎辞”？吉凶悔吝在于各人的观念，各人的看法。“忧悔吝者存乎介”，这是说卜到悔吝卦的时候，忧虞到悔吝，就要独立而不移，下定决心，绝对要站得稳，端端正正。即使到了倒霉的时候，自己能站得正，行得正，一切都可以改变。

活学活用：有个人非常贫穷，无以自立，但志行高洁，从不做非法、非礼的事。因家里实在太穷，无法生活，他就去给一些商人当仆人。

这些商人带着这个穷人，一齐入海采宝。他们采到了不少宝贝便张帆返航，但是走到半路，不知什么原因船停了下来，无论怎么划桨也无法让船前进半步。

所有商人无不惊恐万状，认为是因为采宝而得罪了海神，海神来惩罚自己了。于是连忙跪下祈祷，请海神放他们一条生路。

而那个穷人，因为自己平生不做亏心事，所以没有参与他们的祈祷。

船之所以开不动，果然是因为海神作怪。海神有心想惩罚这些亵渎了自己的商人，但船上的这个穷人可是好人，不应连累他。他想来想去整整想了七天，终于想出一条妙计。

海神想：“让我考验一下这些商人吧！如果他们经得起考验，我就饶恕他们；如果他们经不起考验，那我施行惩罚时，也不会连累了那个穷人。”

船在海上整整停了七天，一动也不能动，商人们都急坏了。

第七天夜里，一个商人做了个梦，梦见海神对他说：只要你们把船上的这个穷人送给我当牺牲品，我就放你们走。

他醒来之后，把这个梦告诉了其他人。

他们正秘密商议如何处置时，穷人知道了这件事。

穷人坦然说：“好吧！就让我做海神的牺牲品吧！不要因为我一人，而连累你们大家。”

商人们一听穷人自愿牺牲，高兴极了，因为这样便少了许多麻烦。他们扎了个小木筏，在木筏上放了些水和粮食，让穷人上了木筏之后，就扬长而去。

海神见到这情况便卷起一股大浪把商人们的船打翻，使他们个个葬身鱼腹。同时，又吹起一股顺风，把穷人的木筏直送到岸边。

穷人就这样安全地回到家乡，与妻儿团聚。

你有你爱做的事，才能使你更有魅力。你爱做的事和做事的风格能体现你的个性。你个性决定了你的创造力。随波逐流的人仅能制造与别人重复的东西。所以，你要创造，就要选择你爱的事做。你爱做的事也许不会带给你很多钱，但你依然会得到幸福和自由。人生有两条路，一是为了大富大贵而不择手段；一是做你爱做的事。前者可遇不可求，后者是你无悔的选择。

人有本能、聪明和直觉。在学会聪明之前，本能得到充分的发挥。本能不需清醒。读书学习是一种教育，目的是让人聪明，遏制或控制本能。聪明需要清醒。直觉是不经思考的判断力，是一种超越聪明的本能反应。直觉是在本能得到充分清醒地发挥，又在完全清醒的丧失后的聪明。

得到所求是你个性的实现，你所实现的也仅有你潜力的极少部分，而且你的人生经历显现出的又只有其中的极少部分。不求尽善尽美，只图人格的完整。让人接受你的风格，而非让人根据你一时的失误来评价和判断你的价值。展现你的亮点并不断地提高你的技艺，使你做得更好。

富贵从来都是梦，未有圣贤不读书。一生有太多的是不能控制和改变，但你可以控制和改变自己。改变不良习惯，培养良好性格，坚持学习新鲜事物，顺境节制，逆境坚韧，必能达到穷则善己、达则济世的人生理想。

现代化高节奏所伴生的优胜劣汰、适者生存以及随之而来的工作、生活、事业、爱情……的压力已使都市的人们不堪重负。人与人之间关系的复杂化却更似一道无形的精神锁链，扼杀与噬咬着那原本淳朴、善良、闪耀着自然人性光辉的心。

于是乎，种种圆滑的处世技巧，一本本阐述人际关系的书便应运而生，成为人们街谈巷议追求模仿的对象。这个城市也因此多了一份尔虞我诈与钩心斗角，人们生活在一个岌岌可危、四面楚歌、人情冷漠的氛围中。久违了那人间的真善美，久违了那失却的伊甸园，久违了那份纯真与朴素。

人，似乎总是在失去的那一天才知道去珍惜，似乎总要在自我的麻烦、自设的障碍中撞得头破血流、遍体鳞伤，才懂得去珍藏那份至真至纯的感情——淳朴。

淳朴，是一种人生涵养的高境界，是一道亮丽的风景线，是一种超脱和对生命本质的最好诠释。曾几何时，当这个时代的一夜情、包二奶……病态的潮流使城市变得不再纯洁时，淳朴，就像一支空气清新剂，一味良药，净化和医治着这个创伤的城市与人群。淳朴，又如一道生命的丰碑，永远镌刻着大海般宽容博大的胸襟。

淳朴，就是永远远离矫揉造作与虚情假意。它是一个人涵养与人品的体现，是一份善良与率直的无私的心，天真而不受物欲所蒙蔽。坦坦荡荡、光明磊落，宽容地去接纳所有的人和事。置身这陌生的都市，伴随着霓虹灯动荡闪烁的光影，淳朴，是人生旅途上一声温暖热情的问候，是一份无私的帮助。它，让心灵的沙漠变成水草肥美的绿洲，让人间充满关爱。这纯真的爱，将伴随着善良的我们走过一个又一个阳光明媚的日子，一个又一个春花烂漫的美好年华……

淳朴，不是叫我们一味地去逃避与躲藏现实，而是一种处变不惊与对人生的不懈追求与挑战的美德。当命运之神不再垂青，当厄运像那频繁造访的不速之客时时光临，淳朴，就是坦然地去面对，不做无谓的逃避，勇敢地去直视人生，不卑不亢处世。春风得意之时，能洁身自好，虽身居闹市，仍能不迷失于纸醉金迷，保持纯真率直的个性，做到“富贵不淫贫贱不移”。淳朴，更是一座大山，教人信赖，让人依靠。

如果说处世真有什么技巧可言的话，那么，淳朴则是最高的人生智能，是一种大写的人生。

懂得谨慎，反省与改正错误

原文：震无咎者存乎悔

译文：无咎就是善补过也。人生没有绝对自己不错的，只要知道忏悔，忏悔的结果就是要补过。

活学活用：孔子说“善补过也”，要特别小心，人不会没有错，随时有错，善于反省自己的错误，加以改正，就是真正到了无咎的时候。因此我们做事要尽量地谦虚，倘自认绝对没有毛病，这是靠不住的，天下事没有这么好的。“善补过也”还是好好的，懂得小心谨慎反省与改正错误，这是最高的哲学。

曾子像。曾子即孔子的弟子曾参。春秋鲁国人，姓曾，名参，字子舆，以孝行著称，曾提出“吾日三省吾身”名言，有人认为《周易·象传》为曾子所作

益（风雷益），卦辞讲：风雷，益；君子见善则迁，有过则改。

孔子云：“见贤思齐，见不贤而内自省也。”不断地向比自己德行高的人学习才能增益道德，提高道德水平。故曰：益，德之裕也。

有过则改才可以增益道德，提高修行水平。故曰：益，以兴利

古人讲：“人非草木，孰能无过，过而改之，善莫大焉。”这就是说，人生活在社会当中，会有各种各样的过错，但知错能改不是很好吗！

记得有一位学生问过我，他说，古人一日三省，请教我可曾一日三省？我回答他说，现在是速度革命时代，一天只有早上、中午、晚上才反省一次怎么够，而是要具有高敏感度，

时时刻刻都要能自我反省才对。

曾经有座宝藏,非常隐蔽,谁能得到它,就能得到永久的幸福,许多的英雄好汉都为去寻找它而付出了惨痛的代价。终有一天,有位绝世高手击败所有的人而寻到它,当它打开华丽的锦盒,看到里面躺着的却是一面镜子,顿时大彻大悟,真正理解了幸福的含义。

每个爱美的人都喜欢照镜子,而照镜子的目的是为了找出不足之处,从而加以修正,来完善自己。反之,如果只看见自己的长处和优点,也就失去了照镜子的意义。

生活也如此,当人生得意之时,沾沾自喜,孤芳自赏,沉浸在自我陶醉之中,忘却了自己的不足,此时,自己的缺点,展露无疑,毫无知觉,快乐和幸福会长久吗?

给自己一面心灵的镜子,时时为自己照一照,提醒自己,让自己先知先觉,及时发现自己的短处。人难免会有过失,但只要及时发现,从而下定决心及时改正,亡羊补牢,为时不晚,人生的道路才会走得踏实,一帆风顺。

出错是经常有的,一个人从幼稚到成熟,从一个未经风雨、不谙世事的孩子到一个饱经风霜、目光深邃的老人,他要出几千次几万次的错。出错的精神就在于不故步自封,敢于尝试,就在于不懈地努力探索,寻求正确的目标。

很多人对他人的出错都持一种嘲笑的态度,对先于自己出错的事持一种侥幸心理。有些人害怕出错,有些人厌恶出错。其实想想,出错何尝不是一种人生积极的探索?能常常出错何尝不是一种经常性的收获?敢于出错的人何尝不是一个积极求索的人?

人的一生是由无数个错误装点着的瑕玉,虽不完美但很真实。无数个错误是我们无数个走向成功的起点。错误使我们品格坚毅,性情坚韧,我们在无数次的出错中得到升华,又在无数次改正错误的路上学会执著。

反省是改过的前提,如果我们不知道反省,只会把责任推给别人,然后怨天尤人,觉得自己怀才不遇,或者没有被公平对待,拥有这样的态度,绝对不可能有任何成就的。有句话说,当你一个手指头指着别人的时候,别忘了!还有四根指头是指着自己。当我们在诉说别人不是的时候,是不是能转换不同的角度想想,我有没有能力把事情处理得更好。

事实上,许多成功人士,他们之所以成功的关键就在于“态度”,他们能够勇于去承担别人不愿意承担的问题,他们总是能解决别人不能解决的问题,更重要的是,没有人愿意做的事,他们总能主动地去做,而且不求任何的回报,许多人以为这些人是傻瓜,这就是短视的想法。

多做事情绝对不会吃亏的。天底下最吃亏的事情应该是,你对事情挑三拣四什么也不愿意做,最后自然什么也做不了!

“人非圣贤,孰能无过。过而改之,善莫大焉。”古人在面对错误时就知道没有谁可以一生都不犯错误。所谓“智者千虑,必有一失”。更何况我们平凡之人呢?

自助者天助

原文:是以自天佑之,吉无不利。

译文:这句是说人助天助,要靠自己。就是说,懂了《易经》这些道理,上天就会保佑你。上天怎么个保佑法?就需要你自己照《易经》的道理,做得合情合理,天人合一。

进一步说,这个“天”并不是另外一种力量,只是自己的心。懂了《易经》的道理,以此道理做人,动静都看准了,一定是一切都大吉大利,没有坏的,一切都看自己的学问修养如何,所以《易经》是经典中的经典,智能中的智能。

活学活用:拿破仑年轻的时候,一次到郊外打猎,突然听见有人喊救命,他快步走到河边,看见一个男子正在水中挣扎。这河水并不宽,拿破仑端起猎枪,对准落水者,大声喊道:你若不自己游上来,我就把你打死在水里!那人见求救无用,反而添了一层危险,便只好奋力自救,终于游上岸来。

拿破仑拿枪逼迫落水者自救,是想告诉他,自己的生命本应该由自己负责的,惟有负责的生命才是真正有救的生命,所以西方谚语有:“自助者天助。”

其实,许多时候我们不是到了不可救药的地步,而是自己先把自己打败,自己认为自己不行了。假如现在你正处在一个不利的位置,那么,请丢掉幻想,自己解救自己吧,这个世界锦上添花的总比雪中送炭的多,如果你表现得坚强,别人都来鼓励;如果你软弱,就很少有人会来扶助你了。

生命的战场不是没有同盟,只是这些盟友只能做我们精神上的“拉拉队”,帮你加油,使你自信。而一切赛程却还是要靠你自己的力量去完成。许多从艰苦环境中奋斗出来的人们,他们并不比我们多一些天赋,所多的也只是战胜自己、坚强独立、自求多福的精神。即使我们最终没能达到彼岸,但只要我们努力了,用自己的力量征服痛苦,渡过难关,也是一种快乐。

日益激烈的竞争环境和社会生活的紧张节奏,逼迫人们走出了日出而作、日落而息的“田园生活”。

为了“站得住”、“立得起”,人人都像一只不停旋转的陀螺,不敢也不许稍有懈怠

由是人们懂得,不懈努力才可立住脚跟,保持状态并进而实现人生价值;于是人们不再怨天、怨地、怨鬼神,始觉“要创造人类的幸福,全靠我们自己”的道理。

俗话说,靠别人的火取不了暖,看人家吃饭填不饱肚子。自助也是如此。离开了自助或说个人的不懈奋斗和努力,终将一事无成。

自助者天助之。为人,一生下来,就先天地提供给你一个或优或劣的起步环境。客观地说,这是没办法的事。但有一点需知,即表针常走、山河常转。不论境况如何艰苦,地位如何低下,生存如何困难,也不能放弃,不可丧失生活信念;恰恰需要自助、努力和不辞劳苦的奋斗。“自助”就是不放弃努力;“天”就是机遇和成功的好运。只有自助,天才可助之;人不自助,天将弃之。

自助者人助之。“不虚心,不知事;不实心,不成事。”自助者大多是实心干事的

人；自助者的人生约略是热心待人的人生。对社会、对事业、对人生持有热心的人，可以战胜痛苦，增加能力，减轻艰难；缺少热心的人，永远不能做事，做成事，做成大事。

社会好像竞技场，市场犹如足球赛。个人的“迎门一脚”自然可喜，但离开他人的热心传助决无成功。自助需人助，人助促成自助；只有热心地助人，才会赢得人助。面对天地、社会、事业、人生，个人的对垒力量实在是非常有限的。个人的“自助价值”也只有融合在“人助价值”之中，才能够得以发挥和实现。

正视困难是自助的前提，平和心态是自助的基础，增强信心是自助的保证，不懈努力是自助的途径。

不贪图享受的人会赢得大享受

原文：困于酒食。

译文：“困”，被围困。意思是人反被酒食吃掉了，昏庸而污浊。贪于酒食享受的人很难有前途，必会从享受走向困窘。

活学活用：《易经》里有一个故事，说一个官按照他的官阶只能乘坐两马的马车，但为了满足自己的虚荣，为了显摆，他去借了一辆四马的马车。谁知走到了半路，被强盗误杀了。这伙强盗专抢四马拉的马车，因为乘四马车的官才是大官，级别高，钱财多。

《易经》最后说：享受不应该享受的福，是祸。

人应该有所节制。欲望如果没有节制，最终会像泛滥的洪水将自己淹没。

《易经》里有一卦，专门论述“节制、节约”的卦，叫“节卦”。水流进泽中，过度就会溢出，应该加以节制。节卦形成的理由就是这么简单，这么有道理！节制是美德，因而亨通。

《易经》认为，首先我们人类赖以生存的宇宙，需要节制。“天地因为节制，四季才能井然有序，循环不已。圣贤也要效法天地，建立制度，以节制人的无穷欲望，这样不浪费物质，不伤害人民。”

所以，自古以来，中国古代历朝，都有自己的礼节与制度，以节制人的欲望；还以这种礼节与制度，来评论官员的德行，以节制其为官为人之行为，使其不逾规范。在这方面，以战国末期的荀子呼吁与主张最为激烈。

中国古代历史没有很好地解决这个问题的关键是两个字——“天子”。所有的人都是民间所生，自然要遵守各种各样的规矩，而这个“天子”可以制定各种各样的规矩，惟独他可以不遵守。而中国是一个揣测与模仿最盛的国家，一个人不遵守，就会有一批人为他说出许多可以不遵守的理由；一个人不遵守，就会有一大批人不遵守。于是，就有了“刑不上大夫”的说法。

规矩犹如一个装水的羊皮袋，只要有一个小孔，皮囊装水的功能就会丧失殆尽！

欲望太盛，伤心伤身伤事。

重温中国文化，你会感悟至深：有心栽花花不发，无心插柳柳成荫。希望越大，失望会越大。

人有内外两部分，身体健康、快乐态度和智能为内，金钱、名声和地位为外。人们都知道内在比外在重要，但依然有一部分人是要财不要命的。快乐态度有益于身体健康，吸引贵人和机会，有助于事业的成功。智能是知识和经历的综合，对人和事情的判断、决定取舍以及未来的预见都是关键性的。

任何以牺牲身体健康为代价的作为都是不可取的。身体健康问题有先天和后天原因，良好的习惯，能使你恢复和保持身体健康。包括平衡的营养（指饮食健康），休闲和娱乐（睡眠和调剂），适当的锻炼（指健身运动），不过度放纵自己（指戒烟酒嫖赌）。

态度决定一切。不管你是否相信，有很多奇迹是因为态度的改变而发生的，但你可尝试一下。譬如，保持一个星期时间不生气，对你的同事、朋友、家人，都别让他们看到你不高兴的面孔。首先你会听到什么，感觉到什么，又看到什么。

在人们心目中，一个智能的人一般应是一个老者，这是因为智能是人对感性经历的理性思考得到的感悟。随年龄的增长，你会逐渐发现智者是平和快乐的人。

人们习惯把金钱名声和地位叫做身外之物，但又都是世人追逐的目标。如果你不贪图这些，就不会有大麻烦。“君子爱财，取之有方”，你有缘发财，何乐不为。但有钱不要显摆，别以为有钱了就脱胎换骨了。

人的品位毕竟不是以钱多钱少界定的。如果你是一个暴发户，也不妨以钱济贫，回报社会，求得好名声。如果你才高八斗，官运亨通，也就不妨以权扶正祛邪造福人民了。如果你以权谋私，贪财贪色，你也就别想过太平日子了。

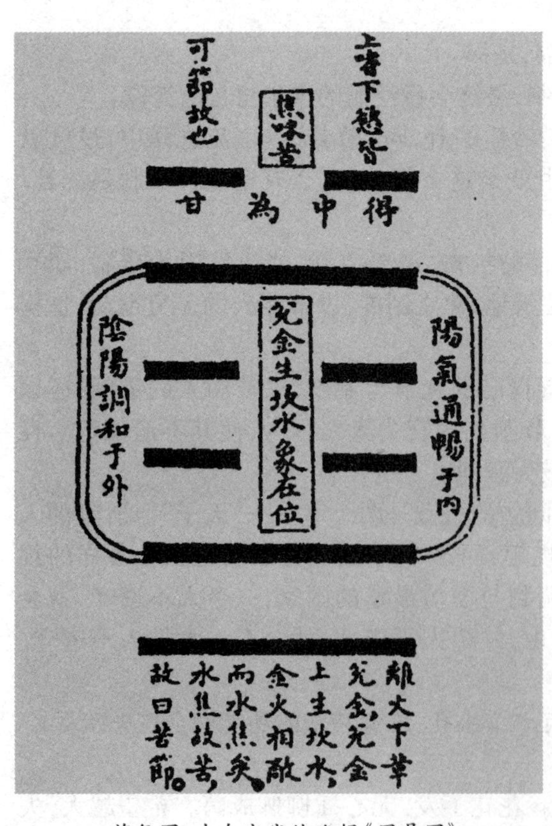

节气图，出自宋代佚名辑《周易图》

是的，经常看到听到一些人谈论生命的意义是什么？什么样的生活才有意义。也许一百个人会有一百种答案，对于那些有成就的人，有名望的人，有学识的人，有影响的人，也许生命的意义很大，生命的价值很高，相对于无数的平凡大众来说，也许生命的意义就是平平安安地活着，一日三餐不饿肚皮，身边来来往往的都是芸芸众生，结识的也都是平凡的老百姓。他们没有辉煌的事业，骄人的成就，渊博的学说，绚丽的头衔，他们只是普普通通的人，他们勤勤恳恳的劳动，实实在在的生活，只为了能养家糊口，平安度日。

他们也许缺乏远大的理想，宏伟

的目标,他们的要求也许很小,只希望孩子健康长大,一家老小无病无灾,他们的奢望不多,只希望在风雨来临的时候,有一间避雨的小屋,辘辘饥肠的时候,有一碗填饱肚子的热饭,也许他们是弱小的,卑微的,是甘于平淡和平凡的。

可是如果没有凡人的碌碌无为就显示不出伟人的高大;如果没有平川的低矮就衬托不出大山的雄伟;如果没有绿叶的默默无闻就突出不了鲜花的娇艳,也许小草很平凡很常见但人类离不开它,大地少不了它。

人活于世,匆匆地来,匆匆地去,不过短短几十载,在这屈指可数的日子里,有多少是值得计较的,有多少是值得回忆的,有多少是值得铭刻的。这大千世界千变万化,有多少不甘于寂寞的人们梦想着成名,梦想着荣华,梦想着出人头地,满怀激情地去追逐所谓的幸福生活,去捕捉虚幻的梦境,而最终的结果是一场虚空。

生命的意义也许很简单,简单的让你怀疑它存在的意义,也许就是脚踏实地的生活、努力、奋斗,人生的目标永无止境,不放弃梦想,不甘于平庸,是一种积极向上的追求,可是千万别贪图奢华的享受,毁了青春,毁了前途。

也许在当今这个飞速发展的时代里,你不甘心流入俗套,不想平庸的生活,不愿意被时代的洪流抛却。也许你会嘲笑父辈们的平凡,也许你会不屑普通人安于现状的满足,可是,告诉我生命的意义是什么?是奢侈的豪华享受吗?是为了安逸而甘心失去自由吗,是为了金钱可以毁灭一切,是没有道德的出卖,没有廉耻的占有,没有尊严的屈辱,如果是这样那么人生还有什么意义。

其实生命的意义,也许很简单,犹如一杯清茶淡泊、透明、实用,也许它过于简单了,让你骇异它的单调、无味、枯燥,因为我们是凡人,所以我们也许甘于平淡,如果可以在平淡中寻求一种宁静致远的意境,去丰富生命的色彩,时而如高山流水,时而似小桥人家,生活的情趣需要丰富,生命的意义在于创造。

该进则进,该退则退

原文:变化者,进退之象也。刚柔者,昼夜之象也。

译文:为人处世,当进则进,当退则退;当高则高,当低则低。所谓进退有据,高低有时也。

活学活用:这是两个观念。古时的文字很简单也很美,这两句话,包含的意义很多。“变化”,《易经》告诉我们宇宙间任何事情、任何物理,随时随地都在变化,没有不变的东西。八八六十四个卦,只是两种爻——阴与阳在变,每一变动,产生一个卦象,每个现象就不同了。变化是代表什么?“进退之象也”。“进退”,或者是阳多了一个,阳长阴退了,或者是阴多了一个,阴长阳退了,就在这个进退之间,产生变化。为什么不用“多少”而用“进退”呢?

我们研究古书就要注意这一现象,这是思想问题。假使用“多少”意义就不同了,没有“进退”深刻。“进退”是大原则,是动态,尤其是站在人文文化的立场看,都是一进一退之间的现象,所以变化是进退的现象,非进则退。

一个人处世,或者进一步,或者退一步,没有办法固定,但是始终不是为个人,只

陶渊明像，出自明·天然撰《历代古人像赞》。陶渊明，字元亮，别号五柳先生，晋宋时期诗人，辞赋家，散文家

为社会，为国家，要有贡献，为什么要这样？因为这样站在中间，是等待时机，所以这是无咎的。当然人生做到第四爻，那是最舒服的。

历史上有些人可以做到这样，举例来说，道家所标榜南北朝时候的陶弘景，有名的所谓山中宰相，南北朝的几个皇帝，大事都要请教他，但他永远不出来，不做谁的官。像这一类人，所谓上下无常，进退无恒的人，中国历史上蛮多，可是他的情感，对于社会、国家的贡献，并没有忘记，并不是专门为私。

所以，人生是需要好好把握的。

一日，龙虎寺禅院中的学僧正在寺前的围墙上画一幅龙争虎斗图。图中龙在云端盘旋将下，虎踞山头，作势欲扑，虽然修改了很多次，学僧们总认为图中缺少点什么，正巧，无德禅师从外面回来，学僧就请他代为评鉴一下。

无德禅师看后说道："龙和虎的外形画得不错，但龙与虎的特性你们知道多少呢？既然是龙争虎斗图，你们就应该明白，龙在攻击之前，头必须向后仰；虎要上扑时，头必然向下压低。龙颈向后的屈度越大，虎头越贴近地面，它们也就能冲得更快、跳得更高。"

学僧们听后恍然大悟道："老师真是一语中的，难怪我们总觉得太过僵硬，原来我们不仅将龙头画得太低，虎头也画得太高了。"

无德禅师借机引申道："为人处世、参禅修道的道理也一样。退一步准备之后，才能冲得更远：谦卑反省之后，才能爬得更高。"

学僧不解地问："退步的人怎能向前？谦卑的人怎能更高？"

无德禅师严肃地说："你们听听这首诗——

"手把青秧插野田，低头便见水中天，六根清净方为道，后退需知是向前。"

学僧听后，终于大悟。

正如人的性格多变，既有自尊之时，顶天立地，孤傲不群，有如龙抬头、虎相扑；也有自谦之时，犹如龙缩首、虎低头。为人处世，当进则进，当退则退；当高则高，当低则低。所谓进退有据，高低有时也。

世界千姿百态，丰富多彩，人生遭遇和贫富贵贱各不相同，有的平安富足一生，有的坎坷贫贱一世。为什么会有如此差异？怎样预知未来，趋吉避凶？预测人生把握机遇。

当你了解人生之后，则人生就掌握在你手中，行好运时，宜把握良机，努力奋斗，开创美好前程。行坏运时，应宜守为安，勿踏危机，减少灾害。若是吉凶参半时，得意须防失意，往来知节要稳步，进退谨慎要三思。

只有知命，才能改善自身在宇宙之间的处境，避开不利的时间和空间，在有利的时间和方位去求得发展，以便在这个大千世界上创造一个辉煌的人生。

太极为有为之道，有为之道总有不测之时。《易》曰：阴阳不之测之谓神。不测之神如何得之。唯由有为入无为方是神之道。故，太极化为无极为神道。

得太极无极则易道易神皆得。是故，见象知类之谓人，由象得理之谓智，由理得道之谓圣，得无极者之谓神。此为易道之全部精华，也为易道人学易十五年的全部精华。得此精华则成圣成神，用以预测则如神开口，用以治病则药到病除，用以改命则命皆由我，用以安邦则国泰民安，小用小成，大用大成，自由自在，超然物外。

宣尼有云："'用之则行，舍之则藏。'又云：'进退存亡不失其正者，其惟圣人乎。'斯亦名教之内昭昭可考者也。何责渊明之深也！余常谓否则卷而之，以简易之道治一心；达则扩而充之，以仁义之道治四海，实古今之通谊也。'"

正如林语堂在《爱好人生者：陶渊明》一文里所讲："也许有人以为陶渊明是逃避主义者'，但事实上他绝对不是。他要逃的是政治，而不是生活本身。……他是爱好人生的。在他的眼中，他的妻儿是太真实了，他的花园，那伸到他庭院里的树丫枝，他所抚摸的孤松，这许多太可爱了。他仅是一个近情近理的人，他不是逻辑家，所以他要周旋于周遭的景物之间。所以，结果是和谐，不是叛逆。"

苦难使人奋发向上

原文：往蹇来誉。

译文："蹇"，晦运。"往蹇来誉"意思是苦尽甘来，苦难会给人荣誉。当然，只有战胜了苦难才会赢得荣誉。

活学活用：中国有句成语说，苦尽甘来。另一句又说，吃得苦中苦，方为人上人。这些都是鼓励人在面对苦难的时候要忍耐，要有个盼望。

是否每一个人都会苦尽甘来，吃得苦中苦的，是否必然成为人上人呢？事实上也不一定。苦难有的是人生必须面对的经历，苦后不一定甘来。

人世间有许多苦难，大致可分为两类：天灾和人祸。天灾：如水灾、旱灾、虫灾、地震等，给人带来许多苦难。当面对这些天灾时，人不能喊出人定胜天的口号，人的力量可以避免、预防天灾，但不能抗拒天灾。人祸：则出自人为，人对事情处理不当就有灾祸。现代战争、车祸、死亡等等都构成人祸。当苦难临头的时候，我们要不是想躲避它，就是想找人帮助，靠人力来解决，到最后没有办法就只能听天由命了。

最近认识一个朋友，是个农民，做过木匠，干过泥瓦工，收过破烂，卖过煤球，在感情上受过致命的欺骗，还打过一场三年之久的麻烦官司。现在他独自闯荡在一个城市，做着各种各样的活计，居无定所，四处飘荡，经济上也没有任何保障，看起来仍然像个农民，但是他与其他乡村里的农民不同的是，他虽然也日出而作，但是他不日落而息，他热爱文学，写下了许多清澈纯净的诗歌。每每读到他的诗歌，都让我感动，同时又惊奇。

“你这么复杂的经历怎么就会写出这么柔情的作品呢?”我曾经问他，“有时候我们读你的作品总有一种感觉，觉得只有初恋的人才能写得出。”

“那你认为我该写什么样的作品呢?《罪与罚》吗?”他笑着。

“起码应当比这些作品沉重和暗淡些。”

他笑了说：“我是在农村长大的，农村人，家家都储粪。小时候，每当碰到别人往地里运粪时，我觉得很奇怪，这么臭、这么脏的东西，怎么就能使庄稼长得更壮实呢?后来，经历了这么多事，我都发现自己并没有学坏，也没有堕落，甚至连麻木也没有，就完全明白了粪和庄稼的关系。”

我看着他，他想做一个怎样的比喻呢?

“粪便是脏臭的，如果你把它一直储在粪池里，它就会一直脏臭下去，但是一旦它遇到土地，情况就不一样了，它和深厚的土地结合，就成了一种有益的肥料。对于一个人，苦难也是这样，如果把苦难只视为苦难，那它真的就是苦难，但是如果你让它与你未来世界里最广阔的那片土地去结合，它就会变成为一种宝贵的营养，让你在苦难中如凤凰涅槃，体会到特别的甘甜和美好。”

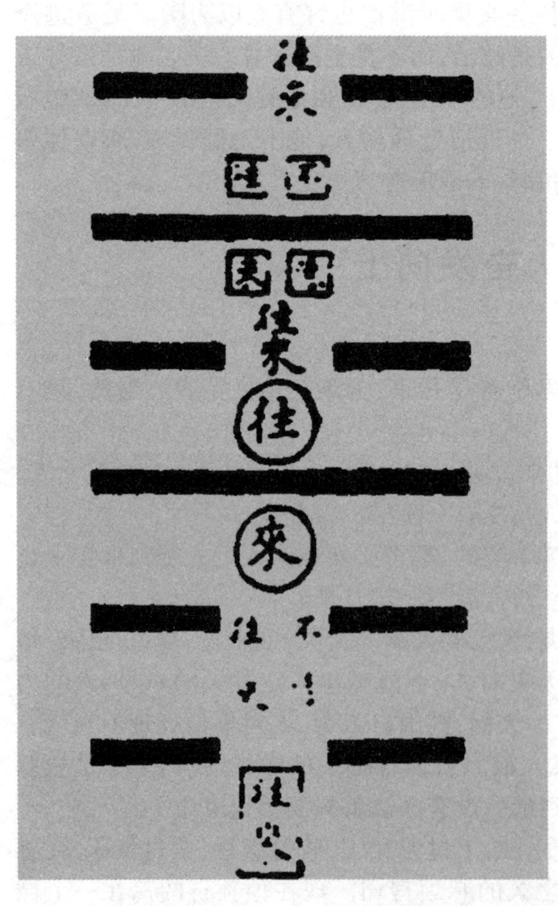

蹇往来图，出自宋·佚名《周易图》

这个苦难的人，他是对的。土地转化了粪便的性质，他的心灵转化了苦难的流向。在这转化中，每一场沧桑都成了他唇间的冽酒，每一道沟都成了他诗句的花瓣。他文字里那些明亮的妩媚原来是那么深情隽永，因为其间的一笔一画都是他踏破苦难的履痕。

他让苦难芬芳，他让苦难醉透。能够这样生活的人，多么让人钦羡。

从前看过一则关于鉴真和尚的故事。

话说鉴真和尚刚刚剃度入空门的时候，寺里的住持安排他做了谁都不愿做的行脚僧。每天风里来雨里去，吃苦受累不说，化缘时还常常吃白眼，遭人讥讽挖苦，成绩一点也显现不出来。为此鉴真感到愤愤不平，产生了对抗情绪。

一天，日已三竿，鉴真仍旧睡着不起，住持感到纳闷，于是亲自去了他的房间。推开门，一股臭味顿时扑鼻而来，住持向里面看了看，原来在鉴真睡的床边堆了一大堆破破烂烂的芒鞋。住持叫醒鉴真问道："你今天不外出化缘，堆这么一大堆芒鞋在房间做什么？"

鉴真打了个哈欠，满怀怨言地说："别人一年一双芒鞋都穿不破，可我刚刚剃度一年多，就穿烂了这么多鞋子，我是不是该为庙里节省些鞋了？"

住持听了鉴真的话，马上就明白他的心思，微微一笑，说："昨晚寺里下了一场大雨，你随我去看看吧。"

鉴真虽然不知道住持要干什么，但还是跟着住持到了寺前的大路上，由于是黄泥路，路面经过一夜雨水的冲刷，变得坑坑洼洼，泥泞不堪。这时住持开口问鉴真："你是愿意做一天和尚撞一天钟呢？还是想做一个能光大佛法的名僧？"

鉴真说："我当然希望能光大佛法，做一代名僧，可我一个人人都瞧不起的苦行僧，凭着一双脚和一大堆烂鞋，如何去光大佛法？"

住持捻须一问："你昨天是否也在这条路上走过？"

鉴真说："当然！"

住持问："你能找到自己的脚印吗？"

鉴真摸着脑袋不知所然地说："昨天这路又坦又硬，小僧哪能找到自己的脚印？"

住持反问道："那今天我俩来此走一趟，你能找到自己的脚印吗？"

住持的反问一下子便让聪明的鉴真领悟了其中的禅机：那些一生碌碌无为的人，不经风不淋雨，没有起也没有落，不正就像是一双脚步踩在又坦又硬的大路上吗？脚步抬起，什么也不会留下。而那些经风淋雨的人，他们在苦难中跋涉不停，不正就像一双脚行走在泥泞里吗？脚印印证着生活的坎坷磨难，也印证着人生的价值。

从此，鉴真和尚端正了自己的态度，凭着自己坚定的信念，踏遍了弥漫着鲜花醇香的泥土，最后终于成为一名令世人景仰的佛教名僧。

我想人生大抵如此：只有在泥泞里行走，生命才能留下深刻的印痕。苦难，可以丰满我们的人生！

苦难是人认识社会、理解人生的主动教材；苦难是人成熟的机会：苦难是竞争社会中，人面临的必然挑战。苦难中最需要的是最坚定的人格和不屈的斗志……

大凡成功者，大多走过的是一道曲折充满血汗的苦难历程。而对生活最大的挑战就是贫困，越贫困越能使人在磨难中脱颖而出。幼时的贫困对有志者能培养一种先天竞争意识，在生活的最底层努力挣扎向上，不断进取、不断攀登，以至到达成功的巅峰。一路的艰辛，一路的苦难，终而培养出超越常人的坚强斗志。

苦难是一所学校，斗志坚强的人在这所学校优秀地毕业，坦荡地走向世界未来，克服了人生道路上一个又一个的困难：而斗志薄弱者则过早辍学，在苦难面前，在逆境面前倒下了。

古往今来，有多少豪杰人士出自贫困的家庭，吃尽生活中的苦难。寒门生贵子，白屋出公卿；穷且益坚，不坠青云之志。贝利之子出生于球王之家，而贝利却认为儿子一定不如老子，因为他的儿子一出生就拥有了别人在苦难中苦苦挣扎，经过万险才得到的东西,因而缺乏先天竞争意识。

所以说,苦难是一所学校,只有你在这所学校毕了业,就能毫不畏惧地昂首走你的人生路。

没有恒心会很快失败

原文:立心勿恒,凶。

译文:“勿恒”即“无恒”,“立心勿恒”指没有恒心,这样会面临凶险。

活学活用:“先有非常之人,才有非常之事”。这话应该再补充一句:先有非常之心,才有非常之人。有什么样的心,决定了有什么样的人;什么样的人,决定了做什么样的事;什么样的事,决定了取得什么样的结果。

南齐永明年间,有个法名叫僧护的僧人来到石城山,做了隐岳寺的住持。

一天早晨,在隐岳寺东侧传来一曲美妙动听的乐曲,由远至近,十分动听,他感到奇怪,就步出庙门,循声音向前走去。登上仙髻岩,果然这凤鸣龙吟的音乐听得更清晰了。

当他蓦然回首,却意外地发现,仙髻岩的千尺岩壁之下,在那平静如镜的龙潭之中,仿佛倒映着一尊端庄慈祥的弥勒佛像。

僧护心想这是佛的预兆,立志要在这仙髻岩上,凿出一尊高大的弥勒石像。于是,僧护就忙开了,砍柴烧炭,垒石筑炉,采集工具,然后伐木搭架,开始凿佛。这仙髻岩实在太坚硬了,凿一下,岩上只显出一个小小痕迹,这样日复一日,年复一年,连一个佛的头也没凿成。

有一天,僧护心里闷闷不乐,踱出山门,到寺门外散散心,忽然看见有两个妇人在烂泥田中,一仰一合地前后摇个不停。仔细一看,两个妇人手里捏着一根绳,中间系着一个石杵,这石杵随着二个妇人的俯仰,在烂田中来回移动,这石杵已磨得精光铮亮,这田也被磨得凹下去变成一口池塘,即今日的放生池。

僧护从石杵磨成针的过程,从中得到了“功夫不负有心人”的启示,返回寺里继续凿佛。僧护终其一生,仅仅凿了一个面部,临终时,对寺里的僧众说:“再生当就吾志。”

僧护死后,过了一些年月,又有一个叫僧淑的和尚到隐岳寺,继续凿弥勒佛像。僧淑率领众人凿呀凿呀,冬去春来,也不知凿了多少年,一尊巨大的弥勒石像已经有点眉目了,但肤浅得很。再继续凿吧,炉子塌了,铁凿磨平了,脚手架塌了,资金也短缺,因此,他产生了停凿的念头。

僧淑忧心忡忡地踱出山门,走到象鼻山下,看见有两个小孩用一根稻草芯在一块大岩石上来回牵动,岩石下已堆满了草粉。僧淑看到觉得奇怪,就问两个小孩:“你们是在磨草粉,还是在锯岩石?”两个小孩齐声回答:“锯岩石!”又问:“能锯开吗?”两个小孩“虎”地站起来脱去上衣,笑嘻嘻地说:“只要有恒心,锯岩何愁稻草芯?!”僧淑猛地握住两个小孩的手,说:“对啊! 只要有恒心,万事能做成!”于是僧淑返回寺院,不分白天黑夜,专心致志地雕琢着弥勒石佛,一直到死。

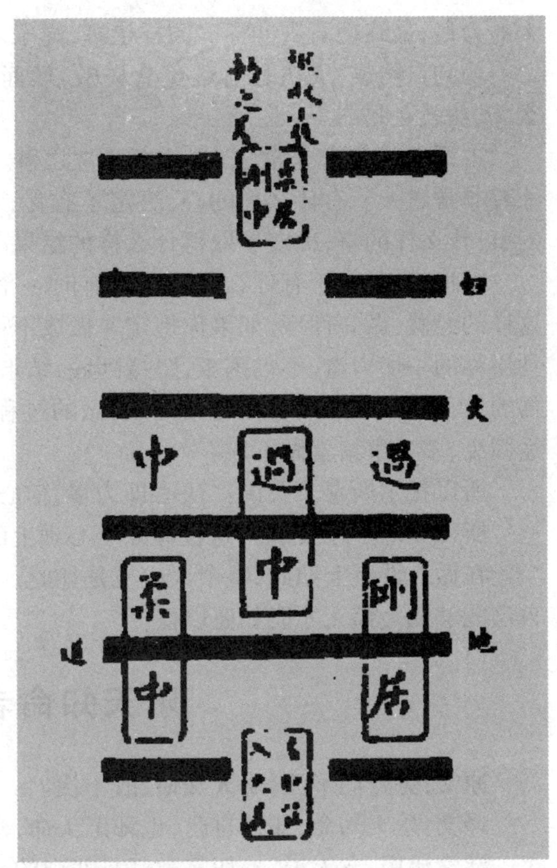

恒久图，出自宋·佚名《周易图》。恒，象征恒久不变，也有坚持不懈之意

两个小孩用稻草芯锯岩石的地方，人们叫它“锯解岩”。

不知过了多少年，隐岳寺又来了一位和尚，名叫僧右。僧右是受建安王萧伟的派遣，来隐岳寺主持雕琢石佛工程。僧右一到隐岳寺，铺开了比僧护、僧淑更加庞大的凿佛场面。把仙髻岩凿进五丈深，十丈高的大石窟，在窟中雕琢弥勒石像。在516年终于凿成功了。

有人说，弥勒佛像凿成功，是终身凿佛的僧护、僧淑、僧右三个和尚，都是大佛寺的开山祖师昙光法师转世的，这仅是传说，不足为信，可是后人对三个和尚以毕生的精力完成这一巨大的艺术杰作表示赞叹：“名山入剡昔贤风，文士高僧托迹同。最是石城大佛寺，三生哲匠奇天工。”

这则故事给后人一点启示，做任何工作，只要具有锲而不舍的精神，胜利一定属于坚持者。

胜利贵在坚持，要取得胜利就要坚持不懈地努力，饱尝了许多次的失败之后才能成功，即所谓的失败乃成功之母，成功也就是胜利的标志，也可以这样说，坚持就是胜利。

古往今来，许许多多的名人不都是依靠坚持而取得胜利的吗？

荀子说：“骐骥一跃，不能十步，驽马十驾，功在不舍。”这也正充分地说明了坚持的重要性。骏马虽然比较强壮，腿力比较强健，然而它只跳一下，最多也不能超过十步，这就是不坚持所造成的后果；相反，一匹劣马虽然不如骏马强壮，然而若它能坚持不懈地拉车走十天，照样也能走得很远，它的成功在于走个不停，也就是坚持不懈。

这也就像龟兔赛跑：兔子腿长跑起来比乌龟快得多，照理说，也应该是兔子赢得这场比赛，然而结果恰恰相反，乌龟却赢了这场比赛，这是什么缘故呢？

这正是因为兔子不坚持到底，它恃自己腿长，跑得快，跑了一会儿就在路边睡大觉，似乎是稳操胜券，然而乌龟则不同了，他没有因为自己的腿短，爬得慢而气馁，反而，它却更加锲而不舍地坚持爬到底。坚持就是胜利，它胜利了，最终赢得了比赛。

“水滴石穿，绳锯木断”，这个道理我们每个人都懂得，然而为什么对石头来说微不足道的水能把石头滴穿？柔软的绳子能把硬邦邦的木头锯断？说透了，这还是坚持。一滴水的力量是微不足道的，然而许多滴的水坚持不断地冲击石头，就能形成巨大的力量，最终把石头冲穿。同样道理，绳子才能把木锯断。

功到自然成，成功之前难免有失败，然而只要能克服困难，坚持不懈地努力，那么，成功就在眼前。

古语云："先有非常之人，才有非常之事。"这话应该再补充一句：先有非常之心，才有非常之人。有什么样的心，决定了有什么样的人；什么样的人，决定了做什么样的事；什么样的事，决定了取得什么样的结果。

归根到底，在于有什么样的心。有时一个念头就可以决定你的一切。谁都会有这样的经验：做一件事，如果你抱定非做成不可的决心，在做的过程中就会竭尽全力、动用你的一切力量，不怕困难，坚持到底，结果多半都会成功；如果一开始心里就是动摇的，可做可不做，或者认定做不成，做的过程中就会缺乏劲头，并容易懈气，容易半途而废，多半事情就做不成。

所以托尔斯泰才会说："决心即力量，信心即成功。"

所以奥斯丁才会说："这世界除了心理上的失败，实际上并不存在什么失败。"

在做一件事上如此，整个人生也是如此。只有认为自己行的人才能赢，只有认为自己能够成为伟人才能如愿以偿。

乐天知命者无忧

原文：旁行而不流，乐天知命，故不忧。

译文：乐天知命，知道自己，也知道天命，永远是乐观的人生。

活学活用：友人说，一切宗教都是悲观的，尤其佛家的大慈大悲是讲悲的，只有中国儒家讲乐。像《论语》上几乎没有悲字，都是乐。

有一本明朝的笔记，曾经统计过《论语》上都是乐字，而不谈悲，这也是中国文化不同的地方。

谈生命只谈生的这一头，不谈死的那一头。人多半是悲观的，本来生命是很可怜的，以另一个角度看是很令人悲观，但以《易经》的角度看生命，是乐天知命，很乐观的，没有忧愁。

在《列子·仲尼篇》中的开头，有一则寓言故事，内容是孔子和弟子颜回关于"乐天知命故无忧"还是"乐天知命有忧甚大"的对话：

孔子闲居，子贡进去侍候，见老师面露忧愁。子贡不敢问，出来告诉了颜回。颜回却取琴而弹，唱起歌来。孔子听见了，把颜回叫进来，问："你为什么独自快乐？"颜回说："你为什么独自忧愁？"孔子说："先说说你的意思。"颜回答道："我过去听老师说，乐天知命故不忧。这就是我快乐的原因。"

孔子愀然动容了一会儿，说："这不过是我从前的言论罢了，现在我对你说实话罢。你只知道乐天知命无忧，还不知道乐天知命有很大的忧虑呢。……从前，我修订《诗》、《书》，删正礼乐，准备用它来治理天下，遗留后世，并不仅仅为了个人的修身，治理鲁国而已。"

"但鲁国的君臣一天比一天丧失等级秩序，仁义越来越衰落，人情越来越淡薄。

我的主张在我活着的时候都无法在一个国家推行，更何况施于天下后世呢？于是，我才明白《诗》、《书》、礼乐无救于治乱，但又不知道改革它的方法。这就是乐天知命有很大忧虑的原因啊。”

《列子·仲尼篇》中的这则故事，被用来论证道家的“无知无为，方能无所不知，无所不为”的主张，但从另一角度看，何尝不是孔子悲天悯人伟大情怀的生动写照呢？

孔子可能真说过“乐天知命故无忧”的话，但学生只理解“无忧”的一面，而不理解“有忧甚大”的另一面。如果说，“无忧”只着眼于个人的超脱自在，那么，“有忧甚大”则始终关注当世及未来社会的不幸。后者之“忧”比前者之“乐”所体现的情怀更深沉博大。

孔子既然已早知天命——很清楚凝结着他全部心血和理想的《诗》、《书》、礼乐无救于当世，也难施与天下后世，这自然使他产生巨大的悲哀和忧虑。那种“乐天知命有忧甚大”的凄伤，始终盘踞在心头，到临终之时化为不断的叹息和最后的歌唱，伤感明王不兴，天下无道，空怀治世之道却无所施用。这正是孔子之所以成为“圣人”的原因。

子贡像，选自清·陈洪绶《博古叶子》。子贡，孔子的弟子，复姓端木，名赐。据帛书记载：孔子“老而好《易》”，子贡等弟子不解，问孔子为什么，孔子说《周易》一书产生于“纣乃无道，文王作”的年代，是周文王“讳而避咎”之作，反映了文王的仁义主张和忧国忧民的思想。孔子是“乐其知”，赏识蕴藏在《周易》一书里的文王才智才“好易”的

享受人生，须善待生命。人生与浩瀚的历史长河相比，可谓短暂的一瞬。权势是过眼云烟，金钱乃身外之物。珍惜生命，保重身体宁要一生清贫，不贪图一时富贵，这才是做人之悟性。

人身在世也是一种幸运，珍惜生命，享受人身则是最大的幸福，不必为昨天的失意而悔恨，也不必为今天的失落而烦恼，更不必为明朝的得失而忧愁。看山神静，观海心阔，心理平衡，知足常乐，达到善待人生的最高境界，才能真正快乐的享受每一天。

《易经》讲道：“知周乎万物而道济天下，故不过。”

这是说，为什么我们要懂得《易经》这个学问？因为懂了以后，才能“知周万物”。知即智——对万事万物的大原理无有不懂，然后“道济天下”，做人也好，做事也好，做官也好，随便做哪一行职业，都可以达到救世救人的目的，因此不会有错误了。

在《论语》里我们看到孔子的感叹。他在近天命之守,才开始读《易经》,而说"假我数年,五十以学易,可以无大过矣!"假如上天多给我活长久一点去学《易经》,可能达到没有错误。故以他的立场来说,人生的修养必须要学《易经》,才能智能周乎万物,不致发生错误,也和无违的道理一样。

诚信而又有心智的人注重过程,并不太看重结果。相信滴水穿石,来得容易走得快。结果容易变化,太多因素会影响结果的稳定性。你有一个梦,是你想要的结果,可不知道你能否实现它,但你还是要执著地为梦想而奋斗。

你很幸运,有一天,你的梦变成了现实,也就是你得到了你想要的结果。在当天或者第二天,你发现那结果给你带来了很多麻烦,你需要花费更多的精力,也许是你的全部余生去处理那些后果。

人生追求的应是幸福快乐,这也是你可为世人作些贡献、尽些责任的基础。追求是一个过程。在这个过程中,你保持快乐的心情面对每一天。不把尽责看做是一个结果,而把它看做是一个过程。

有人说我现在没能力为自己以外的人负责,要等我完善了自己再说吧。其实不然。自我的完善是一个过程,如果你把它作为一个结果,你就会失去大部分人生的意义。

"独善其身,兼济世人"是一个相互渗透的过程,"刻意地为我,随意地为他"已经是人生不可多求的境界,其结果,收获最大的还是你自己。

爱是人的基本需要,求爱是一个过程,得到爱是结果。如果你想得到爱后不珍惜,爱就会丢失。爱的丢失作为过程,可以弥补,也就是说,当你在感到将要失去之时,在没有裂痕形成之前,在你爱的人还没有感到你的粗心之前,你的努力挽救还会有效。失去的爱不能挽回,即使找回来,也不那么可心了。

所以,在爱的失去还没成为结果之前,你一定要精心经营,除非你是一个不想对任何人负责的人。

生命是一个学习和成长的过程。肉体的寿命从出生开始,发育和成长,到死亡结束。你所追求的也许是永生,可肉体的死亡,已经是有史以来证明无法逃避的。心智精神的发育和成长是无止境的。

对心智和精神来讲,生命是一个机会,让你全面知道你是谁,让你有机会感受到爱并无限快乐地让你展现在生活和工作中。

生命的结果并不可怕,因为很短暂。生命的过程的辉煌在于,健康的身体和愉快的精神和谐统一。相信你是在不断地追求一种适合你而又越来越接近你的梦想的生活。

乐天知命,就要有整体和谐意识,就是追求和保持人与自然、人与社会的和谐统一。"变"是为了求"通","通"则以各种势力的和谐统一为前提。《周易》讲"三才"之道,就是为了凸显人与自然、人与社会的和谐统一。

《说卦传》中说:"立天之道曰阴与阳,立地之道曰柔与刚,立人之道曰仁与义。""道"虽分为三,但核心则是阴阳变易法则。《系辞传》中说:"刚柔相推而生变化。"又说:"生生之谓易。"这是认为事物变化乃阴阳相互推移的过程。

《系辞传》中又说："神无方而易无体"，"阴阳不测之谓神"。这是认为阴阳相互推移的过程没有穷尽，也没有一成不变的模式。

但《周易》同时也指出，此不测之"神"恰恰是由于阴阳相反性能之间相资相济，相互补充的结果。也只有阴阳相反性能之间的相资相济，相互补充，才能维系事物的健康发展。此所谓"阴阳合德而刚柔有体"（《系辞传》）。

三才之图，出自元·张理《易象图说外篇》

这表明，天、地、人各有其遵循的法则，天道曰阴阳，地道曰刚柔，人道曰仁义。但由于三者均由性质相反的两个方面共同成就，所以又有共同遵循的规律。《周易》追求天人，即自然、人与社会之间的和谐统一，也正是基于此种"共同遵循的规律"。

《周易》所谓的自然、人与社会之间的和谐统一，主要包含两方面内容：一是天人之间具有内在同一性；一是天人之间具有相成、互补性。就前者说，《易传》特别强调人对天道的效法，而主张推天道以明人事。

《大象传》对六十四卦卦义的解释，充分体现了这一特征。如其释《乾》卦曰："天行健，君子以自强不息。"释《坤》卦曰："地势坤，君子以厚德载物。"释《屯》卦曰："云雷，屯，君子以经纶。"释《蒙》卦曰："山下出泉，蒙，君子以果行育德。"释《大畜》卦曰："天在山中，大畜，君子以多识前言往行。"释《益》卦曰："风雷益，君子以见善则迁，有过则改。"等等。

这些话表明，在"天之道"与"民之故"之间是存在着内在同一性的，人们通过认识和效法天道，就可以从中汲取教益，引申出人事所遵循的原则。

就后者说，《易传》又特别重视天人之间的差别性，而主张发挥人的主观能动作用。如《系辞传》说："天地设位，圣人成能。""成能"就是成就天地化生万物的功能。又如《泰·象传》说："天地交泰，后以裁成天地之道，辅相天地之宜，以左右民。"

"裁成"即裁节成就；"辅相"即辅助赞勉。（黄寿祺等：《周易译注》，上海古籍出版社 1989 年版，第 106 页）一句话，就是驾驭自然界的法则，参与自然界的变化过程（朱伯崑：《〈易传〉的天人观与中国哲学传统》，载《中国传统文化的再诠释》，北京大学出版社 1993 年版)。这些都是分别人道与天道的不同,强调人在自然面前应积极主动,参赞天地的大化流行。

正因为天人之间的和谐统一不以消解人的主观能动性为前提,而以发挥人的主观能动作用为基础,所以《周易》特别强调,只要人们努力把握天人之间共同遵循的本质规律,探讨阴阳变易的法则,发挥自我的仁义之性,就能安身立命。

此即《易经》所谓的"穷理尽性以至于命"。做到了这一点,就能"与天地合其德,与日月合其明,与四时合其序,与鬼神合其吉凶。先天而天弗违,后天而奉天时"(《周易·系辞传》)。"先天"即先于天时的变化而行事;"后天"即天时变化之后行事。

这是说只要掌握了道,其德行就能与天地日月鬼神的变化相一致,也就能预测天时,顺时而动,从而达到天、地、人三者之间的整体和谐。

《周易》的这种整体和谐意识,站在天道的立场说,是人与自然的和谐共处与规律运动。站在人道的立场说,是"顺乎天而应乎人"的道德理想与"保合太和"的精神境界。在这样的"和谐"中,天与人,自然与人,便可以超越分别,达到合一。而达到了这种"合一",也就是真正达到了《易传》所谓的"乐天知命故不忧"。

"乐天知命",即参合天地的化育,知晓主体自我的定分,并在万物与我合一的氛围中超越一切忧患,而其乐融融。

这是天与人,自然与社会的整体和谐。此种和谐既是一种美的境界,更是一种善的境界。但它又不仅仅表现为一种境界,还体现为"化成天下"的事功,所谓"天地感而万物化生,圣人感人心而天下和平"(《周易·彖传》),即天地交感带来万物化育生长,圣人感化人心带来天下的昌顺和平。如是,则"保合太和"而"万国咸宁"。

人在得意时,就怕忘形

原文:升而不已,必困。

译文:这是人平时立身处世应当遵循心安理得的原则。日有升降,月有盈亏,人有祸福。要做到盈余时不要沾沾自喜;亏损时不要垂头丧气;吉祥时不要得意忘形;凶险时不要惊慌怨恨。一切都是时间、时序的使然。

活学活用:现代人的格言"顺利时夹着尾巴做人,逆境时挺起胸膛做人",也就是上面的道理。

"得意忘形者败",最经典的例子,恐怕就是庄子的《螳螂捕蝉》了。

庄子有一天,看到一只大鸟,但飞得很低。他感觉奇异,拿着弓箭追到林子里。看到一只蝉正在树叶上自鸣得意,引起了螳螂的注意,螳螂正准备引出长长的螳臂捕吃蝉的时候,一只黄雀已经等在后面了。庄子看到这触目惊心的一幕,把弓箭扔掉了,跑回家去!他想,在这个世界上,为了眼前的利益,一己的利益,物物相害,何时了得?可守园的人还以为庄子偷了果子,大声喊:"喂!你跑什么?"

看见了眼前的利益,就得意,而忘形,这会有生命之虞!而不是失败的问题了。

蝉是得意而忘记收敛,导致生命危险;螳螂为了利益而张扬,把自己推到危险的境地；而黄雀在静观这一幕，等待着自己的胜利，满以为自己是最好的胜算；可惜，在上还有瞄准它的弓箭！

忘形者险。忘形者败！

这不是昭然若揭了吗？

有时候的“得意忘形”，是由于大意，或者一时情急，忘记了收敛。

有一部电影，说有一批士兵化装到敌后，都已经完成了任务，坐车撤退了。但在途中，遇到问话，不小心说了母语，结果西洋镜被戳穿，伤亡巨大。

还有一部电视剧，反走私的，敌我双方在海上火拼了。英雄上船追杀走私犯，一位士兵面对一个躺倒在甲板上的敌人，他用枪瞄准了一下，但以为他死了没有开枪。士兵越过去瞄准敌方的首领，正要开枪，后边装死的敌人开枪把士兵射杀了！士兵成了被追悼的英雄。

要防止得意忘形，得处处小心，不能大意，更不能得意，因为一得意就忘乎所以，忘乎所以，就会惨败。这似乎都成了公理。

往深层的意义想，得意忘形，是一种短暂，是一种更替的象征。

《易经》这方面的论述颇为深入。它说，花盛开，这是多么得意的事呀！尽情。可是，得意和尽情之后，便是凋零。含苞欲放，才是长久的美。

寒冬。它肆意地冷，多么威风呀！万物都在它面前颤抖。但它冷不长了，天要回暖了。物极必反，到了一定的极限，事物就会出现反复。

任何的浪骸放形，都是把自己推到极限。会把眼前毁掉，从头再来。

《易经》的一个思想，就是抑制自我，不可放肆。

它从第一卦“乾卦”开始，到第六十四卦“未济卦”，每一卦都有这样的意思，只是有一些卦不明说罢了。

乾卦里的“初九：潜龙，勿用”，也是这个意思。你还处在一个成长期，力量还不够强大，你还是先抑制一下自己吧，不能显示你自己的力量。

当你幼稚的时候，显形都不可以，更别说忘形了。

后来，孔子评说这一句爻辞时

庄子像，选自清·顾沅辑《古圣贤像传略》。战国著名思想家、哲学家、文学家，是道家学派的代表人物，老子思想的继承和发展者。有学者认为《庄子》的“道数”源于《周易》的象数模式，并由此推论庄子的道论和哲学体系是建立在《周易》象数模式的基础上

《三国志通俗演义》版画之关羽夜走麦城图。《困》卦告诉人们,出现困难,其根本原因在于自己的大意与糊涂,关羽大意失荆州夜走麦城到最终被俘就是极好的例证

说:“这是龙,也就是有作为的人,隐藏看不到德行,意志不因世俗改变,也不争虚名;隐退而没有闷闷不乐,主张没有人接纳,也不愤愤不平;主张能够实现则行,不能实现则罢。坚定信念,而不动摇,这就是潜龙的德行。”

人是可以得意的。但《易经》认为,人没有什么时候能够得意。

月不圆的时候,可以慢慢圆起来;月圆了,月就要亏了。日还没到中天,它可以到达中天,但到达中天以后,就要西斜了。你得意什么呢?

比方说,你哪天上台了,当官了,但你哪天就要下台,不当官了。因为《易经》说,有始就有终,不可避免。

《易经》的丰卦,是最风光的卦象。丰,表示盛大,高杯盛物。但它的卦辞说,盛大,本身就亨通。王者、当天下最丰盛的时候,拥有巨大的财富,无数的人民,不必忧虑,应当像日照中天,普照天下,让人民普遍分享盛大的成果。然而,日当正中,无法持久,不久就偏斜了。因而这一卦虽然亨通,但也隐藏着危机。

像丰卦这样的情形,也不能得意,那人生有什么时候可以得意的呢?

没有。

既然没有,那你还得意什么?还有什么得意忘形呢?

得意忘形,其实是对社会、对人生缺乏一种深入的了解。高兴和得意,是肤浅和无知。

既然你是对社会和人生表现出你的无知和浅薄,那么,社会和人生惩罚你就是当然的事了。

有一个人,打了一个比方。他是这样说的:如果一个人的仇恨,在心中只占据一半,那么他表现得很激烈;如果一个人的仇恨,在他的心中占据了全部,那么他表现得格外冷静。

由此可见,得意忘形或者失意忘形,都是由于“度数”不够,浅薄或者无知。

半桶水荡得很。得意忘形者败!

《易经》讲;君子终日乾乾,就是说人一天到晚,都要保持本分,保持常态,永远这样;不但如此,到了晚上,还要警惕自己,不可放松,就像白天一样的小心。就是说到了中年做事得意的时候,做人做事随时随地都要小心,乃至到了晚年都不能放松。

《大学》、《中庸》的思想,都是从这里来的,这就是所谓的“惕若”。“厉”,是精神的贯注与专精,磨磨自己,就没有毛病。不过要小心,因为命运还有重重危机,一不小心随时随地会有问题,对自己要有那么严格的要求,才不会出毛病。一切在于自己,不在于别人,也不在于环境。人在得意时,就怕忘形。

升而不已,必困。

泽而无水,穷困。

一个是难而有困,一个是好而有困,一个是穷而有困。

由此可见,困的原因是多种多样的。但它的根子是什么?

困卦中有一段话是很有趣的。说人的困难,就像走进了昏暗的深谷中三年也走不出来,见不到光亮,以象征困难到了极点。出现这种情况,《周易》中指出,兼有智能不明、本身昏庸的意思。

所以说,出现困难,其根本还是自己的大意与糊涂。

明智与慎辨,是走出困境的两只脚。

无路的时候,也许就有路了。只要我们用心。

如果我们大意,有路的时候,也许顷刻无路。

古人大意失荆州,我们大意可能失去一切,甚至生命。

“物不可以终通,故受之以否。”中国有两句老话:“人无千日好,花无百日红。”两个好朋友,尤其两夫妻,很难得一千天里不吵架,没有一朵花开到一百天不凋谢的。我们古人看历史看得多么通,最好的时候就是坏的开始,所以泰卦下面,就是否卦。

我们看中国历史的汉朝、唐朝,看西方历史的罗马时代,鼎盛的时候,就衰败下去。家庭也是一样,兴旺的时候,儿女媳妇都娇贵起来了,太娇贵就是泰到极点,否就来了,否到极点泰来了。不但人是如此,历史也是一样,社会发展也是一样,看通了人生,如此而已。

人到无求品自高

原文:用九,见群龙无首,吉。

译文:我们知道九是代表阳爻,从初九到上九,都有解释,用九又是什么意思?再看下面见群龙无首,吉。乾卦到这里,才大吉大利。这是怎么说法呢?

这句话在后人研究《易经》的有关书籍里,各有讲法。笔者认为用九就是不被九所用,而是你能够用九。那么用九是用哪一爻的九呢?哪一爻都不是,又与哪一爻都有关系。

活学活用:历代的隐士们和当时历史时代的开创,有绝对的关系,可是在历史的记载上都找不到他们,如三国时代的诸葛亮,是谁培养出来的呢?是他的老丈人黄承彦和老师庞德这些隐士。像他们就是用九,改变了历史的时代,而自己又不受环境的影响，所以要用九。

见群龙无首，不从那里开始，永远没有开始，也永远没有一个结束，既不上台，当然也不会有下台。用九最高明，用九者不被九所用。换句话说就是告诉了我们做事的道理，以现代话来说，就是做事要绝对的客观，不是与时代没有关系，而是处处有关系，这是真正领导历史时代的做法。

"群龙元首"，是一个圆圈，完整的，所以大吉大利。以做人来说，人到无求品自高。曾子也说："求于人者畏于人。"越是有求于人家就越怕人家，无求就是用九的道理，用九是元亨利贞，并不是潜龙勿用，潜龙勿用有待价而沽的意思存在，用九则已经忘我了。以现代话来讲，用九是中国文化最高的哲学精神。

近读一则寓言，颇有几分感受，故事说的是有位书生准备进京赶考，路过鱼塘时正巧渔夫钓了一条大鱼。便问渔夫是如何钓到大鱼的。渔夫得意地说，这当然需要一些技巧。当我发现它时，我就决心要钓到它。但刚开始，因鱼饵太小，它根本不理我。于是，我就把鱼饵换成一只小乳猪，没想到这方法果然奏效，没一会儿，大鱼就上钩了。

林则徐像。林则徐是清朝大臣，著名的民族英雄，中国"睁眼看世界第一人"，"无欲则刚"是其座右铭

书生听后，感叹地说，鱼啊，鱼啊，塘里小鱼小虾这么多，让你一辈子都吃不完，你却挡不住诱惑，偏要去吃渔夫送上门的大饵，可说是因贪欲而死啊！

欲望与生俱来。生命开始之时，欲望随之诞生。饿了要吃饭，冷了要穿衣，这是人的本能。仅从生命科学而言，人类绵延生息不绝，可以说欲望是生命的动力。生命停止，欲望则消失。同时，人的欲望的满足，又是生命消耗的过程。

从某种意义上讲，有效地节制欲望，是构建和升华生命，延伸和拓展生命长度的必由之路。

在现实生活中，功名利禄在一些人的心目中是颇有吸引力的。从古至今，有多少人为此追逐争斗。得势者固然有之。但也有不少人因此寻尽了烦恼。有的甚至饮恨身亡，临死前才感到名利的可畏。中华几千年，名缰利锁束缚了人们几千年。

在人类的进程中，充满了真善

美与假恶丑的斗争。每经过一次较量，人们便增长一层见识，明辨一些是非。然而，阻碍历史前进的残余势力往往与社会的进步力量形成矛盾的统一体，顽强地存在于社会之中。

如今，在对待名与利的问题上，也同样存在两种不同观念的激烈冲突。有人对名利不感兴趣。各条战线涌现出不少不图名利、勤勤恳恳为人民服务的“老黄牛”。

但是，追名逐利现象也还相当严重。有的为了弄到一顶乌纱，弄虚作假、自欺欺人，以“群众”的名义给上级组织写信推举自己；有的公开跑官、买官、卖官。

有的为了捞取一笔私利，哪怕是骗子廉价的贿赂，也要绞尽脑汁，使出浑身解数，惟恐到嘴边的肥肉让别人抢走，见钱眼开，唯利是图。这些人对名与利的追求，已到了赤裸裸的地步，胡长清、成克杰之流便是最好的例证。

老子说得好“见欲而止为德”。邪生于无禁，欲生于无度。当官掌权忘记了世界观改造，忘记了清正廉洁，忘记了立党为公，执政为民，难免产生邪心恶念，而“疾小不加诊，浸淫将遍身”，到头来必然出大事，栽大跟头，为人民所唾弃。

清代陈伯崖写的对联中有这样一句“人到无求品自高”。笔者很赞成这一观点。这里说的“无求”，不是对学问的漫不经心和对事业的不求进取，而告诫人们要摆脱功名利禄的羁绊和低级趣味的困扰，去迎接新的、高尚的事业。

有所不求才能有所求，无求与自强是不可分割的。这是辩证法的思想。人生在世，不能离开名利等。但对这些身外之物，必须有一个清醒的认识，保持一定的警觉。一个人只有抛开私心杂念，砸掉套在脚上的镣铐，心地才能宽阔，步履才能轻松，才能卓有成效地干一番事业。

提倡“人到无求品自高”，不是让人们去过那种清贫的生活，而是为了清除社会上的腐败现象，以使那些追名逐利者保持政治上的清醒和思想道德上的纯洁。

内心的踏实来自于长久努力奋斗的沉淀。欲望是无止境的，人们为满足欲望想出了许多手段，打工、做生意、赌博、诈骗、抢劫，还有出卖灵魂肉体。欲望满足的结果并非能心静。

无欲则静。在商品经济社会里，清心寡欲变得很难。付出不图回报，但必有回报，尽管并非得如所付。尽心尽力的劳动也许不能暴富，总比出卖灵魂肉体来的踏实。

无欲则刚，有谁能做黑脸包公。贪污、贿赂的动机是求速得、速报，不仅失德违法，结果是心虚身肿，故怕风吹草动。目的原本是图一劳永逸，可结果是总盼天下大乱，哪还有刚正不阿。贪官多与娼为伍，向往一种笑贫不笑娼的境界。

无欲无动，无欲无求。社会的发展需要人的进步，欲望是人们进步的动力。欲望的满足并非必然导致心烦意乱。得多施少，得少舍多，心静是相对的。过度纵欲和禁欲的结局都会把你的心理平衡打破。

良心的意义无非是健康和善良，知恩图报。良心坏了，还不是因为做了一些急于求成的事。当然，良心的好坏不能决定心的平安，但自然的一颗心应是良好的，她的跳动是有规律的。爬上楼和踩下人是两个给心增加负担的行为。

经常保持心身的均衡

原文:是故刚柔相摩。

译文:所谓"刚柔相摩",是说这个物理世界的刚柔相摩,用现代语勉强解释为坚硬的和柔软的互相摩擦。譬如物理世界最柔软的东西,老子常说是水。

活学活用:老子的思想,孔子的思想,诸子百家的思想,没有不源于《易经》的,如"塞翁失马,焉知非福"等观念,也都在《易经》里反映出来的。所以老子也说,"福者祸之所倚,祸者福之所伏。"

《易经》的道理告诉我们,像一架天秤一样,那一头重,这一头就高起来;这一头重,那一头就高起来,不能均衡,几乎没有一个时间是均衡的。均衡是最好的状态,但是很少,就以我们自己的心身来说也是如此。我们心理方面的思想,没有一个时候是均衡的,不是心里不舒服,就是思想在混乱。

一般人说打坐修道,什么叫做"道"?能经常保持心身的均衡就是道。那么打坐,又何必闭起眼睛、盘起两条腿装模作样呢?我们知道打坐的目的,也是求得身心的均衡,如果身心不是均衡,打坐也没有用。

大家都有几十年的经验,每天不是情绪不好,就是身体不舒服,过分高兴也不是均衡,身体绝对没有一点毛病,心理绝对平和的状态,生活一百年也难得有十天到达这种境界。

这些都说明了,刚柔时刻都在相摩,因此就产生了大宇宙间八卦相荡的道理。

这个道理,推于人事,我们也可了解,人与人之相处,不管是在一个团体或一个家庭,不可能永远没有摩擦,因为"刚柔相摩,八卦相荡"这个宇宙的法则,都是两个彼此不同的现象在矛盾、在摩擦,才产生那么许许多多不同的现象。

一切人事也都不能离开这个道理。我们学了《易经》的好处,就是对于人事的处理会有更好的原则。例如对方发了脾气,就会劝他不要动怒,等一等再说,等他的这一爻变了,变卦了,他不气了,再谈下去,又是另一卦的现象了。

学通了《易经》的人,对别人在发脾气,自己觉得没有什么,他火发得天大,那是"火天大有",让他发去,发过了以后,反过来"天火同人",两人还是好兄弟,算了,不要吵了,学通了《易经》,用之于人事,便无往不适了。

其实就是教人要有颗平常心,要经常保持心身的均衡,你想生活得健康、快乐、幸福、成功吗?那么你就必须学会生存的技巧和方法。要想让自己真正无怨无悔地度过一生,就要懂得并掌握博大的生存智能,学会心态平衡的技巧与方法。

芸芸众生谁不想出类拔萃?谁不想成功卓越?然而,失败平庸者多,成功卓越者少,为什么?

仔细观察、比较,成功者和失败者的差别,均是自我观念的差别。强者、成功的人,知道怎样面对困难、挫折、失败,并设法用积极的心态突破它,改造它,改造自己,建立自信,永远保持乐观向上的进取心。而弱者、失败的人,则自卑、恐惧、逃避问题,即不想改造自己,又不想改造世界,结果陷入迷惘、浮躁、失败的深渊。

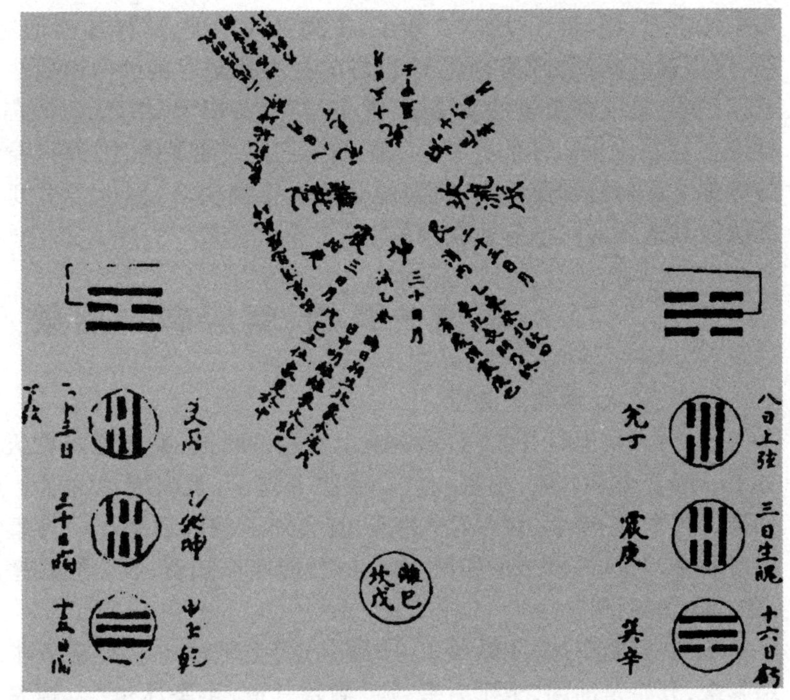

刚柔相摩图，出自元·张理《大易象数钩深图》。《易经·系辞上传》说："是故刚柔相摩，八卦相荡……"

物质的贫乏，只能带来生活的穷苦；而哲学的贫困，带来的则是生命的浅薄。

众所周知，衣食住行等生活要素，靠外力都能获得，唯哲学的生存智能，只能靠自身修炼去品味、体验和领悟。

富甲天下，可能忧心忡忡；昭昭大才，不一定心怀坦荡；而富于生存智能的人，临终也能含笑离开人间。

生存智能的富有者是懂得调整心态的人。

心态平衡是金！

明代崔铣曾撰《听松堂语镜》一书。其中的"六然训"，实为身心健康的"妙方良药"，可资学习借鉴：

自处超然：当一人独处时，应保持宁静致远的心境，忘掉烦心事，种花草，听鸟啼，望远方，看天空彩云变幻，或想想令人开心的往事，保持轻松愉快的心境。

处人蔼然：与人相处时应谦虚诚恳，乐于助人。与人交往时应宽容大度，保持良好的人际关系，创造一个轻松愉快的生活气氛。

有事斩然：遇到事务繁杂心烦意乱时，既要深思熟虑，又要坚决果断。"当断不断，反受其乱"，应按事情的轻重缓急有条不紊地去办。这样就不会因事务繁杂而心烦意乱或焦虑不安，反而会为自己有良好的办事能力而高兴。

无事澄然：无事可做时，可吟诗，练字，想想"采菊东篱下，悠然见南山"的意境，便会令人神清气爽，飘飘欲仙。

得意淡然：得意时，仍需谦和身平，不可狂妄自大，忘乎所以，应学会控制与善于驾驭情绪。

失意泰然：失意时，应泰然处之。人生在世不会事事如意，常是失多于得。在逆境中切不可自暴自弃,应学会知足,主动寻找乐趣,这样才能避免患得患失的不利情绪,以坦荡的胸怀,通利的心境,良好的身心状态迎接种种挑战。

快乐,是一种由衷的幸福感,就是“享受一切”。快乐,人人需要,有一句广告词这样说:“让我快乐似神仙!”快乐,来自内心的一种平衡,因为只要活着,快乐就会在前方等你。你自己和蔼可亲,将会使其他人感到快乐,你也会得到快乐,而这种快乐是无法以其他任何一种方式获得的。

事情一开始,就应想到后果

原文:初六,履霜坚冰至。

译文:当早上打开大门,踏到地上有霜的时候,就知道跟着天气要冷,准备衣服过冬了。跟着来是立冬、小雪、大雪,就要下雪了,黄河要冰冻了。这句话就是告诉人,如果讲哲学,一个学过《易经》的人,就会知道前因后果。一件事情一做的时候,一定晓得后果,对这件事结论如何,自己的智能应该知道,因为履霜坚冰至,任何事情都有它的前因和后果。

象曰:履霜坚冰,阴始凝也,驯致其道,至坚冰也。履霜坚冰,是冬天阴气开始凝结起来,开始是前因,至于后果,则“驯致其道,至坚冰也”。顺着这个时间下去,就天寒地冻,地下要结冰的。但是假如作战,在北方碰到这情形,就知黄河要结冰了,不需几天就可渡河而过。

活学活用:在抗战期间,我国连续八年黄河没有结冰,假使结了冰,的确有问题,日本人的马队一下子就过来了,日本人一直在等这个机会,可是上天保佑,抗战八年中黄河就没有结过冰。举这个例子,就是说明同一个卦,看情形如何?可有利也可不利,运用之妙存乎一心,不要迷信,这是智能的事情,全靠心灵偶然的判断,如果加上主观就不行了。

以前有一位善卜的人,占卜到他自己的一只宝瓶在某月某日正午时会破碎得四分五裂,他就不信,在这一天,他把这只宝瓶,安安稳稳地放在桌子中间,自己则坐在桌旁守着,看这只宝瓶如何破法。到了中午他的太太把饭做好了,叫他吃饭,叫了几次他都不理,太太见他不声不响不动,老盯着一个瓶子发呆,就故意开玩笑,欲惊醒他,拿了一条鸡毛掸子向瓶上一敲:“你看这宝瓶干什么?”不小心把这宝瓶敲破了,于是他哦了一声悟了,悟了什么?忘记把自己算进去,就是没有把主观算进去,这是关于算卦的有名故事。但这故事中含有很高深的哲理,人处理任何事情,往往不是忘记了自己,就是把自己看得太高,这是做人的修养、事情的处理要千万注意的道理。

人生要时刻警醒。它要求人们在做每一件事之前,要有一种警惕、戒惧的心理,要重视事物的结果。如果有好的结果,就努力去做;如果明知没有什么好结局,就应该慎重或者推延。这样就减少许多不必要的牺牲和浪费。

当然,这种慎重与戒惧不能过了头,因考虑结果而不敢开头。所以现在有理论家批评中国人的思维与现状,说西方人只重视过程,而东方人只重视结果,只是看到警醒人生消极的一面,只是说了事情的一面,并非全部。

但我们必须明确的是，有因就有果，世事大都不外乎这一点。

天地鬼神都说谦逊好

原文：有大者不可以衣，故受之以《谦》。

译文：《序卦》的说法更加单刀直截："有大者不可以衣，故受之以《谦》。"——"天"有大而亏其盈，益其谦；"地"有大而变其盈，流其谦；"鬼神"有大而害其盈，福其谦；人类有大而恶其盈，好其谦。君子有大，天下安危系于一身，所以他理应把天、地、鬼神浩然之谦统统都包含在自身里，以期吉祥利达。

活学活用：作为一种政治投资，既然"谦"道能够给人们赢得这么大的回报，那就不妨"牵着胡子过河"——先谦虚（牵须）一把再说！

人的第一大美德，就是第一大本事。翻遍《易经》六十四卦，如果说一点瑕疵都没有的，只有一卦——谦卦。即使乾、坤两大卦，都是有它不好的地方的，唯有"谦虚"和"谦逊"，连鬼都喜欢。《易经》说，谦逊，通行无阻。因为天的法则，是阳气下降，救济万物，而且光明，普照天下；地的法则，是阴气上升，使阴阳沟通，所以亨通。

天的法则，使满盈亏损，使谦虚增益；

地的法则，改变满盈，使其流入谦卑；

鬼神的法则，加害满盈，降福谦卑；

人的法则，厌恶满盈，喜好谦虚。

这些，并非我杜撰。它的原文是"谦亨，天道下济而光明，地道卑而上行。天道亏盈而益谦，地道变盈而流谦，鬼神害盈而福谦，人道恶盈而好谦。谦，尊而光，卑而不可逾，君子之终也。"

如果你是一座山，你不畏惧，你不怕一切。好！风来吹你，雨来淋你，终有一天，要把你损为平地。

如果你是一座山，你把山隐藏起来，说你是平地，甚至是洼地，这样，风会刮来许多尘土，雨会流来许多沙泥，终有一天，你要出人头地。

谦虚，是最大的本事。

有伟大成就的人，不可自满，必须谦虚；

想成就伟业的人，必须谦虚，不可自满。

古人有一句名言："卑让，德之甚。"所谓卑让是压低自己的地位去屈就对方，这就是"处世"的根本。刘备本身所具备的德就是这种卑让的态度，其中又可分为两个方面，即谦虚和信赖。

《三国演义》中曹操为什么会将能力远不如自己的刘备视为最强的对手呢？根本原因在于刘备拥有一种足以弥补个人能力不足的秘密武器。这种武器不是别的，是用人，如果把"善于"作为一种"德"，那么，刘备便是靠这仅有的一德而显其贤能。

孔子曰："《易》先《同人》后《大有》，承之以《谦》，不亦可乎？"我们知道，所谓"先《同人》"，就是首先想方设法取得人心；"后《大有》"，就是以人心为资本顺势取得天下;“承之以《谦》”,就是继而以谦卑之道维护到手的天下长治久安——孔子在向人们宝传他的政治保险——你想想,这对七上八下忧患重重的当权者来说,耐着性子听一听这样良苦的巧安排,又有什么不好的呢?《尚书·大禹谟》早就说过:“满招损,谦受益。”

人生苦短。要在有限的年华当中,有所作为,有所建树,建设精神最为重要。

20世纪六七十年代,盛行“破旧立新”和“先破后立”,那都是非常时期的手段。旧的框框太多,旧的局面难以打破,迫不得已,才能采取那样的手段。

那是一种气魄,是破釜沉舟,是孤注一掷。气魄有了,但缺乏了一种平和的心态。

这种“先破后立”的建设精神,代价太大!

更多的时候,需要一种平和的心态,需要一种良好的建设心理与建设精神。

人的一生,事业与成就,都需要这种心理与精神。

循序渐进,不急躁。这是建设精神的第一要素。

版画“煮酒论英雄”图,选自《三国志通俗演义》,描绘了曹操、刘备青梅煮酒论英雄的场景,讲述刘备以畏雷声掩饰心惊,解除了曹操的疑心。这是罗贯中借用《马王堆周易帛书》《震为雷》卦辞的写法,演绎出闻雷失箸的精彩故事

《易经》的渐卦就十分强调这一点。按《易经》的解释,“渐”,是水浸透,有渐渐前进的意思。

柔顺的停停进进,就是渐进的意思。这对年轻人特别重要。停停进进,才符合事物的规律。一鼓作气,是人为的精神。年轻人要注重学习停停进进,而中年人则要强调一鼓作气。因人而异,这对成功可能效果更好。

良好的建设精神,表现在做事不能急,一步步来。

《易经》里有一个很好的比喻:渐,是象征出嫁女子品德纯正,当然吉祥。

什么是出嫁女子的纯正品德呢?就是一步步来,不急,不乱来。先选日子,再准备嫁妆,然后过门,再入洞房。

心焦吃不得热芋头,乱了步骤会出洋相。

这就是停停进进,而不是一鼓作气。

人生的建设,实际是人的道德的积累。

渐卦的象辞说:“山上有木,渐。

君子以居贤德,善俗。”

山上有木,渐渐长成,这是一种自然现象。我们应当效法这种精神,逐渐培养我们的道德,积累我们的贤惠。如果我们的高贵品质形成了一种人生的风范,那我们的人生建设就一日千里了!

文明礼节,是建设精神的第二要素,堪称基石。

人生的奋斗,成就的取得,要在社会的规范里进行。

《易经》的履卦是这样说的:“上天下泽,履。君子以辨上下,定民志。”

上天下泽,这是一个现象。天在上,泽在下,分际清楚。人活在世上,对于人际关系也是要弄清楚的。

如果是在古代,公、卿、大夫、士,依功绩才能赐予爵位;农、工、商,则按身份限制你的财富。这就是古代的礼和节。现代社会,人际关系,没有古代的那么尊卑分明,但上下左右,也是要处理得当,你才能如鱼得水。

心安才能理得。理得才能有成就。所谓处理得当,其中有一个最重要的问题,那就是如何处置不同人群的利益。

《易经》说,后世的公、卿、大夫、士,无功无德,却想得到爵位;农、工、商,企图获得与他们的付出不相符的利益,这样,天下就会大乱。社会在多劳多得,而不是多权多得或者多说多得这样的分配原则下,才能安定,才能发展。

所以说,要想得到成就,要想成为成功的人,理解社会的分际,注重已经存在的文明礼节,也就是我们今天所说的“游戏规则”,至关重要。

人生的成功和发展,与一个国家或者一个地区,是同一个道理的。

事业成功需要好人缘。人缘哪里来?安定的环境,和谐的人际关系哪里来?应该说,全从谦虚中来。《易经》的谦卦里有一句话是这样说的:“对于谦虚,连鬼神都喜欢,何况人呢?”谦虚是成功的聚宝盆。

谦虚,或者说谦让,还是人生最锐利的武器。

善恶到头终有报

原文:积善之家,必有余庆;积不善之家,必有余殃。

译文:“余庆”、“余殃”的“余”字,余是剩下来的,余是有变化的,并不是一定本身就报,这是中国人对因果报应的定理,中国文化一切都建立在这因果报应上。

活学活用:佛教的精神是无我利他,利于众生的一种精神。佛教讲善有善报,恶有恶报。

今生有善果;前世有恶因,今生有恶果。

“善有善报,恶有恶报”这句古老的箴言,仔细品味,的确能咀嚼出于今人生活实践有益的营养。

善有善报,恶有恶报,表达了善良人们的强烈心理期待。拉法格在《思想的起源》一书中向人们描述了原始人对善恶有报的深切渴望。其实,文明人又何尝不是如此?正义的理念无论怎样千变万化,报复的公正,即善有善报,恶有恶报始终是正义一成不变的内涵之一，文明人类早已把善恶有报嵌入正义的深层结构之中。也许正是对善恶有报的渴望，才有对善无善报、恶无恶报的一些现象的控诉，及古代社会对清官的祈盼与向往和宗教对来世报应的虚设。因此，顺乎民心，自然包括尽可能地满足老百姓善恶有报的愿望。

善恶有报也是健康社会的重要标志。它意味着社会的正义，一个好人没有好报，坏人受不到社会惩罚的社会，无论如何与公平正义相去甚远。它意味着社会的效率，社会的发展各项事业的繁荣，从根本上仰赖人的积极性的充分调动，而要调动人的积极性，就必须对有益于社会的行为给予奖赏，对危害社会的行为给予惩罚；它意味着社会秩序，因为社会秩序的诸多要素，诸如人心的顺畅，社会凝聚力的形成，良好社会风气的营造，害群之马的铲除均与善恶有报有着因果关联。

霍尔巴赫在《神珍神学》一书中说："在每一个国家中，公民都应按照他对同胞所做之事是善是恶而得到奖励或惩罚。如果社会在这方面处理不当，嘉奖了不配的、无用和有害的人，它将自食其果。"

葛德文也说："人们所得到的待遇是要用他们的功绩和德行来衡量的。如果在一个国家里，有益于其同胞的人并不比敌人更使人觉得满意，那个国家就不会是一个智能和理智之邦。"

善恶有报也是社会道德建设的途径之一。经验表明，社会赏罚与人的行为之间存在因果关系，以善恶有报为基准的社会赏罚机制无疑是美德赖以生长的肥壤沃土。

倘使人们的善行得不到应有的奖赏，甚至不得不付出高昂的代价，比如见义勇为不但流血还得流泪，诚实经商并未因其诚实而在市场竞争中占得先机，反倒被人讥为傻子，那么，还能有多少人经受得住如此严峻的考验而义无反顾？

同理，如果恶行受不到应有的惩罚，甚至还会得到奖赏，其后果必然是造成挡不住的诱惑，使作恶者愈加有恃无恐，使原本善良者受到侵蚀。

相信世界上绝大多数人是希望"善有善报，恶有恶报"的，然而有时事实却常常证明这只是人们的一相情愿，自古至今，好人受冤枉，好人吃亏的，比比皆是。坏人呢，也不一定都得到惩处。

不过我们虽不太相信"善有善报，恶有恶报"，却极信"多行不义必自毙"这句话，不信你也看看，自古至今，那些张狂无度之人，哪个不栽跟头？那些大奸大恶之辈，哪个有好下场？

这两段看似矛盾的话，其实一点也不矛盾，这是大自然"物极必反"的规律在起作用，大自然绝不允许一种力量无限制地发展，它总是让各种力量之间互相制约，以达平衡。为此，它给所有事物都设置了一个极限，超出这个极限，就向相反的方向发展，如强极则弱，盛极则衰。

行善就是有极限的事情，即使"大善"之人，也不过牺牲自己一个人的利益。牺牲一己之利益服务于大众，每个人不过得到其好处的几分之一，甚至几千几万分之一，"行善"之人自我牺牲很多，每个人得到的却不多，所以"行善"有可能"有报"，也有可能得不到回报。

但是行恶没有极限，"小恶"之人是牺牲别人一部分利益成全自己，"大恶"之人往往为了一己之利，牺牲许多人的利益，这样，他就打乱了人类社会固有的秩序。

人类社会的运行，全靠和谐的秩序，如一条公路上的滚滚车流，所有的车辆都在相规定的车道上行驶，红灯停，绿灯行，若有一部分车辆不顾规则，横冲直撞，必使整条路瘫痪。这辆车呢，不是自己撞坏，就是被交警拖走。

“大恶”之人就如那些横冲直撞的车辆，最后必遭惩罚，这就是人们说的“多行不义必自毙”。

和谐有序，不仅是人类社会之规则，也是整个宇宙之法则，茫茫太空，所有的星球都沿着自己的轨道运行，于是星系虽以亿万计，却从未乱撞作一团。于是地球上方有日升月落，四季循环，我们在此生存、繁衍。

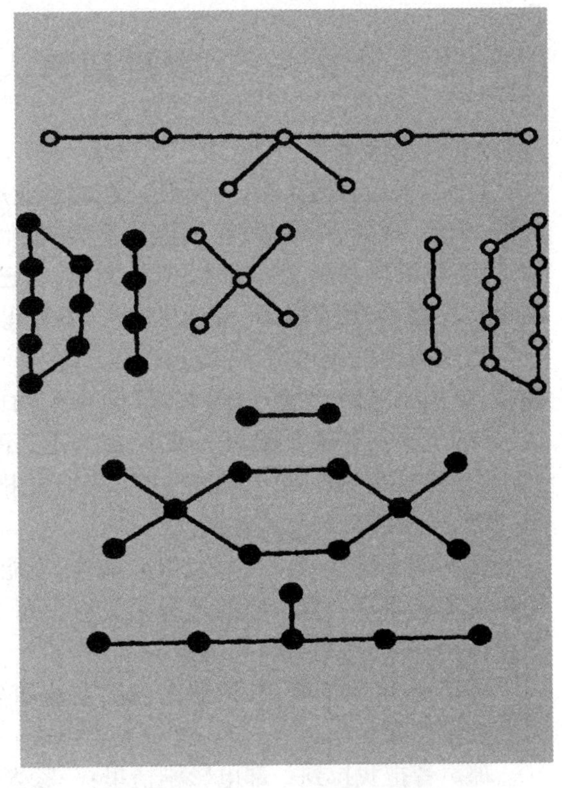

天地之数图，出自宋代刘牧《易数钩隐图》。表述了天地万物的运动与阴阳相互作用的关系

一个人人向善的社会，必是理想社会，因为善有极限，人人皆在其极限内活动，是个秩序社会；一个人心险恶的社会，必是危险的社会，因为恶无极限，若任其发展，必使多数人的利益难以保障。

回看历史，就会发现，越是有序社会，行善之人越得到尊重；越是无序社会，作恶之人越会猖獗。旧的秩序已经打乱，新的秩序尚未建立之时，往往就给“恶人”以可乘之机。“乱世出枭雄”的道理也在于此，枭雄虽有能力，就其品质而言，却很少是好人。

顺便说一下“好人不长寿”，这句话有一定的道理，因为好人大都忍辱负重，吃亏多。但也有许多好人心胸坦荡荡，远比一般人长寿，也有一些坏人，点滴得失放在心头，反不得长寿。

“好人不长寿”主要反映了一种社会期望值，凡坏人，大家都巴不得他早死，就是年轻丧命，大家也只有拍手称快，绝没有怜悯他短命的；若是好人，就是活到七老八十，大家也还希望他继续“长寿”下去。

几千年以来，人类社会的一切努力，一切奋斗，就是为建立一个和谐有序的社会，让“善有善报，恶有恶报”，让“好人都得长寿”。

岁月留声人过留名

原文：无成有终。

译文：人生有两条路，一条是现在的事业成就；一条是千秋的事业，像宋朝的三个大儒，朱熹、程颐、程颢等，官做得并不大，他们在学说上留名万古，永远有地位；如韩信、张良辅助汉高祖千古留名，但是无成，自己本身不会成功的，虽然不会成功，可有结果。反之，人若有房子，有钞票财产，不见得是成功。

活学活用："雁过留声，人过留名"，在历史上留下自己的痕迹是许多人的愿望。如今，英国一所网上"传记图书馆"给小人物也提供了青史留名的机会，只要登录注册，你的生平信息就会被永久保存，成为不朽的"历史史料"。可这绝不算真的留名。

"大雁往南飞，一会儿排成一字，一会儿排成人字……"的确，在秋高气爽的日子里，我们经常能看到大雁往南飞。

我们除了能看到课文里说的情景外，还能知道，在雁群飞过的同时，"忒儿，忒儿"的声音不绝于耳。那清脆的声音是大雁父母对它们孩子的叮咛，是大雁之间的互相关心，是大雁姊妹间亲昵的聊天。

那亲切、和谐的雁声，留给人们的岂止听觉上的波动！那是心灵的共鸣，是至高无上的亲切啊！

那声音把我拉到一部电影剧情里：一家人在吃饭，其中有一道咸菜。妈妈说合自己的口味，尽往自己的碗里夹咸菜。儿子看到后用筷子劝阻式地挡回了妈妈的筷子，说："妈，老年人不宜吃太咸的。"妈妈嘴上说："瞧瞧，还有这样不让老妈夹菜的儿子。"可是脸上却是甜蜜温馨的笑。是的，大雁的声音也是如此，只是我们听不懂而已。

"人生自古谁无死，留取丹心照汗青"；"人生在世，不流芳百世就遗臭万年……"可想而知，"名"是一个人唯一能留在世上的东西。

但是，又有哪些人是专为留名而去做事的呢？伟大的发明家爱因斯坦和镭的发现者居里夫人，他们为人类做出巨大贡献却谢绝了因此而获得的巨额奖金。

当然，人世间还存在着一些这样的人，他们认为流芳不成，遗臭总行，也不枉来世上走一遭。"留名"的想法是积极的，但是他们歪曲了"名"的定义，太急于表现自我，太在乎是否在世上留下了"名"。他们太需要别人记住自己了，哪怕别人记住的是他的"臭"。

正因为这样，换来了多少妻离子散、家破人亡，也换来了多少眼泪和辛酸！历史在不断地刷新，遗憾却是不可改写的。所以，我们一定要弄清"名"的含义与"留名"的意义，切莫让更多的悲剧发生。

生活是美好的，我们不要介意自己是大海里的水珠一滴，原始森林里的小草一株，大沙漠里的沙子一粒，其实只要自己认真地去做一件事，必然会有所长，必将能服务于人，造福于人，那么何愁不扬名呢？

贝多芬我们不陌生吧？李白、杜甫还记得吧？……他们很平常，无非是发挥所长弹弹琴、写写诗，可为什么他们的名能够老幼皆知甚至流传好几个世纪呢？细想，他们的弹琴、写诗不正给人们带来了更多的精神养料，丰富了人们的文化生活吗？

人生无常。烦恼时抬头看看雁群，听听它们的叫声；迷茫时想想自己有何特长，看看能做点什么。多点理解，多点付出，我们的社会会更精彩，明天会更美好。

“人活一世只图留个好名声。”这话确实不错，无论古代、现代；中国、外国。但一个人怎么才能留一个好名声呢？

明朝的于谦有这样的一首诗：“粉身碎骨浑不怕，要留清白在人间。”这首诗完全道出了人类崇高的思想境界。自古至今，许多仁人志士为留清白在人间，赴汤蹈火，救民于水火，这样的人永远活在人们心中，他们是永生的。而整天沉迷于酒色之间的人，终将化作泥土，被人们踩在脚下。

宋代画家赵广被金人俘虏后，宁可断手也不为其作画。国画大师徐悲鸿曾断然拒绝为蒋介石画标准像，并冷淡地对来人说：“我对你们的蒋委员长不感兴趣。”

北京大学校长马寅初因为提倡“计划生育”而遭到万张大字报围攻时，愤然发表《重申我的要求》，宣布：“我自知年老体弱，寡不敌众，但我仍然要单枪匹马地出来应战，直至战死为止；决不向专以力压服不以理说服的那种批判者们投降。”他们被誉为中华民族的脊梁。

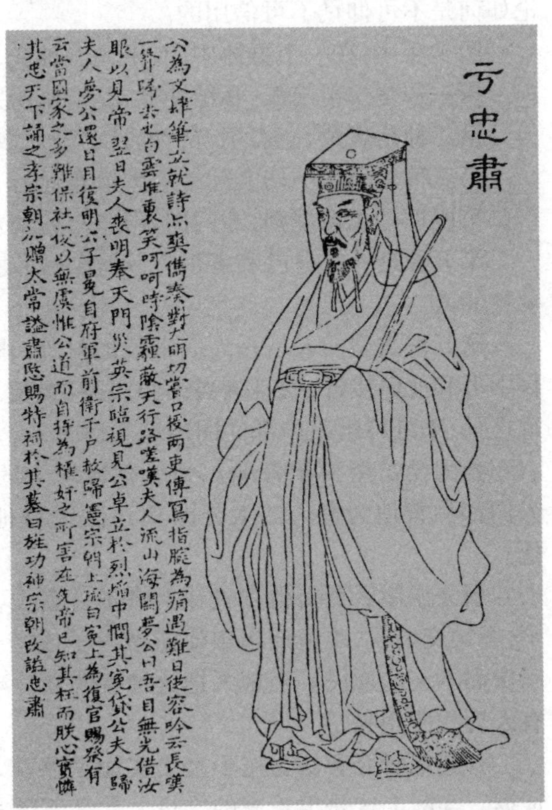

于谦像。于谦，字廷益，浙江钱塘人，明朝名臣。民族英雄。他的诗《石灰吟》有句名言：“粉身碎骨浑不怕，要留清白在人间。”

历史表明，民意是最终的公正裁判者。尽管好人自古命运多舛，甚至惨遭毒手，但虽死犹生，精神永驻人间。

反之，一个人格低下的人，不论其生前如何荣华显贵，占尽风流，死后也不免身败名裂，被民众戳脊梁骨。

中国当代权奸康生就是一个典型例子。此公在生前权倾朝野，专以大兴冤狱而得志一时；死时犹带着“忠诚的共产主义战士”的桂冠。但他终于经受不住民心的检验，在真相大白的今天，被永远地钉在了历史的耻辱柱上。

不言而喻，人对自身人格是相当重视的。人具有动物所没有的高级“需要”，其中之一就是对人格价值的追求。古人云：“人生有七尺之形，死唯一棺之土，唯立德扬名，可以不朽。”

人格的伟大之处就在于：它是超出了任何肉体需求的内在美，而唯有人的内在美才是永恒的。

一般来说，一个人在春风得意时听到种种赞誉并不困难，难的是在身处逆境时仍然为大众所怀念。这就是人最为可贵的“身后名”。

事实证明，凡追求人格高尚者都信仰“人到无求品自高”。因此他们能够按照人格的要求有所为或有所不为，“不降其志，不辱其身”。

不结交小人

原文：大君有命，开国承家，小人勿用。

译文：“大君”指真做大事的人，“命”指“天命”，“大君有命，开国承家，小人勿用”，指继承天命的真龙天子如果要打下江山，就不能用小人。

《小象传》说“君子得志，可以乘坐华丽的车子”，这说明老百姓所拥戴的是阳刚君子；“要是小人得志，那么连遮风避雨的草庐都会剥落殆尽”，这说明阴邪的小人无论如何是不可仰仗不可信用的。

活学活用：在一个群体中，有下列五种人，是真正的害群之马。

第一种是拉帮结派，私结朋党，打击诽谤别人的人；

第二种是虚荣心重，用奇特的行为哗众取宠的人；

第三种是经常不切实际地夸大散布谣言，欺骗视听的人；

第四种是无视规则，专门搬弄是非，煽动众人的人；

第五种是计较自己利害得失，动辄兴师动众进行要挟，或暗中与敌人勾结以进行要挟的人。

这五种类型的人就是人们常说的奸诈、虚伪、道德败坏的小人。应疏远他们，不仅不可和他们接近，而且应当细心观察，要疏远而不能亲近，早日除掉组织内部的害群之马，来维持组织内部的团结和生命力。

姜太公吕望封于齐地。齐地有名华士的名人，自称不朝拜天子，不结交诸侯，人们都称赞他为贤人。太公派人三次征召他，他都没有来。于是太公命人诛杀了他。

周公派使者责备他：“此人为齐地之高士，为什么杀了他？”太公曰：“他不朝拜天子，不结交诸侯，难道还指望他能做臣子或结交他吗？不能做臣子的人是弃民；征召三次而不至是逆民。当地人把这种害群之马当作学习的榜样，全国都仿效他，难道还有人为我所用吗？”

有当代研究者认为这不是史实而是寓言，并且以武王不杀伯夷和叔齐的例子作证据。实际上这是很荒唐的推论。武王不杀拦路进谏的伯夷叔齐老哥儿俩，是因为天下未定，当务之急是争取人心。而太公就国以后，当务之急是招致天下英雄为之效劳。所谓此一时也彼一时也，形势不同，需求不同，因此做法也就不同，这本来是统治者惯常的做法，哪里是什么寓言呢？

孔子诛少正卯图。讲孔子在鲁国任大司寇时，诛乱政大夫少正卯之事。孔子的做法符合《易经》中所倡导的“小人勿用”的原则

罚的威胁可以让那些本不打算好好干的人有所忧惧，想到将会有的惩罚，也就不敢太过放肆。

另一方面，如果罚得不分明，即使赏得再周到也不会有什么大的作用。试想，如果一个人虽然拿到了与自己付出相应的报酬，甚至还多的奖励，而他却看到另一个干得很差的人并未受到任何惩罚，甚至还拿了与自己一样的报酬，那么他的骄傲与兴奋会即刻减弱，得出一个“干得好坏都一样”的结论。

闲暇无事，浏览《古文观止》，觉得三国时诸葛亮之《前出事表》颇具现实指导意义。兴行建业，似治国安邦，当“亲贤臣（君子），远小人”。否则，再好的大政方针，也会走形变样，失之初衷。

古人国家兴亡，遵从一条真理：亲贤臣，远小人，国则强；亲小人，远贤臣，国则亡。因为贤臣都主张以德、仁教化人民，以民为本。然而，这一“亲”，一“远”是何其难，有的君王就做到了，有的君王就做不到。何时“亲”，何时“远”，应该没有方法而论，但有一条结论可以看到：亲贤臣远小人的君主，都是谦虚、心胸宽广、眼光长远之人；亲小人远贤臣的君主都是骄妄自大、心胸狭窄、眼光短浅、贪恋女色之人。可见，没有好的方法来保证亲贤臣远小人，但具备了某些好的性格，身边也就自然汇聚贤臣，小人无所发挥。

凡是有人群的地方，就有“君子”，也会有“小人”。古今中外，概莫能外。“君子”执政，勤政、廉政、善政，上下一心，同心同德，工作顺心；“小人”当道，懒政、贪政、擅政，上下异心，离心离德，工作揪心。

何谓“贤臣”？

一是那些在大是大非面前一如既往，讲原则，有道德，重工作的德才兼备者；

二是别人提拔起来的，但在新任领导主政时，仍能听从指挥，服从分配，干好本职工作的德才兼备者；

三是那些没有人为之说话，但确在某一方面，某一领域，真抓实干，抓出实效，干出成绩的无名小卒；

四是虽遭“小人”陷害，错被领导打入“冷宫”，却听得进闲言碎语，忍得住委屈冤枉，受得了非难误解，咽得下辛酸苦辣，凭满腔热血，一颗红心，默默无闻，耕耘不止的老黄牛。

五是敢于为民请命，犯颜直谏者。

何谓“小人”？

一是那些口是心非，吃里爬外，看风使舵的投机者；

二是那些挑拨离间，制造矛盾，编造谎言，唯恐天下不乱的是非者；

三是做一天和尚撞一天钟甚至连钟也懒得撞，却对干事者横挑鼻子竖挑眼、指手画脚的看戏者；

四是工作小有成效，但常干出法规所不容的事，每每还“贪天之功据为己有”，揽功诿过，成事不足，败事有余的危险者。

五是当着领导面极尽谄媚之能事，背后无中生有，恶语中伤的“两面”者。

“贤臣”谏忠言，忠言逆耳，但于事有益；“小人”打诳语，诳语动听却于事无补。

客观讲，某个区域，某个系统，某个单位，工作抓得怎样，经营效果如何，责任主要在“一把手”。毕竟“一把手”是“掌舵人、负责人”。然而，如果“亲小人，远贤臣”，避忠言，信诳语，方向再好，路子再对，自己再累，也会因“贤臣”的退避三舍，“小人”的兴风作浪，导致事倍功半，事与愿违。

《三国志通俗演义》版画之孔明初上出师表图。诸葛亮在表中嘱咐后主要“亲贤臣远小人”，这符合《易经》中“小人勿用”的思想

当断不断，反受其难；当决则决，定受其益。用好一批“贤臣”，至少可以节省三分之一的时间、精力去抓大事，还可以保证既定方针的贯彻落实。

“君子”和“小人”脸上没有贴着标签。如何识别，悉听尊便。但仁者见仁，智者见智。对于“君子”和“小人”，经历不同，位置各异，见识也有区别，但基本道理大致相同：贤明的领导者应该“亲贤臣，远小人”。

物以类聚，人以群分。如果领导者是“小人”，“亲小人，远贤臣”也未尝不可。只不过是用“江山”做抵押，赌注未勉大了点儿，并且注定会输得很残。

然而，细想起来，“远小人”似乎不难。若知道是小人，甘心与其“同流合污”的毕竟不多，除非是臭味相投、相互利用。多的是在“不知不觉”的情况下，被小人所利用。可见，要“远小人”，首先得“识小人”。正如一位领导同志在离任后说：“在任时糊涂，离任后清楚。对于小人，有的是在离任后才知其是小人，才知道不可‘近’。”这位领导同志所言值得深思，对“识小人”和“远小人”很有帮助。

既为小人，自然善于见“权”行事，谁有权就跟谁“贴近”，甚至不惜“信誓旦旦”……当然，他们“贴近”的目的，在于“吃小亏占大便宜”，利用你手中的权力来为他们服务，而这一切都是不易识别的，致使一些在位的领导错把小人当君子、当能人，甚至言听计从，委以重任。即使有时觉得“不对劲儿”，也不从“坏处”想。

然而，既为小人，终究是会原形毕露的，尤其是当你无权无职、无利用价值的时候，他们就会露出“狐狸尾巴”来，使一些领导者“如梦方醒”，但已悔之晚矣！

当然，也不是说领导者在位时就识不了小人。倘若领导能够把握以下两条，还是可以洞察其奸的。

其一，要多“近”群众。群众的眼睛是雪亮的，谁是君子，谁是小人，看得一清二楚。多“近”群众就能心明眼亮、明察秋毫。现在，一些领导之所以不识小人，原因之一就是“近”群众不够。如有的“近”的就是那么几个“中层”，有的甚至“近”的只是个别所谓“信得过”的身边人，这显然是一种不好的倾向，容易脱离群众，滋长出官僚主义和腐败现象。

其二，要多问几个“为什么”。既为小人，必有一副“小人相”，或“甜”得特别，或“亲”得异样，或“吹”得肉麻，或“勤”得反常……对此，领导者要在心里多问几个“为什么”，如果对这些“反常”行为多作一些冷静、周密、科学、细致的思考，就不难看清小人的真实面孔。

总之，“识小人”要有清醒的头脑、敏锐的目光、无私的品格，没有这样的境界，就很难“识小人”。这也说明领导者加强自身修养，提高自身思想素质的重要性。

所以，在现实这个世界，做人也许不必像古代帝王那样苛刻，但具备一些好的品质，成功应该是其自然的事情。凡事寻其本质、尊自然之道，而不是方法和技巧，这样才能于世间游刃有余。

欲使兴旺，先尝艰辛

原文：险以说，困而不失其所亨，其唯君子乎。

译文：生命，的确有了坎坷才美丽，但如何使坎坷的生活变得尽可能的平坦，是一件很难的事。好好把握自己，把心态调整到最佳状态——为了更好的明天！

活学活用：十年桃花运光阴似箭，一朝蹇难天度日如年。福祸相当，能量守恒，不亏不盈，天道有常。《升》卦之后就是《困》卦，可见古人早已明白：前行的路必然是曲折的。进两步退一步，走走停停，停停走走，寻常百姓柴米油盐过日子，英雄豪杰顶天立地做大事，全不是坦途，都不会一帆风顺。《序卦》说：“升而不已必困，故受之以《困》。”

《孟子·告子章句下》云：“舜发于畎亩之中，傅说举于版筑之间，胶鬲举于鱼盐之中，管夷吾举于士，孙叔敖举于海，百里奚举于市。故天将降大任于斯人也，必先苦其心志，劳其筋骨，饿其体肤，空乏其身，行拂乱其所为，所以动心忍性，增益其所不能。人恒过，然后能改；困于心，衡于虑，而后作……”——难道上天正是以艰难困苦栽培人的吗？

孟子的这番话说得很美，很神秘，揭示的道理动人心魄。上天欲玉成于人，则先让你将艰难困苦都尝遍。但是在始作《易》者看来，困难并不是上天对个别人的特殊恩赐，而是由“刚掩”造成的：阴柔掩盖了阳刚，邪恶遮挡了光明，小人压抑了君子。

《系辞下》说：“困，德之辨也。”——小人遭际困厄往往悲观失望，一蹶不振；君子居困动心忍性，概当以歌，越挫越奋，激励出前所未见的潜能，贞正之德不移，进德修业更加努力，于默默静守之中以待天时之变。

《困·彖传》正是对君子的赞美：“险以说，困而不失其所亨，其唯君子乎！”君子落难越显其崇高，小人遭难越见出其人格的渺小。《系辞下》预言：“困，穷而通”，遭难的小人不能见及于此，自暴自弃反而越会使自己落入灾难的深渊。君子恪守本命不坠雄心大志，知天知人知己，反而有助于度过困厄，转危为安。小人之围困于身，大人之困困于道；小人之惜惜于身，大人之惜惜于道。所以《困·大象传》说：“君子以致命遂志。”

九四爻辞说“或者潜入深水，或者腾跃上进”，君子投身入渊，大任将降之际，诚惶诚恐如履薄冰，自己先做检验，先有一番迎接考验的磨砺功夫。

“吃得苦中苦，方为人上人。”要成为一位人人尊敬的人，必须经过重重磨炼，吃尽千辛万苦，才能享受丰硕的果实。

斑马群遭遇猛狮的袭击。在这紧要关头，斑马们默默地神速地围成一个三层的圆环，把小马驹牢牢地围在里面，簇拥着心爱拼命地飞奔。在它们看来，只有心爱的活下去，自己的生存才有意义。而狮子的狂蹄踩着魔幻的鼓点，一步步逼来……眼看着一幕悲剧就要发生，这时，一匹斑马离开了自己的群体，义无反顾地冲向了狮子……

割断的鸣声在天边萦回，那是慈爱的眼睛，目送着心爱的逃亡……

这是发生在非洲草原上的一幕情景。

自然界的竞争是残酷的，血淋淋的，而弱小的斑马在强大的狮子追捕之下捐躯赴死的壮举，却让人的心灵受到强烈的震撼！那是一种坚忍之美。所表现的，是让人肃然起敬的弱者的坚强。

就搏斗本身的力量对比而言，这匹斑马是弱者，它不堪一击，而就整个斑马群的繁衍生息而言，它是伟大的强者，它保证了这一物种的延续，而在它身上体现的是一种了不起的献身精神。

由此，想到了人，想到了生活，虽然看不到刀光剑影，看不到鲜血淋漓，但就生存的严峻程度而言，人生的过程，何尝不是一种残酷的物竞天择呢！

正如“钢琴曲有波澜起伏，水彩画有鲜明有黯然”一样，生活也不是一帆风顺的，挫折会时不时地成为你生活的一部分，那么如何以一种正确的心态去面对挫折，便是许多人所关注的问题，而有些人对待挫折的那份洒脱与乐观会给很多人很深的启示。

面对挫折，有人叹息，有人彷徨，有人哀叹老天的不公，命运的多舛。而你，去勇敢地正视挫折，投之以洒脱的一笑，坚信命运掌握在自己的手中，用“勤奋”去改变人生，主导命运。

当然凡事应有“度”，过于轻视挫折，过于洒脱地看待人生，也未必是件好事，有时也会削弱自己的斗志，滋长自己的“惰性”。

由此，我不仅想问一问，今天的孩子们缺什么？恐怕有人说什么都不缺。因为不管是“吃、穿、玩”，还是“用”都称得上“现代化、高档化”了。可笔者以为缺的是人生不能缺少的“磨难”。

从对孩子的教育而言，贫穷和富裕是把“双刃剑”，贫穷能剥夺人享受的机会，却也能锻造人的性格；富裕能打开人的眼界，却也能窒息人的精神。对于今天的家长们来说，如何趋利避害，有意识地让孩子吃点苦、对他们进行点“磨难教育”，这对孩子们的一生都是至关重要的。

傅说像，出自明·天然撰《历代古人像赞》。傅说，商王武丁的大臣，因在傅岩（今山西陆东）地方从事版筑，被武丁起用。据史料记载，武丁与傅说君臣际会，颇有传奇色彩，传说武丁做了一个梦，梦见一个叫说的圣人，状如囚徒。神人指点说，这就是你要找的圣人，武丁醒后，令人按梦中说的模样画像，在全国寻找，终于在傅岩找到傅说

“天将降大任于斯人也，必先苦其心志，劳其筋骨，饿其体肤。”其实就是说要进行磨难教育。对于这一点，当今一些物质高度发达的国家非常重视，且比我们做得好。

例如，笔者在电视上看到，在滴水成冰的寒冬，俄罗斯的一些父母却带着孩子去冬泳，让孩子从小经受磨炼。美国也是“磨难教育”成风，目前全国已有三十多个“磨难营”对青少年进行“磨难教育”。而在今天的中国，这点却被忽视了。

事实告诉我们：过去无数有成就的政治家、科学家、作家大都有小时候饱受磨难的经历，这也许是他们日后成功的关键所在。所谓“玉不琢，不成器”、“千锤百炼方成钢”正是对磨难教育的肯定和称颂。

经历过磨难的孩子才会知道今天的幸福生活来之不易，才会倍加珍惜它，也才能在挫折和失败面前永不气馁、勇往直前。所以，在今天的中国对于这些称为“小皇帝”的孩子们，更不能少了“磨难教育”这一课。

家长们在疼爱你们的“小皇帝”时，千万不要忘记让他们多经历些“磨难”锻炼，因为这才是您送给孩子最珍贵、最厚重的礼物。

做事千万不可众叛亲离

原文:鸣鹤在阴,其子和之。

译文:"阴",指云阴,云中;"和",唱和。"鸣鹤在阴,其子和之"是说仙鹤在云中飞舞,它的一家子都在与它唱和。无论什么时候,获得亲友支持都是至关重要的。

活学活用:商纣王是中国历史上第一大暴君,其统治手段之残忍在历史上是鲜有的。他鱼肉百姓,对百姓横征暴敛,弄得民不聊生。为了堵住天下人之口,他钳民而致天下人"道路以目",更设立酷刑,镇压百姓,他还杀贤臣,留下一群溜须拍马之人。百姓敢怒而不敢言。后来,后周挥帜进攻,守城士卒纷纷掉转矛头,反抗商纣王,纣王众叛亲离,只得引火自焚,留下千古骂名。

孟子云:天时不如地利,地利不如人和。失道到了极点,就连亲人也会背叛他。得道到了极点,整个天下都会归顺他。带领整个天下的归顺之人去攻打那众叛亲离者,贤人君子不打则已,如果攻打,肯定获胜。

舜为什么为中国文化奠定了良好的基础?因为他有优秀的干部。领袖固然重要,干部更重要。换言之,干部难得,领袖也难当。舜当时平定天下,留万古美名,靠他有禹、稷、契、皋陶、伯益五个好干部,天下就大治了。我们要特别注意,仅仅五个人就可以把天下治好。

我们研究历史,可以发现无论古今中外,任何一代,真正平定天下的,不过是几个人而已。汉高祖靠手里的三杰,张良、萧何、陈平而已。韩信还只是战将,不算在内。当然汉高祖也能干,很懂得采纳意见。汉光武中兴所谓云台二十八将,还不是中心人物,真正中心人物也不过几个人。外国历史,意大利复兴三杰,也只三个人。

每一个时代的治乱,最高思想的决策,几个人而已。岂止是国家大事。有个大公司的老板,从无到有,从小大到,如旧小说上所说的也就两三个人替他动脑筋。

所以人生难得是知己。

《易经》上说:"二人同心,其利断金。"两个人志同道合,心性完全一致,真正的同志,这股精神力量可以无坚不摧。

我们知道清代乾隆以后,嘉庆年间有个怪人龚定庵。今天我们讲中国思想,近一百多年来,受他的影响很大,康有为、梁启超,等等,都受了他的影响。他才气非常高,文章也非常好,而且那个时候他留意了国防。蒙古国和东北边疆,他都去了。而且他认为中国问题的发生,都是边疆问题。西北陆上有俄国,东面隔海有日本,将来一定出大问题,他也狂得很,做了一篇文章,讲"才难"。当时他说天下将要大乱,因为没有人才,他在文章中骂得很厉害,他说"朝无才相、巷无才偷、泽无才盗。"连有才的小人都没有了,所以他感叹这个时代人才完了,过不了多少年,天下要大乱了,果然不出半个世纪,洪秀全出来造反,紧接着,内忧外患接连而来,被他说中了。这就是说兴衰治乱之机,社会安宁的重心在人才。

不过龚定庵是怪人,不足以提倡。他怪,出个儿子更怪,他儿子后来别号叫龚半伦,在五伦里不认父亲。他更狂,读父亲的文章时,把他父亲龚定庵的神主牌放在一边，手里拿一支棒子，读到他认为不对的地方，就敲打一下神主牌，斥道：“你又错了！”这就是龚半伦，人伦逆子中的怪物。

和气生财，中国人做事，特别信奉这句话。事情不能一个人做，钱不能一个人赚。在做事赚钱的同时，要是把与周围人的关系处好了，你就是大家推崇拥护的对象。

所以切不可与身边那些足以影响乃至决定你事业的“群众”们意气用事。

其实，生活是一种支撑。

人生在世，需要学会支撑。支撑事业，支撑家庭，甚至支撑起整个社会。从某种意义上说，生活本身就是一种支撑。

“给我一个支撑点，我会把地球支起。”从古希腊哲人的名言中，读出了生活的几分狂妄，几分自信。这是支撑生活的魅力。

泰戈尔说，错过太阳时，你在哭泣，那么你也会错过星星。在生活的抗争后，哪怕满身疮痍，也该把无奈沉入心底，这是支撑生活的哲理。

不能舍去别人都有的，就得不到别人都没有的。会生活的人失去的多，得到的更多，这是支撑生活的固执。

能把心割碎赠给他人，你会赢得更多的朋友，多一个朋友，多一个世界。蓦然回首，你不再是孤寂的独行人，这是支撑生活的艺术。

支撑着，在万紫千红的春天；支撑着，在赤热炎炎的夏日；支撑着，在寒风萧瑟的秋季；支撑着，在冰天雪地的严冬。

也许由于时光匆忙，让我们忽视了岁月的流逝；也许因为生活多彩，使我们忘记了季节的更替，冬的身影尚未完全离去，春的脚步竟已悄然来临。

我们无法追回昨天，也无法向明天借贷。幸福与悲伤，成功与失败，一切如春夏秋冬，花开花落，酷热寒冷，面对生活，重要的是有一份支撑的心境。

生活像浩瀚的海洋，不会永远风平浪静，间或涌起惊涛骇浪；生活就像一片广袤的原野，不会永远和风徐徐，间或徒生狂风暴雨，唯有迎接风雨、挑战骇浪的心态和勇气，才能驾驭生命之舟，驶向生活的海洋，猎取

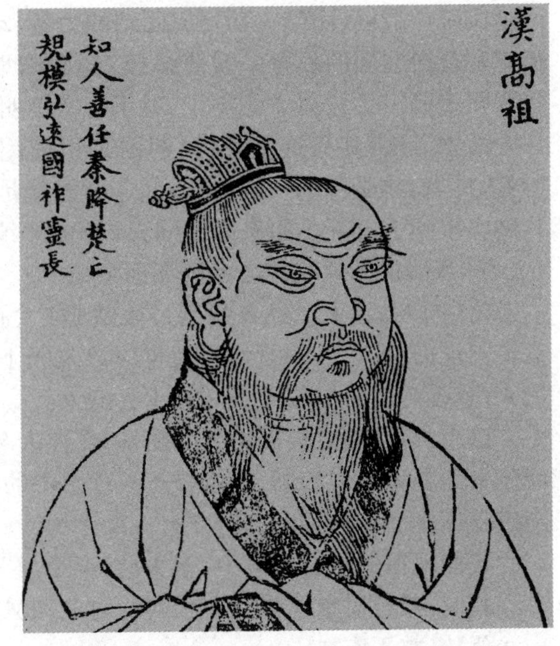

刘邦像，出自明·天然撰《历代古人像赞》。刘邦，西汉王朝的开国皇帝，字季，秦朝泗水郡沛县人，谥号高皇帝。《易经》乾的卦辞很简单，即：“元、亨、利、贞”，这四个字是对领导素质的一个很好的概括。意思是说领导要具备创始能力、创新能力、协调能力和为人要正真，对理想要坚持与忠诚，能承受暂时的困难和失败。汉高祖刘邦具备了上述能力，善于用人，忍辱负重，最终打败了项羽，夺取了天下

光彩的浪花。

如果我们能用这样一种心境，这样一种精神去对待生活、支撑生活，昨天的伤痛和遗憾便不会羁绊我们的脚步，煎熬我们的灵魂；我们就会走过黑夜，迎来黎明，拥有太阳，享受光明。

支撑生活，就是支撑生命。因此，我们的生活应当绽放于春，潇洒于夏，无畏于秋，傲然于冬。进取在生活中，亮出自己的旗，发出自己的光；生活得不卑不亢如山，轻松自在如水，敢说敢干如风，微笑乐观如花……

生活的每一个年轮，都交织着跌宕波澜，珍藏着美好希望。当全新的一天昭示着我们走向成熟、走向未来的时候，让我们扬起笑脸、支撑美好，去创造又一个灿烂的明天。

诚信合作才会成功

原文：与人同者，物必归焉。

译文：《序卦》中说："与人同者，物必归焉，故受之以《大有》。""与人同"，大约说的是搞统一战线，团结一切可以团结的力量，动员并组织民众，最大限度地收揽人心，孤立和打击共同的敌人。旧儒解释"物必归焉''云："以己之欲从人之欲，则天下之物皆归于己。'话说得太漂亮了，就不真实不明确了。

活学活用：其实这里说的，明明是由前因所导致的政治后果——得天下。所谓"与人同者，物必归焉"，假如说白了，意思就是讲最得人心的人一定能够得到天下，而且确实得到了天下。如果说，《同人》影影绰绰讲的是周武王取殷纣王而代之；那么，《大有》当然说的就是周公摄政那回事情了。

将《同人》上下二经卦颠倒过来就是《大有》卦。万物的生长总是与天时地利的运转不谋而合，大人的所作所为也应该与天下万众的心愿同心相结。一个天下归心的人，就是一个可以收天下之物于己的人。

这个卦认为，要突破世界的闭塞，需要人与人之间的和同与团结。如果每个人都能公平无私地与人和同，那就是圣人理想中的大同。世界上所有的人都能和同起来，当然亨通。

我们现在的外交政策中"求大同，存小异"的原则，就是从《易经》中来的。

和同，要有对象。你没有和同的对象，就是孤家寡人，就是失道寡助。

孤独，并不吉祥。

和同，需要打破门户之见。不能有宗派主义，不能有私心杂念。

和同，需要道义，需要正义。不能和稀泥，要坚持原则。但在坚持原则之下，就要允许不同的意见与观念的存在。

这些，不是我们这个世界天天在说的大道理吗？

人，活在世上，你必须与他人和同，除此别无他路。

孔子在周游列国，行教化之责的时候，有一位耕田的隐士耻笑他正事不干，一辈子往人堆里扎。孔子回敬这位隐士时说："人不可能与禽兽住在一起，采取逃避现实的态度，我不与人在一起，又能跟谁在一起呢？"

孔子曾率弟子周游列国，行教化。体现了《易经》中“和同”的思想。图为孔子乘辂图，此图描绘孔子率众弟子周游列国出行前，整装待发的情形

和同，是人生积极的态度。和同，并非同流合污。

在21世纪初的一张报纸上，谈到“升职人的四大特质”时，把“具有合作精神”列在第二位，可见“合作”在成功人生中的重要地位。

这使笔者想起台湾省佛教慈济大学的校训。慈济大学的创办人是一位弱女子，后来闻名世界，她叫证严法师。她给学生和弟子的一条训示是“合群”。合群，就是有团队精神，能有“和同”的本领。

与什么样的人合作，如何合作，才能谈到成就。

你能从人的说话状态中，看出一个人的心理吗？你能确定他说话时在想些什么吗？

《易经》的《系辞下》中有一段很古老很精彩的话，供你参考——

想背叛你的人，说话会有惭愧的表情；心中有疑虑的人，说话杂乱矛盾；有修养的人，说话少；浮躁的人，说话多；诬蔑善良的人，说话游移不定；有失操守的人，说话含混，不能直截了当。

它的原文是这样的：“将叛者其辞惭，心中疑者其辞枝，吉人之辞寡，躁人之辞多，诬善之人其辞游，失其守者其辞屈。”

这可是几千年前我们的祖先说的话。笔者以为，如果不学习《易经》，是对智能的一种忽略。而当今社会，知识可以买卖，而智能仍需自己去寻找。

做人做事，一定要与真诚者合作。

如果价钱谈得合适，父亲和老婆都可以卖的人，尽管聪明，尽管能干，也不能视他为合作的对象。更不说要真正的合作了！

真诚者在哪？如何鉴别真诚者？

真诚者在于他有仁有义。

《易经》说，天、地、人有三大法则——

天的法则：阴与阳；

地的法则:柔与刚;

人的法则:仁与义。

阴阳是气体,柔刚是形体,仁义是德性。

阴阳之气凝聚成柔刚之形体。仁是柔和的德行,义是刚直的德行。

有仁人义为之真诚。

志同才能道合。志不同道不合。

《易经》的同人卦里说:"同人于野,利涉大川,利君子贞。"

同人卦的"卦辞"和"象辞"说了几个"和同"的有趣现象。

一是和同于野。与人和同,与人集结,要在空旷的野外,而不是相聚于密室。这似乎是说集结的目的光明正大,磊落,没有什么见不得人的东西。

它进一步的意义是,在旷野中集合群众,象征在最大的范围,公平无私地与人和同,这是圣人理想中的大同。

世界上所有的人和同,当然亨通。

二是同人卦的卦象。说同人卦的象是天底下烧着一把火。天光朗朗,这样的天底下烧着的那把火,又是光明的,火焰向上的。这样的"象",即天与火同亮,都有光明的德性;天与火都有向上的志向:高远而又广阔。

它的象征意义是,天是外卦,是干,刚健有力,利于前进,所以以"利涉大川"来比拟;内卦是离,是火,意味着内心光明。

内心光明,外向又有刚健的性格,这些都是纯洁正直的德行,所以占断起来,是人人调和,意志沟通,团结一致,能够冒险犯难,无往不利。

《易经》中所说的和同,当然是现在的"合作"。

合作,要有光明的心理,进而要有光明的行为。

合作中要注意的问题,以及各个层面上的合作所带来的收效与利弊,都有详细的论述。

第一,与人合作,要打破门户之见。

《易经》上虽说"同人于门,无咎",但主要强调"象曰:出门同人,又谁咎也"。

同门之中,你积极去与师兄师弟甚至师父合作、和同,没有什么不好。如果你走出门外,与更多的人合作,与更多的人和同,又有谁说你不好呢?

《易经》在这里强调的,是打破门户的合作,是最广泛的合作。

第二,与人合作,要打破宗族观念。

《易经》明确说:"同人于宗,吝。"如果我们只同亲近人合作,与宗派团体(包括宗族)合作,就危险。《易经》再进一步感叹:"同人于宗,吝道也。"它的意思是,在天下大同的理想前提下,你以宗族和同的方法来对待世界,虽然说不上是错误,但真是不值得提倡的事,也不值得赞扬。

第三,和同与合作的目的,首先是正义的合作。如果是正义的合作,就会不怕牺牲。和同要代表正义,正义和同了,邪恶就会屈服,就不会得逞了!

如果让非正义和同了,合作了,那世界只好等待灾难了!

第四,有时本身中正,正义,但得不到合作,得不到和同,这也是常有的。所以《易经》里说:“同人,先号眺而后笑,大师克相遇。”

在这个时候,你就要相信,正义一定会战胜邪恶。要悲愤,要努力。

至于合作以后的景观,以及成就,那是不言而喻的。

孔子曾说:“君子立身处世的原则,或者从政,或者隐居,或者缄默,或者议论,二人一条心,就有断铁的锐利;志同道合的言论,就像兰花一样芬芳。”

两人同心同行,尚且如此。如果你与许多人合作,和同,那成就不是早就摆在那里了吗?

有一个情况可以不合作,不和同。这样的不合作,不和同,虽然不会后悔,但也说不上得志。

比如一群坏人在做坏事。你不同流合污。

《易经》中说,远离人群,是因为不愿同流合污,早已觉悟,所以不会后悔。

但这样孤独清高的人,自己也许不后悔,但在别人看来,并不是真正的得志。

《论语》中的“微子篇”中就记述孔子为追求理想,流浪天下,途中被正在耕田的隐士嘲笑。孔子就说:“人不可能与禽兽住在一起,采取逃避的态度。如果是这样的话,我不与人在一起,又能跟谁在一起呢?”

这个故事告诉我们:人不能离开人。所以说,你可以同流,但不合污,足矣!

像莲藕出污泥而不染。

“二人同心,其利断金”这句话出自孔子之口,意思是只要大家齐心协力,就会像一把锋利的好刀,削铁如泥。一切事业都必须精诚合作才有希望成功。

有人和上帝讨论天堂和地狱的问题。上帝对他说:“来吧!我让你看看什么是地狱。”

他们走进一个房间。一群人围着一大锅肉汤,但每个人看上去都一脸饿相,瘦骨伶仃。他们每个人都有

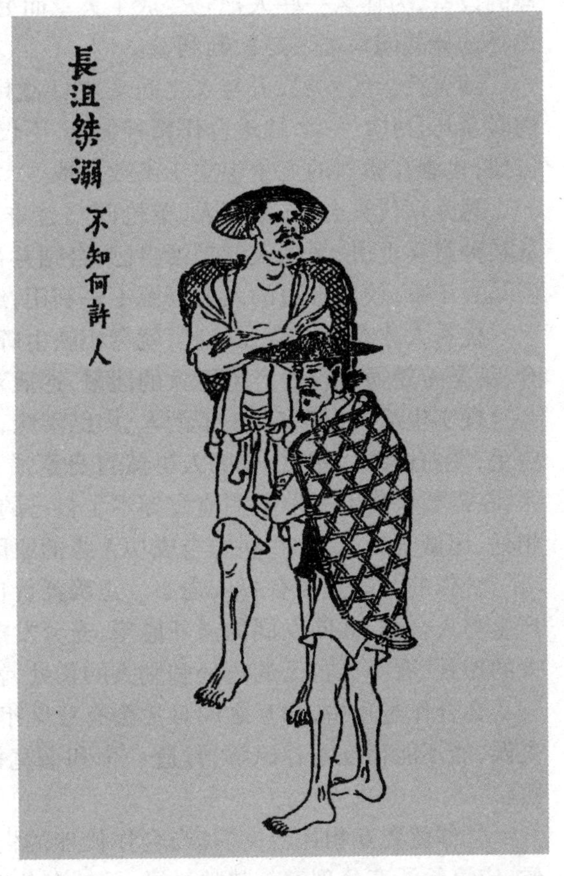

长沮、桀溺,春秋时的隐士,选自清·任熊绘《高士传图》。《周易·系辞上》说:“乐天知命”,长沮、桀溺认为此时天下大乱,已无可救药,只能自保,便隐居田园。而儒家主张积极入世,匡时济世,“正心、修身、齐家、治国、平天下”。因此,在孔子周游列国,迷路而使子路问路于隐者长沮、桀溺时,遭到了二人的嘲笑。孔子说:“鸟兽不可与同群,吾非斯人之徒与而谁与?”

一只可以够到锅里的汤勺，但汤勺的柄比他们的手臂还长，自己没法把汤送进嘴里。有肉汤喝不到肚子。只能望"汤"兴叹，无可奈何。

"来吧！我再让你看看天堂。"上帝把这个人领到另一个房间。这里的一切和刚才那个房间没什么不同，一锅汤、一群人、一样的长柄汤勺，但大家都心，宽体胖，正在快乐地歌唱着幸福。

"为什么？"这个人不解地问，"为什么地狱的人喝不到肉汤，而天堂的人却能喝到？"

上帝微笑着说："很简单，在这儿，他们都会喂别人。"

故事并不复杂，但却蕴涵着深刻的社会哲理和强烈的警示意义。同样的条件，同样的设备，为什么一些人把它变成了天堂而另一些人却经营成了地狱？关键就在于，你是选择共同幸福还是独霸利益。

随着社会的发展，人与人之间交往日益频繁，既存在着激烈的竞争，又有着广泛的联系与合作。一个缺乏合作精神的人，不仅事业上难有建树，很难适应时代发展的需要，也难在激烈的竞争中立于不败之地。

越是现代社会，孤家寡人、单枪匹马越难取得成功，越需要团结协作，形成合力。从某种意义上讲，帮别人就是帮自己，合则共存，分则俱损。如果因为心胸狭隘，单枪匹马去干事，放着身边的人力资源不去利用，结果只能是事倍功半，甚至更糟。

优秀人才有机结合在一起，就会相映生辉，相得益彰。如今许多企业实行强强联合，就是希望通过合作产生巨大的能量，达成双赢的效果。

现实生活中，有些人乐于助人、广结善缘，产生了较强的亲和力，工作起来就得心应手，左右逢源。相反，有的人虽然自身素质不错，优点、长处挺多，却与同事关系紧张，在需要合作的事情上明显发挥不了自己的应有作用。实践证明，无法与他人和睦相处、坦诚合作，是一些同志与成功无缘的原因之一。

合作的关键是要有容人之心。正确评价自己，清醒看到自己的不足与短处，才能产生与人合作、共同发展的强烈愿望，充分发挥自己的潜能。如果用自己的长处比别人的短处，看不见自己的短处和别人的长处，就很难与人精诚合作。

在合作过程中，相互之间难免会有意见相左、磕磕碰碰的时候，也难免有差错、有失误，能不能相互宽容谅解，营造一个和谐宽松的合作氛围，往往直接影响事业的成败。

合作就要互相补台，尤其当合作伙伴的失误给共同的事业造成困难或损失的时候，应该给予充分理解与热情鼓励，开诚布公地指出失误，实事求是地分析原因，心平气和地探讨对策，以帮助合作伙伴尽快走出失误的阴影，振奋精神。这样才能尽快克服困难，尽量减少损失。

有的人遇到困难或不顺就一味埋怨指责合作伙伴，或者有了成绩则贪天之功，结果是挫伤了别人的积极性，引起别人的反感，妨碍今后的合作，显然不是明智之举。

哲学家威廉·詹姆斯曾经说过，"如果你能够使别人乐意和你合作，不论做任何事情，你都可以无往不胜。"合作是一种能力，更是一种艺术。唯有善于与人合作，才能获得更大的力量，争取更大的成功。

“与人同者，物必归焉，故受之以大有。”找志同道合的人，要“与人同者”替我想，也替你想，没有自私占有，欲自私只有公众的大自私，为团体而自私，为国家而自私，为天下而自私，这就是“与人同者”。能够有这样的胸襟，就“物必归焉”，天下万物都向同人集中了。所以同人卦下面就是大有卦，就是说公正廉明的人，就有很多朋友，很多部下拥护，所以同人的综卦，就是大有，所有好的都集中在一起。

廉颇肉袒负荆图，选自清·马骀《百将图传》。战国时期，赵国老将廉颇为蔺相如功劳没有自己大、官位却在自己之上而心怀愤恨，常扬言要当众折辱蔺相如。蔺相如恐将相失和不利于国家，总是避开廉颇。廉颇得知实情后羞愧难当，肉袒负荆至蔺相如府门谢罪，于是二人同心为国，使强秦不敢加兵于赵。这充分验证了《易经》中所说的“二人同心，其利断金”的说法

一位成功的人如果能获得他的朋友贡献出全部能力，那是因为他在他们和个人的意识中灌输了一个极为强烈的动机，使每一个人能放弃他自己的个人利益，而以一种极为和谐的精神给予合作。

不管你是谁，也不管你的明确的目标是什么，只要你计划通过其他人的合作努力而实现你的明确目标，那么，你一定要在你所寻求合作的每一个人的意识中培养出一个动机，而且这个动机要强烈到足以使他们同你进行完全彻底、毫不自私的充分合作。

“合作”可使人们获得双重的奖励：一方面可使我们获得生活的一切需求享受；另一方面可使我们的内心获得平静，这是贪婪者所永远无法得到的。贪心不足的人也许可以积聚庞大的物质财富。此一事实是不容否认的。但是他将会为了贪图一时的小利，而出卖了他的灵魂。

因为只有动机中正的合作才是愉快的合作，才是明智的合作，无所不利的合作。

记住“进退存亡得失”六字箴言

原文：亢之为言也，知进而不知返，知存而不知亡，知得而不知丧，其唯圣人乎？知进退存亡而不失其正者，其唯圣人乎。

译文：亢就是“亢龙有悔”的亢，就是高亢。即做人做事，不要过头，过头就是亢。大家都是平等的，只知道进不知道退，只知道存不知道亡，只知道得不知道失去，就是亢；人很容易犯这个毛病，知道进退存亡得失的关键，就是圣人。学《易》就是使我们知道“进退存亡得失”六个字。

活学活用：比如，付出是主动地给予、服务和奉献。失去是被动地、不能控制的损失。付出的结果是快乐，失去的结果是痛苦。

当人们在追寻幸福和快乐时，错误地认为得到越多越好，不愿意付出和吃亏。但实际上，当索取达到贪婪的程度，往往会得不偿失，其结果是痛苦。当失去已经成为必然的时候，为什么不选择以付出的方式，从你得到的部分回报社会，服务社会、奉献给那些需要你帮助和施舍的人哪？

如果你能参透这层道理，就知道了避免痛苦的方法。当你有能力主动选择的时候，提前付出而避免失去。付出不取决于你拥有多少财富，而在于你心里愿意与否。金钱与情感的付出都是一样的道理。

有一个人两手拿了两个花瓶前来献佛。

佛陀对他说：“放下！”

那个人就把他左手拿的那个花瓶放下了。

佛陀又说：“放下！”

那个人又把他右手拿的那个花瓶放下。

佛陀还是对他说：“放下！”

那个人说：“能放下的我已经都放下了，我现在两手空空，没有什么可以再放下了，你到底让我放下什么呢？”

佛陀说：“我让你放下的，你一样也没有放下。我没有让你放下的，你全都放下了。花瓶是否放下并不重要，我要你放下的是你的六根、六尘和六识。你的心已经被这些东西充满了，只有放下这些，你才能从生活的桎梏中解脱出来，才能懂得真正的生活。”

那个人终于明白了。

佛陀说：“‘放下’这两个字听起来容易，做起来却是很难。有的人追求功名，他放不下功名；有了金钱，就放不下金钱；有了爱情，就放不下爱情；有了嫉妒，就放不下嫉妒。世人能有几个能真正地‘放下’呢！”

人生是一门高超的艺术，我们都是艺术家，每人都在上演着绝无重复的绝版话剧。然而，你要想成为精明高深的真正艺术家。那你就必须掌握人生的真谛。

不少人都曾苦苦地追寻，切切地询问“人生的真谛究竟是什么”？其实人生的真谛就是八个字。“进退适时，取舍得当”。

因为，现实的生活本身就是一种特殊的悖论，这种悖论以两种形式而成立。一种是由于现实生活的无比精彩，使我们产生了极度依恋生活所给予的馈赠。当我们需要知识时，能面壁寒窗十载不为苦；当我们需要爱情时，能放下七尺男儿的所有尊严不为羞；当我们需要事业时，能委曲求全溜须拍马不脸红；凡此种种无法细述。就是那句话“该出手时就手”。紧紧捉住绝不留情。

然而，人生悖论的另一种，则又注定了谁也无法带走生活给你的半点礼物。人生一世紧握双拳而来,平摊双手而去。也是那句话“该放手时就放手”。你不想放手也不行。

人生苦短,握紧宝贵的每分每秒这没有错。但你也不能将其握得太紧,放不开手。人生是一枚硬币。你不可能在每次掷出的时候,能保证都正面朝上。

由于现实的残酷和无情,反面朝上的时候不会是小数。理想和现实之间不存在等号,也不会是平行线。这就要求我们必须接受失去,学会“该放手时就放手”。

俗话说“说起容易做起难”。这一人生的悖论并不是人人都会接受的。特别是当我们年轻气盛风华正茂的时候,总是心高气昂地认为世上的一切都将会听从我们的使唤。总是相信这样的信条“只要你全身心的投入,你所追求的就一定会成功”。

然而,生活就是生活,它总是按部就班地、不紧不慢地、从从容容地走到我们面前。当我们看清了它的真面目的时候,你那为青春而自豪的黑发早已雪花点点了。因此,认识这一悖论另一面是一个缓慢而艰辛的过程,但它又是每个人都必须认识的过程。

其实,人生从一开始就是在不断地失去中慢慢成长起来的。没有失去娘胎的温暖,你不可能来到这个世界;没有失去永不复返的童真,你不可能走向成熟;没有失去父母的保护,你不可能独立社会;没有失去个人的自由,你不可能建立家庭。

人生既是悖论,就是因为它存在着两个不同的对立面。我们所需要掌握的就是使它们做到对立统一。我们不能因为它的精彩而死抱不放;也不能因为它无法带走而放弃追求。这就必须寻求一种更为宽广的视野,透过通往永恒的窗口来审度自己的人生。

有了这永恒的窗口,我们就能在这人生的悖论中找到共存的支点:尽管生命有限,而我们在人世间的一切作为均为人们织就了永恒的图景。这一图景无论是真、善、美还是假、恶、丑,都将久远地生存下去,它不会因为我们肉体的消亡而消亡。和坤千秋脱不掉大贪官的帽子;屈原虽投江自尽则万代均为美谈。

人生得失是事物之必然,当你“得”时无须得意忘形,当你“失”时何必痛心疾首。殊不知,人只有在不断的“失去”中才能获得永恒不变的“得”。

“该出手时就出手”这通常人都能做到。而“该放手时就放手”则须有很高的境界。你何不用心去体验这放手的秘诀呢?

做人要慎重保晚节

原文:六四,括囊,无咎,无誉。象曰:括囊无咎,慎不害也

译文:中国有两个字“囊”与“橐”,古代有口的布袋为囊,中间向两头都开口的布袋,背在肩上的为橐。括囊是口袋的口收紧,不是装满口袋,这是下半月二十三、四日的月亮,半个口袋,袋口收紧了,“无咎”不会出毛病,但是也“无誉”,没有人恭维,既不被人毁谤,也得不到别人恭维。

活学活用:中国古代文化中,一般读书人,讲修养,讲人生,自己做一辈子事业,最后退休了,晚年还乡,检讨一下自己,没有毛病,平安退回来了,往事不讲,“英雄到老皆皈佛,宿将还山不论兵。”

这个现象就是把自己嘴巴闭起来了——括囊,既无咎,也无誉,那么这样括囊无

咎，慎重到了极点，没有害处。

记得，一位领导干部曾对高空作业的工人说：“我们的工作有个共同点，都是位高而不头晕。”诙谐的语言道出了“清清醒醒为官、明明白白做人”的重要性。

面对金钱、权利、地位、美色等形形色色的诱惑，要挡住诱惑、耐住寂寞、守住清贫，是不容易的。要做到“头不晕”，在我看来，关键在于在生活和工作中做到慎微、慎欲、慎终，进而严于律己。

“慎微”。《明太祖宝训·卷四》中云：“不虑于微，始贻大患；不防于小，终累大德。”慎微就是要防微杜渐，坚持做到“莫以恶小而为之”。

现在，个别干部把吃请一顿饭、喝一瓶酒、拿盒茶、拿条烟当作是无伤大雅的“小节”，认为只要不犯大错误，不搞大腐败，犯点小错误，得点小实惠，组织会宽容、原谅。其实，任何人都不应该有“下不为例”的侥幸心理和“见好就收”的投机心理。

俗话说“小洞不补，大洞吃苦”、“千里之堤，溃于蚁穴”，不少原本优秀的领导干部之所以变得贪赃枉法、腐化堕落，往往是从吃一顿“便饭”、进一次舞厅、收一回“红包”等“小节”开始，最终愈演愈烈，导致锒铛入狱或丢掉性命的。

因此，要警惕“小节”的潜移默化的腐蚀作用，从生活中一点一滴的“小节”入手，严于律己，避免由“小节”而演化成的大问题。

“慎欲”。有道是“壁立千仞，无欲则刚”。有些同志在急难险重的任务面前敢打敢拼，但面对功名利禄却心乱神迷；有些同志平时温文儒雅知书达理，但一涉足灯红酒绿的场所就成了“迷途的羔羊”。归根结底，皆因“欲望”作祟。欲望是个无底洞，古人说：“欲不除，如蛾扑灯，焚身乃止；贪无了，若猩嗜酒，鞭血方休。”

因此，应牢固树立正确的人生观、利益观和价值观，自觉抵制灯红酒绿和各种腐朽思想文化的侵蚀，遏止私欲膨胀。在工作中不以“利益”为标准，不能盯着“荣誉”、“位子”来干工作，要淡泊名利，保持心态平衡。在生活上守住清贫，不贪图安逸和享受，洁身自好，不断强化思想道德修养。

泽及枯骨图，出自明·张居正《帝鉴图说》。周文王以教化治国，从微小的事情做起。他曾掩埋无主的枯骨，有人对此不以为然。周文王说，我作为一国之君，就是这些骨骸的主人，有责任将它们掩埋。天下人受此举感动，并以小见大，认为周文王是一位仁德之人，连枯骨都可以受到他的恩泽

"慎终"。常说"万事开头难",其实能够一以贯之地结好尾更难。毛泽东同志曾说过:"一个人做点好事并不难,难的是一辈子做好事。"

可见,做事业,难在坚持到底,贵在坚持到底。有些党员干部之所以在临近退休或离任的关头心理失衡,晚节不保,没有站好最后一班岗,就因为认为年龄到杠、职务到头,"有权不用、过期作废",开始想捞点"实惠",结果不仅给党和人民的事业造成损失,自己也身败名裂。

完善自我,真正做到慎微、慎欲、慎终,关键要自重、自省、自警、自励。要用先进的政治理论和科学知识武装头脑、净化心灵,永葆做人的本性。切不可一着不"慎",满盘皆输。

但行好事莫问前程

原文:将水井修治完善,没有咎害。

译文:但做好事,但修其身,只要能把你这口"井"修好,便可以告慰天人,告慰本心了,至于往后能否得志见用,那就不必去多虑了。

活学活用:这就是《系辞下》:"井,德之地也。……井以辨义"的深层含义。作为一个政治的、道德的和伦理的标度,如此之"井",已经不再是平凡的实存之物,已经不再是凡人的日用之器,它是立于实存之物上面的理,它是由日用之器升华出来的道,它于烟火袅袅的村寨幻化出自己尽善尽美的身影,告别了村社农舍而荣登圣门龙庭。

一个当国者,必当以如此这般的理念为道德命令;一个欲求大有天下的人,必当以如此这般的美德来修持自己的德性。总之,一个同样是凡人的人,在道义上他就理应成为济民养物直到永远的——井!

《易》之为言,素以象喻,故而《井》卦卦辞:"改邑不改井,无丧无得,往来井井,"全是一语多关。它们既是对井的经验陈述,又是在阐述井之为井的当然之理。

人群聚居之地可以变换,城头上的大王旗可以变换,江山社稷也可以频繁更易,然而只有一竿子到底的水井威武不屈,贫贱不移,浩然成为滚滚红尘中的中流砥柱。

纵然历经千秋万代,任随地老天荒,只要你是大有天下的君王,就应当像只做奉献不事索取的水井那样,敬德保民,育养万物。人君之施其德也,"井养而不穷",水井立身大地,损之又损而无丧,益之又益而不盈,时时以涌泉相报无数来者。

中国民间的《增广贤文》中有一句话,曰:"但行好事,莫问前程。"如果我们想做好事,就用这句话来劝诫自己,莫想"回报"二字。

人生在世,每个人都有受他人恩惠的经历,但却不一定都有机会完成"回报"的工作,所以能有机会施惠予人而不求回报,不也是一种快乐吗?

付出就会有回报的。回报的形式是不一样的。有精神的有物质的。有明显的,有潜在的,要正确对待。俗话说得好:善有善报,恶有恶报,不是不报,时辰未到,时辰一到,善恶都报。

积善之家有余庆,积恶之家有余殃。善欲人知不为善,恶恐人知实为恶。我们的

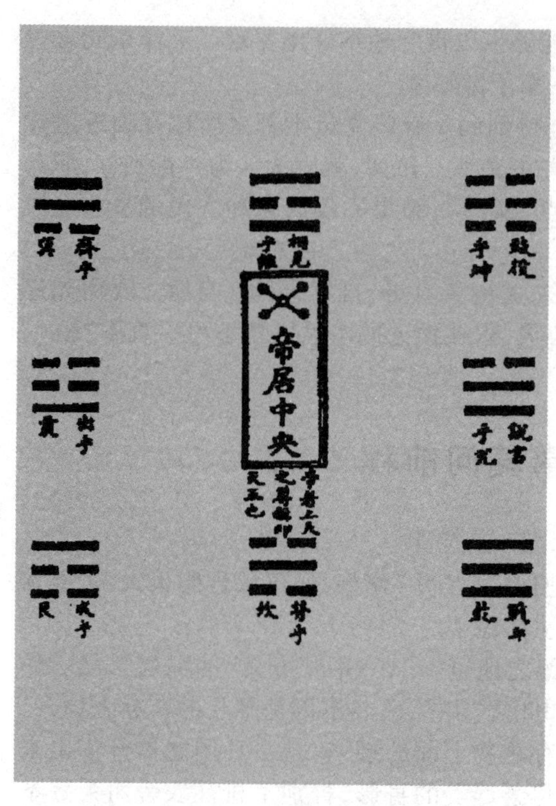

帝出震图，出自元·张理《大易象数钩深图》

付出有时虽然暂时得不到回报，也是正常的，有时人的赞誉也是听不到的，但是我们心里坦然就是回报。也就是说为人不做亏心事，半夜敲门心不惊。我们可以安稳地休息就是一种潜在的回报。

有这样一个故事。

禅院的草地上一片枯黄，小和尚看在眼里，对师父说：

"师父，快快撒点草籽吧！这草地太难看了。"

师父说：

"不着急，什么时候有空了，我去买一些草籽。什么时候都能撒，急什么呢？随时！"

中秋的时候，师父把草籽买回来了，给了小和尚，说：

"去吧，把草籽撒在地上。"

小和尚高兴地说：

"草籽撒上了，地上就能长出绿油油的青草了！"

起风了，小和尚一边撒，草籽一边飘。

"不好了，好多草籽都被吹飞了！"小和尚喊道。

师父说：

"没关系，吹走的多半是空的，撒下去也发不了芽，担心什么呢？随性！"

草籽撒上了，飞来了许多麻雀，在地上专挑饱满的草籽吃。小和尚看见了，惊慌地说：

"不好了，草籽都被小鸟吃了，这下完了，明年这片地就没有小草了！"

师父说：

"没关系！草籽多，小鸟是吃不完的！你就放心吧！明年这里一定还会有小草的。随意！"

夜里下了一晚上的雨，雨好大，小和尚一直不能入睡，他担心草籽被冲走了。第二天早上，早早就跑出了禅房，果然地上的草籽都不见了。

于是他马上跑进师父的禅房说：

"师父，昨夜一场大雨把地上的草籽都冲走了，怎么办呀？"

师父不慌不忙地说：

"不用着急，草籽被冲到哪里，它就在哪里发芽！随缘！"

过了没多久，许多青翠的草苗破土而出，原来没有撒到的一些角落里居然也长出了许多青翠的小苗。

小和尚高兴地对师父说：

“师父，太好了，我种的草长出来了！”

师父点点头说：

“随喜！”

因此，顺其自然，不必刻意强求，只要付出了就一定能够得到回报！

怀才不彰显，中正处世

原文：含章可贞，或从王事，无成，有终。

译文：含蓄着美丽的文采，以守持中正之道。辅佐君王政务，不居功自傲且始终坚持职守。

活学活用：爻辞指出了时间与人事的重要因素，主要以含蓄的情势和态度来表达。说明即使是表彰、赞许、激励的言辞，也要选择合适的时间和方法来充分地表达。从事务的裁断和把握上，可以知道虽无建树但光明正大的结果。

安德鲁·卡内基曾经说：

“我是不会帮助那些缺乏雄心壮志的年轻人。”

要敢于树立这样的目标：要成为最优秀的社会人士。不管你目前的地位有多高，仍然应该告诉自己：“我的地位应在更高处。”要敢于梦想，要立下决心——得到那个让人羡慕的地位，并且发誓一定要为之竭尽全力。

经常有些年轻人问我，是否认为他们可以取得成功，是否认为他们具有与众不同的价值？

我回答说：“你当然可以成功。我觉得你完全有成功的潜力，但不知道你是否一定能成功。这完全取决于你自己。如果你有力量和愿望去争取成功，那么，没有什么可以阻挡你；如果你没有这样的力量和愿望，那么，再好的教育、再有利的外界因素都不足以把你推向成功。”

一位当代作家说：“我对于那些刚刚走上社会的年轻人的建议是：开始时就要有坚定的理想和确定的目标，除非业已实现，否则绝不要轻易放弃。”

我们很难想象，自己的成长在很大程度上都依赖于某些方面的激励。可以说，人的每一次行动都需要一定的激励。当缺乏内在动力的时候，我们不会自觉地做任何事情。而对一个普通人来说，生命中最大的推动力往往也是要在社会上安身立命、出人头地的愿望。

谨慎开口，免生烦恼心

原文：括囊，无咎无誉。

译文：扎紧袋口，不说也不动，这样虽得不到称赞，但也免遭祸患。

活学活用：也许每一位有社交经验的人都会有这种切身的体会：在某些特殊的场

合，说话都要谨慎，要像收紧的小口袋那样，将想表达的意思好好地组织成合适的语言，用合适的语气表达出来，切不可张嘴就说，说过后又不负责任，不认账。要知道这样会给自己惹出些不必要的麻烦，还会丧失自己的信誉。

所以对于那种口无遮拦的人切切要谨慎，否则会误事的。

有位企业人事资源部部长讲过这么一件事：一天，她办公室来了一位应聘的年轻人。表面上看很内向，回答问题时，显得有些木讷嘴笨。但在十几分钟时间里，竟抢着别人的话题说了不该他说的话。于是，她果断地判断这是个爱管闲事，并且口无遮拦又缺乏经验和修养的人。于是对他说："请到其他单位去试试吧"、"不过，我想送你一句话，今后无论你在何处高就，都要谨开口，不该说的话半句也不说，该说的话一定要认真、诚恳地说好。"真是一位心肠太软的女士，宁可得罪一个人，也要想办法帮助一位青年改正自己的缺点。

郭子仪像。郭子仪，唐代名将，对平定安史之乱起到重要作用，后被封为汾阳王。《易经·渐》卦说："渐之进也，"是说做事要循序渐进。据史料记载：安史之乱时，唐朝有个叛将叫仆固怀恩，他煽动吐番和回纥联合出兵，进犯中原，一路连战连捷，直逼径阳。这时仆固怀恩死了，叛军失去联系。郭子仪抓住时机，先派人秘密前往回纥中联络，接着只带领几名随从，亲赴叛军驻地，晓之以理，动之以情，终于与回纥首领药葛罗签订了盟约，平息了这次叛乱

试想，如果这位年轻人依然我行我素，还能找到理想的单位吗？还能受到朋友的喜欢吗？人都说"人言可畏"，要知道那些可畏的人言正是从"快嘴"、"油嘴"中溜出来的。用绳子将那些"快嘴"、"油嘴"扎紧吧，闲言散语少了，是非也会少许多，烦恼自然也会少了许多。

吉祥黄衣，谦逊之德

原文：黄裳，元吉。

译文：黄色的衣服，最为吉祥。

活学活用：人们口头上常说的"衣裳"一词，是指上衣（衣）和下装（裳）的。"裳"一般又是指装饰性的下装，表示一种谦恭之意。因为"黄"在古文中一般代表中间、中庸。黄帝，为中原之帝；中原之土为黄土地；位居中间的帝王冠带、伞盖、龙袍，都是黄色，所以，黄色正是中国人传统文化中不偏、不倚的处世之道和虚心谦逊的为人之德。

"黄裳，元吉"，使人大吉大利的，并不在于"裳"（外表的打扮）而在于"黄"（内在的品格）。

你也许会以最漂亮,最新款式的衣服来装扮自己,并在外表上展现最吸引人的仪态。但是,只要你内心存在着贪婪、妒忌、怨恨及自私,那么,你将永远不能吸引任何人,却只能吸引和你同类的人。物以类聚,因此,你可以确定,被吸引到你身边来的,都是性格与你相同的人。

你也许可以露出一个虚伪的笑容,掩饰住你真正的感觉,你也许可以模仿表现热情的握手方式,但是,如果这些外在的迷人的个性的表现,缺乏了那个被称作"有目的的热忱"的重要因素,那么,它们不但不会吸引人,反而会令人逃避你。

在生活当中我们首先要学会识人,识人时不能仅仅从人的外表去判断可用不可用,能不能重用,真正的识人标志,一定要透过外表看本质,观其表而审其内。所以说善于交际的人必定有一双识人的慧眼,何谓慧眼?就是能识透人心,观察到人的意志品质的眼光。曾国藩的"冰鉴"之术,何谓"冰鉴"?冰者,冷静也;鉴者,观察、鉴定也。

有的放矢,善待失败者

原文:屯如。邅如,乘马班如。匪寇婚媾,女子贞不字,十年乃字。

译文:徘徊不前。骑马的人纷纷而来,不是抢劫而是前来求亲;女子坚持中正原则,不急于出嫁,等待了十年才缔结姻缘。

活学活用:有时候,本应一帆风顺,同人们的关系相处的很和谐,但偶尔出现不正常、不顺利的事也是正常的。因为,原本正常,暂时的不正常,终究要正常。

假如你的朋友中有人经受过一次失败后,患得患失,办事犹豫不决,你是不作任何客观分析草率地批评、处分,还是耐心的有的放矢地去开导和引导他呢?我认为,善待人者肯定会取后者。因为人的提高与进步是无数次教训的积累,但人脆弱的神经系统最经受不起的还是失败的打击。

一次失败的经历,往往会使那些意志薄弱者丧失振作起来的信心与勇气,很可能从此在脑海深处铭刻下"我是一个失败者"的终生定论。对于一项具有挑战性的工作,一种莫名的潜意识提醒他们:过去有过这样的痛苦经历,那么现在还会有什么两样呢?你最好小心再小心,往最坏的方面打算。

一旦我们的朋友被这样消极的信条反复纠缠,那他以后也就注定会是个失败者。所以,最好的办法就是让那些意志薄弱者在学会坚强的同时,为他们的失败实施"冷处理"。帮他们寻找一个台阶,一个借口,让他们觉得自己尚未失败,只是在某方面受挫,小小的不成功而已。

放下偏见,亲疏不二

原文:困蒙,吝。

译文:人处于困难的境地,不利于接受启蒙教育,因而孤陋寡闻,结果是不大好的。被偏见的蒙昧所困惑,必然造成遗憾。

活学活用:对待与自己意见相左的人,同样要一视同仁,不要因个人的偏见而偏信,因偏信而偏用,这样,会使他们产生逆反心理,不仅仅是疏远了你,关键的是使周围的人心远离了。要把握好这种亲疏不二的平衡,最好的诀窍就是用统一的价值观去善待每一位身边的人,用统一的评判标准去评价人。而不能让他们老觉得你在用双重的标准要求他们,这样,他们也会用一种另类的标准来评价你。

爱默生说过:“一个人本身有什么价值,人们就会对他作相同的评价。他所有的一切皆表现在他的脸上、他的姿态上、他的命运上,除了他自己之外,任何人都可以看得一清二楚。……如果你不愿别人对你产生某种看法,你绝对不能做出会令人对你产生这种看法的行为。一个人固然可以跑到沙漠中装疯卖傻,而不会被别人看到,但沙漠中的每一粒沙子都是最好的证人。”

爱默生在前面这段文字中所提及的法则,就是“黄金定律”用来作为基础的法则。当他提笔写出下面这段文字时,他脑中所想的也是同一种法则:“违反真理,不仅是骗子的一种自杀行为,更是对人类社会健康的一种损害。谎言虽然可能为你带来眼前的重大利益,但却会带来最后的毁灭;坦诚则是最好的策略,因为坦诚会引来对方的坦诚,使各方面处于平等地位,产生友谊。信任别人,他们将会真诚地对待你;把他们当作伟人看待,他们将会表现自己像是伟大人物,但他们会认为你更伟大。”

期之以事,而观其信

原文:九三,需于泥,致寇至。

译文:在泥淖中等待,招致匪寇的到来。

活学活用:当然,这种耐心是双向的,建立良好的人际关系需要有足够的耐心,尽可能等待一些可塑性的成长空间。同时,如果经受不住时间的考验,那后悔的将不是别人,而是自己了。

以知其意志、应变、知识、勇敢、性格、廉德、信用,而绝不可凭感情和印象用人。诸葛亮的“知人”方法对于我们人际交往是有很大帮助的。其方法为:“问之以是非,而观其志”。就是要亲自与下属讨论对各类事物是非对错的看法,来观察他们的立场、观点、信仰、志向是否明确坚定。

“穷之以辞辩,而观其变”。就是要求我们在对人际交往中某些现实问题的处理意见上进行不断地进行辩论,提出质疑,以此来考察他们的智慧与应变能力。

“咨之以计谋,而观其识”。就是要求我们不断地向自己需要了解的人提出咨询,请他们对一些重大问题提出谋略和决策方案,以考察他们是否有能力和见识。

“告之以祸难,而观其勇”。即告诉他们可能面临的灾祸和困难,来识别他是否能临难而出,勇往争先,义不反顾。

“醉之以酒,而观其性”。就是与朋友同宴时可以劝他饮酒,以观察他是否贪杯、酒后能否自制以及表露出来的本来面目如何、是否表里如一,等等。

“临之以利,而观其廉”。就是把朋友放在有利可图或者可以得到非分利益的环境里,看他是廉洁奉公、以人民利益为重,还是贪图私利或者只顾小我的利益,见利忘义。

“期之以事,而观其信”。就是委托朋友独立自主地去完成某项工作,看他是恪尽职责、克服困难,想办法去把事情办好,还是欺上瞒下、应付了事,来考察他是否忠于职守、恪守信用。

口是勉励不是贬损

原文:九五,休否,大人吉。其亡其亡,系于苞桑。

译文:时世闭塞不通的局面将要停止,德高势隆的大人物可以获得吉祥;居安思危,常常以“不久将要灭亡,不久将要灭亡”这样的警句来提醒自己,才能像系结在一大片丛生的桑树上那样牢固,安然无事。

活学活用:我们要想排除阻塞,恢复平和的局面,依然存在着危险。就像刚刚和解的人际关系,千万不要往痛处撒盐。

如果你被引发提起过去不愉快的事,或改头换面地重谈过去已犯的错误——揭人疮疤,会令人很不舒服。除非他又重犯类似的错误;否则,无缘无故的挑刺儿,他就会认为你或者抱有成见,或者别有用心。

要记住你的批评目标:使这方面的工作得以改进,顺利地完成任务。一旦这种错误得到纠正和解决,就忘掉它。当对方接受批评,取得了一定的进步时,他已经在新的起跑线上了。如果你还没完没了地重提过去的事,你实际上是把他贬低到过去的低水平,不仅有损于他的自尊心,而且让人怀疑你的用意。

总是翻人的老账,唠叨个没完,完全是愚蠢和无效的。要知道,这不是存款,时间越久,利息越多。犯这种毛病的不限于某人,我们许多人也经常从别人已经过去的错误中翻出些陈账来,似乎别人永远也还不清这些债。这绝不会有助于他人的进步,相反,很可能产生误解,觉得你是有意贬损他的形象,以此来扩大他身上已经将近洗清的污点。

因此,当你在批评别人时,最好“就事论事”,不要老账新账一起算。比如,在交谈结束时,说一句:“我相信你会从中汲取经验教训的。”诸如此类勉励的话,就会让人觉得这不是有意打击,而是变失败为成功之母,不失为一次有益的经验,他会鼓起精神,更加踏实地投入工作。

支付谎言的代价

原文:上九,同人于郊,无悔。

译文:在荒郊也愿与人和睦相处,未遇到志同道合者,也不后悔。

作为一个社会人,我们的视野要宽,不能拘泥自己个人的一个小圈子,对于圈外的人,也要注重和同。其实,你并不需要什么分外的付出,凭一颗真诚的心,处处对人

《东周列国志》版画之晋文公守信降原图，讲述晋文公伐原，约定三日攻不下即退兵，三日已过，有人告知城内粮尽，再攻一定就可获胜，晋文公为示信用不继续进攻并退兵，原感于晋文公守信，遂降。此事体现了诚信的力量

坦诚相待，就足以结交天下英雄。

活学活用：在社会交往中，我们所具有的德行非常重要。有人说：我发现要把事情做大，做人非常重要。在社会上，为人的人品很重要，假如你自己是非常差劲的人，你很难做到容纳人。

另外，别人也不会愿意跟随着你。因为你很阴险、很恶心，给人没有安全感，人们自然不愿意跟你相处。

做一个真正、诚实的人，这才是最舒服的一种生活方式，也是我们最自然的生活方式。如果你扯谎，你就得付出维护谎言的成本，特别是在因特网时代，你谎编得越大，维护谎言的成本就越高，有时还往往被人识破。其实，最低成本的做人方式就是老老实实地做人。因为大家天天在一起，谁都能看出谁是什么样的人，谁都不傻。因此我们强调无论对谁都不要有谎言，要老老实实做人。

以德近人，功成身退

原文：上六，鸣谦，利用行师，证邑国。

译文：谦虚的美德远闻，有利于出兵征讨邻近的小国。

活学活用：谦虚必须有足够骄人的资本，必须与实际能力相结合，才能名声远播，使更多的人为之折服和倾倒。

华光系统的诞生首先应该归功于王选一系列天才的发明和创造。没有王选也就没有华光系统，“汉字激光照排之父”的称号，王选是当之无愧的。

然而，王选却说：“我是新中国培养起来的科技工作者，离不开这一块热土。在我艰难摸索的过程中和遇到风浪的时候，多亏有一批懂科学的决策者如郭平欣、张淞芝等，和提携后进的长者如周培源、张龙翔等，给了我理解、支持和帮助，使我得以焕发爱国之情和报国之才。我很幸运，赶上改革开放的年代，有了用武之地。照排系统包括硬件、软件、激光、印刷等各个环节，计算机又包括电、磁、机、光、微电子等多种技术，是个巨大的系统工程。它的研制，是打破界限，分工协作，横向联合的结果，是集体智慧的结晶。现在报刊宣传总是突出我，使我感到不安。我们这里有许多同志，做着默默无闻的奉献，没有他们的劳动，也就没有华光和方正系统。我们这里有许多年轻人，承担了重要的工作，我不能掠人之美，剥夺他们的成果。如果哪一天我对自己说，华光和方正是我一个人发明的，那一定是我的脑子糊涂发昏了。而那一天也就是我科学生命结束的开始。”

王选不但这样说，而且这样做了，为了培养年轻人，他毅然退居二线，甘为人梯。一大批中年教师在他的感召下，组成了一个优秀的群体。他们在经济腾飞的大潮中，坚守岗位，承担着难见名利、又苦又累、需要持久工作的大型科研项目。一个王选带动了千万个王选。

以谦虚的美名远扬四方，以出师征讨惩处不可一世的人。这诏示我们，有了虚怀若谷的谦虚之德，我们在工作中、生活和学习中，还有什么不能征服的困难呢。

洞察端倪，慎重修复

原文：九三，干父之蛊，小有悔，无大咎。

译文：要挽救父辈败坏了的基业，其间必发生失误，因而会产生懊悔，但不会有大的危害。

活学活用：有时候，你不要忽视朋友的几句牢骚和气话，如果能马上捕捉住，这往往是一些你最需要、最真实的情况，能帮助你发现被一些表面现象所掩盖的不足，从而使你能够迅速给以矫正。

也会有一些巧嘴多舌的人，会经常跑到你的面前来，故作神秘地给你透露一些小道消息。

你且不要信以为真，因为你不知道这消息里究竟掺了多少水分，更不知道他是出于什么目的来告诉你这些小道消息。

对于这些向你报告小道消息的朋友，你也不必有讨厌之意，甚至声色俱厉。假如对方是出于好意，岂不伤了对方的自尊心吗？你要和颜悦色地感谢对方所给予的信息。但也要善意的提醒对方，请对方把信息的正确性再确实一下，然后再告诉你。你要让对方明白，提供一些确凿的信息会更好一些。

你不能总是以命令的方式，将几位朋友叫到你的跟前来，以生硬的语气，让他们给你提出意见，提出看法。这往往会形成场面的紧张化，收不到预期的效果。制造一种宽松的气氛，鼓励大家积极发言，以目光、表情来传达你对大家的信任，相信大家是会畅所欲言的。

即便是你遇到了什么突如其来的难题，也不要风风火火地把朋友找来，神色急切地向他们寻找对策。因为你慌张到这种地步，朋友哪里还敢提出什么对策呢？就算是有万全之策，你这个样子，也容易把朋友已有的对策压在肚里，不敢道出。因为万一事情有什么闪失，他们怕担不起责任，反而会受到你的怪罪。

没有信息的沟通是不行的。大家对你好坏的评价，如果你一无所知，那么你也就不知道自己在朋友心目中的地位，是在上升，还是在下降；是交口称赞，还是不得人心。

你对自己缺乏正确的认识，以致走进了泥潭却还未发觉，只会越陷越深，不能自拔了。你要能够广泛的接触朋友，了解情况，洞察端倪，这样才能做到胸有成竹、运筹帷幄，在不利的事物出现之前就先期加以预防，将损失减少到最小。朋友如果出现了不满情绪，你也可以早早做说服工作，以免出现不良势态。

我行我素，独断专行，只能使自己的路越走越窄。朋友如果发觉你是一位霸道的人，听不得意见和建议，抵触情绪就会滋生发展。

甜言蜜语，心存忧惧

原文：甘临，无攸利。既忧之，无咎。

译文：以花言巧语莅临为政，不会有所好处。既然已经自我反省而改过，也就不会有灾祸了。

活学活用：许多人在社会上，只会千方百计地希望有人提拔他，却忽略了打好自己的基础。因此，即使平步青云，一旦遇上点挫折便立即跌跤气馁，再也无法振作。

汉高祖、吕后、惠帝三人像

聪明的人欲求上进，除了力求充实学识外，更应随时培植地位比他低的人才，努力将他训练成有用的人，使自己日后可以得到他的一臂之力。

地位高的人往往是最知道如何借重别人力量的人。当他遇到困难，非自己能够解决时，就知道如何获得别人的援助，他自己绝不做过于繁重的工作，知道分工合作，他只做那些别人不会做的事。

我们平日接触的人，大致可以分为两种，一种是地位比我们低的人，或在许多事情上，必须听从我们的命令；另一种是地位比我们高的人，许多事情必须听从他的指示。通常社会上多数人最容易犯的毛病，就是眼睛永远望着天。

你能够得到下属真心的帮助吗？他们愿意为你效力吗？你的同事肯协助你吗？他们代你操劳时是否心甘情愿？是否看见你有困难时便自动帮你？假使真能这样，那么你已经走在成功的道路上了。因为唯有能够获得外界自动援助的人,才有达到领袖地位的希望。

反之,别人不愿接近你,怕你要求他们帮助。当你向人请求时,他们便寻觅种种借口拒绝,那你非立即改变待人接物的方法不可。切勿施用压力强迫别人工作,应该运用巧妙的方法,使他们自愿为你工作。

一个专喜欢倚仗自己权势和地位而发号施令,强逼他人做事的人,并不是一个真正的有方法的人。

新部落——沉默的群体

原文:窥观,利女贞

译文:在暗中偷偷地观仰美盛景物,利于女子坚守中正之道。

活学活用:在社会交往活动中,我们要追求一种光明磊落、不偏不倚的处世风格。例如职场的活动就是这样。评价标准在于工作成绩的大小,其他因素则是次要的。一位出色的领导者更着眼于那些坐下来埋头苦干的人,而不应为一些无谓的叫嚷抱怨所蒙蔽。

每一组织都需要一些幕后英雄,他们了解他们自己的工作,并且不求引人注目而能默默地工作,他们值得信任。但通常情况下,这些幕后英雄的功劳常常被那些制造事端、夸夸其谈者所代替。这样领导者变成了调解员,专门注意那些叫得最响的人,并帮助他们解决问题,这样使得他们越发放肆。领导者自己也没有时间去注意那些优秀的工作者,从而忽视了他们。

大多数人并不在意自己所付出的辛勤劳动,但他们确实在乎自己付出的努力是否得到承认。

如果他们努力一番却无人所知,这会使他们感到被人利用,遭受剥削,因而灰心丧气。当这种情形发生时,千万不要采取不再努力或进行一些消极怠工的活动以示反抗,而要坚忍,要继续奋斗,让时间证明一切。

以人为镜,可以正身

原文:观我生,进退。

译文:观仰阳刚美德从而对照省察自己心灵和行为,谨慎小心地决定自己的进退之举。

活学活用:现今社会是个多元化的有机体,人们的价值观念、人生理想、生活信条丰盈驳杂。我们除了做到“四真”外,还要把形形色色的人们团结起来,尤其是有才华学识者,使他们拧成一股绳。

那么，怎样才能团结好自己周边的人呢？当然因人而异。古人在这方面为我们提供了不少有益的智慧和经验。

西汉末年，当光武帝展开地图，观看他率领将士浴血奋战，平定的全国混乱局面，总结平乱的战绩时，他不禁茫然，便对幕僚邓禹道："天下如此辽阔，如今我才平定了一些小郡，要到哪年哪月，才能使全国安定下来呀？我真是没有把握呀！"

邓禹回答说："的确，现今天下群雄兴起，战乱不息，前景不测。但是万众都盼望着明君的出现。自古以来，兴亡都在于仁德的厚薄，而不在于土地的多少。只要您不灰心丧气，一心一意积王者之德，最终天下一定会归于统一的。"

刘秀信其言。半月余，他率领将士击败了称作"铜马"的农民军。对那些愿意归降的将士，他非但不治罪，反而维持原职，让他们参加刘军继续作战。对其统领，他还一一封侯，并下了一道命令，投降军队不予整编，维持原编制，各叛军将领仍复原位，带领原部下参战，本部不作干涉。刘秀这样对叛军恩宠有加，以致使他们都不敢相信，心中不免充满疑惑及不安。但刘秀为了观察实际反应，经常一个人单骑巡视各营地，若有人此时想行刺的话，那可是件唾手可得的事情。然而，众叛军将士见刘秀如此诚恳，便产生了景仰之心，异口同声地说："刘秀能推赤心置人腹中，诚恳待人，不怀疑我们，真乃是一位度量宏大的宽仁长者！以前我们以小人之心，度君子之腹，怀疑他居心叵测，回想起来实感惭愧。为报君主的知遇之恩，上刀山、下火海我们在所不辞！"

从此后，这些降将跟随刘秀南征北战，披荆斩棘，赴汤蹈火，为最终平定天下混乱，建立东汉王朝，立下了汗马功劳。

刘秀诚恳待人，以君子之心度他人之腹，以温和且实用的态度感化部下，笼络人心，壮大自己，真是一位贤明豁达的领导者风范。

只要我们能从尊重人格、尊重个性的角度多下工夫，就能和我们身边的人搞好团结。

三人同行必损一人

原文：一人行，三则疑也。

译文：三人同行必损一人。

活学活用：《易经》里的这个思想，对人的一生有决定意义的影响。懂得了，可以趋利避害。

孔子有句话，"三人同行，必有我师。"他教导人要虚心，要善于向别人学习。无论别人出生何处，地位差别有多大，只要有三个人在一起，就该有一个是你的老师，在某些方面比你有学问。孔子这话没有错，所以成了千古名言，并成为中华子孙历代修身之训示。

但孔子说这话的时候，还没有读过《易经》。孔子是 50 岁的时候，经人推荐才读到《易经》。他一发现《易经》，就爱不释手，连读三遍，以致"纬编三绝"，把竹简的麻编都翻断了。

《易经》里有一个重要的观点，是“一人独行，必得一伴；三人同行，必损一人”。

这个道理，为什么没有与孔子的名言一起流传于世，成为有口皆碑呢？也许是中国人的忌讳，中国人说话做事，喜欢拣好的，不好的省略不说了。

《易经》说：“一人独行，必得一人。”当你一个人前进的时候，未免孤独，感到势单力薄，在这种状况之下，你一定很渴望有一个伴，有一个好帮手。诚之所至，你会很容易就能找到一个伴儿。一是因为你急需；二是在那种心态中，你不可能太挑剔，容易和同。

蜀先主刘备像，出自明·天然撰《历代古人像赞》。刘备，蜀汉的开国皇帝，称帝之后，忘乎所以，亲率大军，讨伐东吴，死于白帝城，应了《周易》“亢龙有悔”的预言

但等到有三个人一齐前进的时候，就很容易伤害一个。三个人相处，要“等边三角形”，才没有相互伤害。但人事纷繁，日月冗长，你怎么能时时刻刻注意到，并且安排妥帖呢？如果你有一时一刻的疏忽，就会与其中一个亲近，而疏远了另一个。这就造成伤害，是损。而且是损人不利己。

所以说，交友也应该像找夫妻一样，配对法。“一对一”地存在，而不是三个一圈。你可以有无数对，但不可以有若干个“三人圈”。

纵观我们的社会结构，什么“三人领导小组”、“三人核心”，那都是内耗的根源之一。三个人，不可能一碗水端平，任何两个一方，都是对第三者的伤害。但它有一个最大的优点，是三角稳定性。于谋人谋事说，三个人永远抱不成一团，如果其中两个抱成一团，第三者被冷落，那第三者肯定成为第一个汇报者，或者说“上告者”。三人结构，成为上下的一种稳定性。这是千百年总结出来的经验，也是成功的经验。

就做人修身来说，我们应该避免“三人同行”，但就做事创业来说，也许不可能绝对摒弃“三人同行”。

无论怎样，在日常行为上，谨慎，戒惧，是需要的。要时时刻刻体会别人的心情，不应当伤及同伴。

也许有人说，天下闻名的“刘关张桃园三结义”不就是三个人吗？是。但那是历史的故事，多少有了一些传奇的色彩。再者，三个人假如好到不分彼此，谦让和宽容，甚至宽恕，那它在意义上已经变了，变成了一个人，而不是三个人了。正如毛泽东所号召的："军民团结如一人，试看天下谁能敌。"天下军民有多少呵，但如果真的团结成为一个人，那么这个人力量就巨大无比了。

三人同行，必损一人。这是定势。

但我们可以把这个定势减少到最小，甚至为零。减少的方法，就是《易经》里所强调的：一是自己在行为上，应当谨慎，戒惧，心中万万不可以大意；二是心要宽，能容朋友难容之事，能容别人难容之事，谦让、宽容和宽恕。

清醒是一种自觉

原文：困于石，据于蒺藜，入于其宫，不见其妻。凶。

译文：一个人要做到清醒，必须有一种自觉。如果没有自觉，是不可能做到清醒的。清醒，不能只靠警示。

活学活用：中国的交通警示，"宁停三分，不抢一秒"，"急转弯，危险"！在道路上该警示的地方，都警示了，交通事故就是不断。我们把这些归咎于司机的麻痹。但有趣的是，欧洲有一个交通案例，与我们中国的一样，可他们采取了另外的措施，事故就没有了。

欧洲的阿尔卑斯山，有一处山路，急转弯。汽车到此，很多坠落崖谷。当局在那里立了警示牌，但没有用。依然是许多的车连人，投胎似地栽下去。后来，有人画了一幅画，立在转弯的地方，上写："慢慢地走呵，请欣赏！"从此，那个地方再也没有出现交通事故。

报纸上没有说那幅画的内容，笔者估计一定是很吸引人的，让你自觉地把车速慢下来。

车之所以能慢下来，是因为画，因为他要欣赏，车慢了下来，那是一种自觉，是没有别人强迫他的。自觉造成了清醒。

自觉，这个词来源于佛教。自己觉悟，觉悟是靠感觉，不是靠提醒。心里清楚，就忘不了。

六朝时候，有一个张翰，做官做得很好。但就是不拘小节，尤其贪杯，许多人为他惋惜，议论他说："此人为了一杯酒，也不为自己的身后留名想一想。"有人把这话转告他，他回答人家说："身后浮名，不如眼前一杯酒。"

明朝的陆树声在《长水日抄》中还记述有张翰的故事，说秋风起，张翰想起吴中的莼菜鲈鱼，翻然醒悟说："人生贵适志，怎么能为一个官名，而被羁在千里之外呢？"他吃不到鲈鱼，甚感遗憾。

这个张翰，之所以流芳千古，是因为他对人人皆向往的"为官"有一种清醒。由于自觉的清醒，所以常常有一些别人看来是荒唐的行为。

清醒，才能变成一种自觉的行为。

《易经》里重要的一个原则，是教导人们时刻保持清醒。这种清醒，是心智的清醒。

比方说，月亮圆了，就开始不圆。日正中天是好事，但日正中天过后就会西斜，以至日落西山。它告诫人们，当你最好的时候，也许麻烦就跟着来了。你要早有思想准备。

当你幼弱的时候，你要等待时机，不要轻举妄动。

当事情有了阻隔，有了梗塞，你就要绞碎它，然后才能顺畅。如果在阻梗的时候，你一意孤行，就会"有悔"。

《易经》的《序卦》里有一句是解释困卦的，可以说是发聋振聩。我们一般人想象，困难一般是外在的因素所形成的。但《序卦》里说："升而不已，必困，故受之以困。"困难，其实是我们心中不清醒，才会造成的。人生不断地走，不断地前进，而没有警惕，没有回顾，所以就会有困难。

人，要做到事事清醒，必须心中时刻戒惧，不可掉以轻心。这种戒惧与反省，来自一种自觉，如果能这样，你就是一个清醒之人了。

此文到上面的那一句话，已经结束。因为那一句已经是结句。但睡了一夜，决定再添上一个反常时期的"清醒故事"，这样，算是对读者有一个完整的说法。

在《禅说》里有一个"丹霞烧佛"的故事。丹霞有一次住在慧林寺，因为天很冷无法忍受，而把寺内的佛像拿来烧火取暖。另一个和尚看见，斥责他："你真大胆，竟敢烧佛像！"丹霞说："我想看看佛像里能不能烧出舍利子……"另一个和尚说："木佛怎么能烧出舍利子？"丹霞说："既然烧不出，这两尊也拿来烧了吧！"

后来人说，道人无心，何过之有？不要拘泥于形式，率真的依本性去做即无过错。

后人还说，只有丹霞可以这样做，后来者如果学丹霞，就是对佛的冒犯了。因为只有丹霞是此情此景，是依着本性。学的就不是了。

清醒至关重要。如果不清醒，往往会丧失一生的幸福。

易经的处世智慧

人们想求得事业的成功，必须有勇有谋，既靠勇往直前的胆识，尤需深谋远虑的机智。有勇无谋难免莽撞，有谋无勇无异于空论。人生价值的完满实现，凭机巧权术是不行的，端赖善于临机应变的智慧。

人们的智慧，主要来自社会实践经验，也离不开前人累积的书本知识。实践经验缺乏的人，汲取书本知识尤为重要。人们的智慧，有赖思维能力的创发。恩格斯说得好：人的思维“必须加以发展和锻炼，而为了进行这种锻炼，除了学习以往的哲学，直到现在没有别的手段。”（《马克思恩格斯选集》卷三，第465页）学习《周易》正是锻炼思维的良好途径。对此，唐初名臣虞世南体会最为深刻。

虞世南像。虞世南，字伯施，越州余姚人，初唐四大书法家之一。一次，李世民命他把《列女传》书写在屏风上，因没有底本，虞世南就默写出来，竟然一字不差。他对周易有极高的评价，他说：“不知《易》，不可以为相。”

虞世南（558—638年），唐太宗的重臣，弘文馆学士，博学多才，善于谋略。史载“太宗重其博识，每机务之隙，引之谈论，共观经史”。虞世南又是位深通易理的政治家，他根据自己的体会，和历代将相成功的经验，总结出一句名言：“不知《易》，不可为将相。”对《周易》的思想文化价值评价极高。此话出自一位名臣之口，确有千钧之力。

作为“五经”之首的《周易》，乃儒门定国安邦的宝贵经典。它哺育了中国历史上一代又一代明君忠臣，良将贤相。

《周易》一书博大精深，无论从何种角度研习它，都可望获得新的思想启迪。庞钰龙先生研《易》多年，力图从处世创业如何取得成功的视角，从中汲取智慧，多有收获。他采取引史证《易》、援《易》诠史的章法，博取古今中外的生动事例，对《周易》智慧作多方位的阐发，无论《庄子》《列子》的寓言，东周列国的故事，还是正史列传，野史逸闻，他都信手拈来，例证天成，义明理透，妙趣横生。平实无华的叙述，画龙点睛的评说，娓娓动人，令人爱不释手。谈古论今话《周易》，有哲理，有故事，有人生经验，也有千古笑谈，所阐述的易学思想，涉及政治、军事、经济、外交，诸方面，言简意赅，予人留下深刻印象。诸如《周易》阐明的：崇德广业的创业精神，保合太和的处世之道，与民同患的民本思想，居安思危的忧患意识，刚健笃实的实干精神，唯变所适的变革思想，临机应变的策略主张，处变不惊的沉着意志，万众一心的团结精神，一致百虑的宽容态度，自强不息的奋斗精神，艰苦卓绝的坚定信念，等等。每项《周易》原理，引述一二例证；每个寓言、故事，说明一条人生哲理，启发心智，催人奋进。药王孙思邈曾语重心长地告诫医家说："不知《易》，不足以言太医。"借此推而广之：不知《易》，不足以立身处世。

古人言："不读易不可为将相。"在皇家"永乐大典"、"四库全书"的编列中《易经》均居首位。《易经》是什么？占卜者说它是占筮书，气象学家说它是天文气象书，农人说它是农事书，历史学者说它是历史哲学书，而文学思想家说它是一部文字优美结构严谨的人文书。真是众说纷纭，各言其是。

《易经》是一部无字天书。《易》是先民的一种科学，一种符号逻辑。它阐释了宇宙生命、个人生命的作用，是叙述太阳系统的宇宙中，日、月运行的一个大法则。《易经》被称为宇宙代数学，智慧中的智慧，对中国的哲学、史学、文学、艺术、伦理、宗教以及天文、历史、数学、医学、气功等发展产生了重大影响，在中国和世界文化史上享有极高的地位。《易经》中说的是宇宙社会、人事最高的道理。

易学是中国文化源头和传统主流文化。从伏羲到黄帝再到文王以及孔子以来两千多年的文化传承中，易学直接地反映出了中华民族文化的一脉相承，成为中华民族上下五千年生生不息的精神象征。

《易经的处世智慧》正是从易学这一人文精神的源头出发，揭示易学对人们思维方式和处世方式的影响，分析了易学对"修身、齐家"的理想人格潜移默化的重要作用等。

它以一种令人感到惊异的冷峻客观态度极深刻地描述了人生处世经验，为读者提供了战胜生活中的尴尬、困顿与邪恶的种种神机妙策。通过多姿多彩的人生箴言，人们不仅获得克服生活中可能出现的逆境的良方，更重要的是增强了对生活的理解和洞察力。《易经的处世智慧》在一定程度上兼有坦率和内敛双重品位，它一方面使我们叹服其机智与完美的审慎态度；另一方面又使我们产生向善的心理。它的一些说法，一旦映入我们的眼帘，就会使我们终生不忘。

文明给人类带来了物质上的进步，人类的智力也随之发展到了更高的阶段。但是，不幸的是，恶也会水涨船高地发展成为一种更狡诈的力量。这无疑极大地增加了善战胜恶的困难。我们试图以揭破恶的种种巧妙伪装并施以适当打击的办法来保障普通人的生活。透过易理，我们感到，生活并不像某些悲观主义者所断言的那样没有任何希望，实际上，只要人们学会了某些必要的生活技巧，就有可能为自己找到战胜困难与邪恶的办法，从而走上幸福的道路。

发展社会主义文化，必须继承和发扬一切优秀的文化，必须充分体现时代精神和创造精神，必须具有发展的眼光，增强感召力。人类社会创造的一切先进文明成果，我们都要积极继承和发扬。我国几千年历史留下了丰富的文化遗产，我们应该取其精华、去其糟粕，结合时代精神加以继承和发展，做到古为今用。同时必须结合新的实践和时代要求，结合人民群众精神文化生活的需要，积极进行文化创新，努力繁荣先进文化。

人生要尽力争取到好位置

原文：是故列贵贱者存乎位。

译文：人生的高贵与下贱，在于“位置”的问题，到了某一个位置就“贵”，没有到某一位置就“贱”。我们到庙里去看神像，就有很大的感想，也可以懂得这个道理。

活学活用：一堆泥巴，或一块石头，一根木头，雕成菩萨像，成了“像”，然后在大庙里一摆，人人都去跪拜。他为什么那么贵？“存乎位”，在那个位置就贵了，很多事情都是如此，人也是如此。

看历史尤其如此，历代以来，有多少和诸葛亮一样有学问的人！如果没有像《三国演义》这样的小说，诸葛亮能够出名吗？孙悟空根本就没这样一个人，可是被小说一写，就如此走运。天下的事，对于名与利，把这个哲理一看通，就觉得没有什么，就淡泊了，非其时也就能居而安之，心安理得。

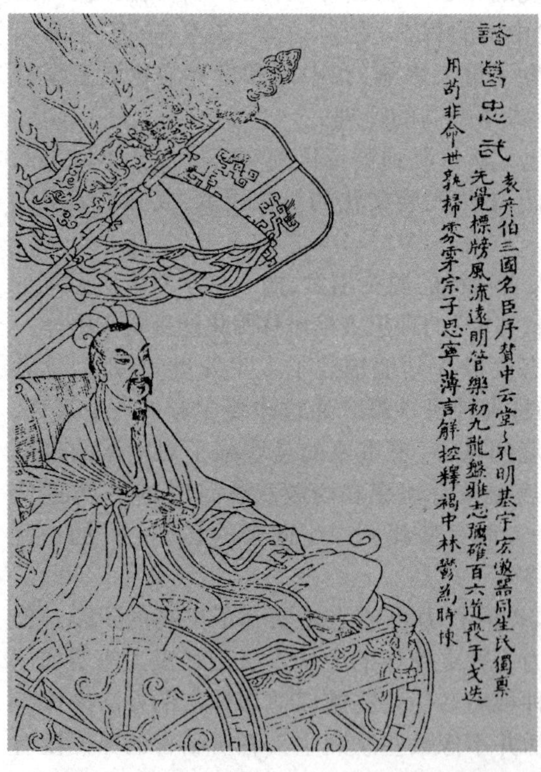

诸葛亮像，出自清·上官周绘《晚笑堂画传》。诸葛亮，字孔明，号卧龙，三国时期杰出政治家、军事家、战略家、散文家、外交家。后人评论诸葛亮：“功盖三分国，名成八阵图”。诸葛亮的八卦阵法基本原理出自《周易》

中国人的古语“福至心灵”很有道理。一个人到了某一位置——福气来了，头脑真是灵光，特别聪明。

很好的东西，很了不起的人才，如果不逢其时，一切都没有用。同样的道理，如果适得其时，看来是一件很坏的东西，也会有它很大的价值。好像一枚生了锈又弯曲了的铁钉，我们把它夹直，储放在一边，有一天当台风过境半枚铁钉都没有的时候，结果这枚坏铁钉就会发生大作用，因为它得其“时”。

还有就是得其“位”，如某件东西很名贵，可是放在某一场合便毫无用处。假使把一个美玉的花瓶，放在厕所里，这个位置便不太对，所以“时”、“位”最重要，时位恰当，就是得其时、得其位，一切都没有问题。

相反的，如果不得其时、不得其位，那一定不行，我们在这里看中国文化的哲学，老子对孔子说："君子乘时则驾，不得其时，则蓬莱以行。"机会给你了，你就可以作为一番，时间不属于你，就规规矩矩地少吹牛。

孟子也说："穷则独善其身，达则兼济天下。"这也是时位的问题，时位不属于你的，就在那里不要动了，时位属于你则去行事。

《易经》认为，人也是物体，是有生命的物体而已。所以，人也有最佳的方位。

这样的话，人就面临着方位的选择与调整。你适合在水边还是多山的地方居住；是在南方适合你的发展还是在北方适合你的发展，这就成了你关注的问题。就像《淮南子》里说的，同样是橘，移到江北和栽在江南，就不一样。

位置的选择与重要，《易经》的每一卦都几乎说到。

假如说，一个爻（就好比一个人）处在不正不中的位置，它的结果肯定不好。这在《易经》当中俯拾即是。

比如恒卦，它下面的三个爻，分别叫初六，九二和九三。《易经》在分析这三个爻时，全部人格化。说初六是阴爻，顶头有一个九四，阴阳相吸，处在最下方的初六，当然想一心上进，去与上面九四会合。但中间隔着两个爻——九二和九三，在这样的情况下，如果初六不顾一切往上，强求与九四合作，即使动机正确，用心纯正，也有凶险，前进不会有利。

这一爻的"象说：初六在开始的位置，开始就要深入，所以凶险。

求变是对的，无可厚非。但凡事都要循序渐进，心太急，不顾一切地追求，会有凶险发生。

相反，九二本身是阳爻，处在一个阴爻的位置上，属于位置不当，或者说不正，本来是要后悔的。但由于三个爻，它处在中间，又不急于求动求变，所以后悔就消除了。

这说明中庸的原则很重要。要变，也要不偏不倚，要中正。

九三，是阳爻又处在阳位，位置正当，本来没有什么后悔的。正因为它正当，又正位，所以有恃无恐，过于刚强，而且与上面最高位的阴爻又相应（如果与人事比拟，上头有赏识他的人），这样，他一心上进，不安于原有的位置，不能坚守固有的道德（有点像现在的"跑官"），也许会因此而蒙受羞辱。即使你的动机纯正，也难免耻辱。

这说明在求变之中，要坚持"自立立人"的大原则，不可出卖自己，不可出卖道德。《论语》的"子路篇"中，记载着孔子的论述："不恒其德，或承之羞。"当是由此引用。

不坚守道德，就得承受羞辱。

生活既然是一个变量，那我们就有不可预测的人生。

变，在你不经意之中。

古人说，树挪死，人挪活。

人不可能吊死在一棵树上。这是人在不如意的时候常说的一句话。但人如果如意的时候，绝对不说。人有惰性，主动求变的，不会很多。只有当不变不行了，才变，这样的人多之又多。

但人不可能是一只旅行袋，那样会累。所以，祖先经过千辛万苦，才把家的模式找到了，固定下来。《易经》的《序卦》解释家人卦时说："伤于外者，必返其家，故受之

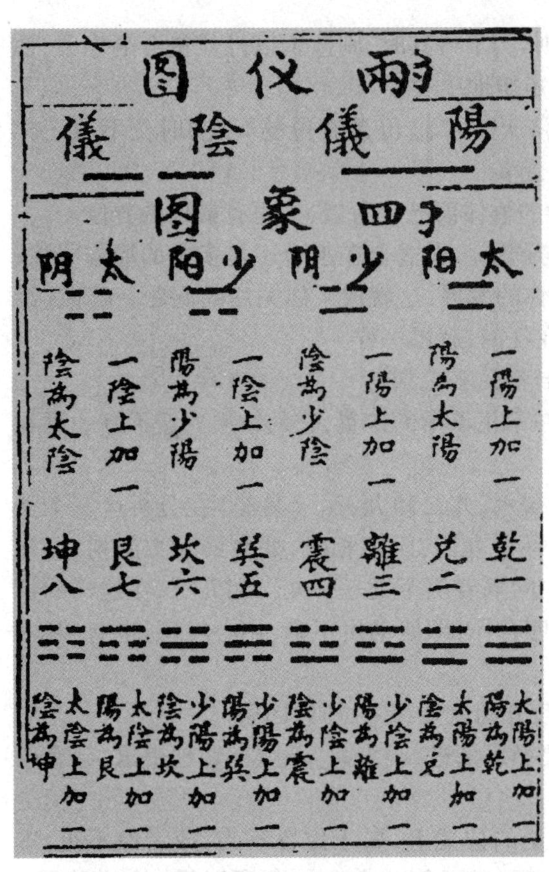

太极生两仪、四象、八卦图，出自明·来知德《易经来注图解》

以家人。”.

家，是人们栖息的地方，是舐治伤口的地方。

但如果一个人，永远待在家中，没有走出家门，他永远是小孩。人的成熟，是在路途中，而不是在家里。

只有用自己的脚板，才能丈量出世界的大小，测出人心的冷暖。

变中求静。静中求变。

不变也得变。

变是常数。我们时时刻刻都要面对着变。

所以，我们有眼睛，有手，有脚，还有心。

眼睛，手，脚和心，还有一个看不见的意志，都是造物主赐给人类应付变化的。

所以，做人做事就是要努力给自己创造好时机，争取到好位子，也就是能让自己发挥才能的位子，大干一番事业，成功的概率自然增大。

“我该从事什么样的工作？”“哪个行业适合我？”每个走向职场的人都将面临这样的困惑。俗话说“女怕嫁错郎，男怕入错行”。其实在现代的职场中，无论男女，都怕入错行。如何充分发挥自身的优势，实现人生价值，已成为每位求职者关注的重大问题。

每一个人，都有其优势，有其缺陷，有其长处，有其短处，一个人，如果不能清楚地认识自己，选行业时不知道自己生性活动不适合坐下来研究东西却选了研究部门，创事业时不知道自己更适合当歌星而选择搞企业，能充分发挥自己的极致吗？

因此，认识自己很重要。要做真正的聪明人，要想发挥自己的极致，除了环境，更重要的是认识你自己。

古刹里新来了一个小和尚，他积极主动地去见方丈，殷勤诚恳地说：“我新来乍到，先干些什么呢？请前辈支使和指教。”

方丈微微一笑，对小和尚说：“你先认识、熟悉一下寺里的众僧吧。”

第二天。小和尚又来见方丈，殷勤诚恳地说：“寺里的众僧我都认识了，下边该干什么了？”

方丈微微一笑，洞明睿犀地说：“肯定还有遗漏，接着去了解、去认识吧。”

三天过后，小和尚再次来见老方丈，满有把握地说：“寺里的所有僧侣我都认识了,我想有事做。”

方丈微微一笑,因势利导地说:“还有一人,你没认识,而且,这个人对你特别重要。”

小和尚满腹狐疑地走出方丈的禅房,一个人一个人地询问着、一间屋一间屋地寻找着。在阳光里、在月光下,他一遍遍地琢磨、一遍遍地寻思着。

不知过了多少天,一头雾水的小和尚,在一口水井里忽然看到自己的身影,他豁然顿悟了,赶忙跑去见老方丈……

真正地认识你自己,有没有正确地给自己“定个”合适的、能发挥你的极致的“位”。没有什么好专业,也没有什么好“门”,如果能发挥你的极致,坏专业坏门也会变成好门好专业,如果不能发挥你的极致,即使进了好专业好门,你也只能是个“阿混”。

多少人哀叹“生不逢时”,哀叹“英雄无用武之地”,哀叹“入错门”“选错郎”,为何哀叹,只因你不能认识你自己。

在人生多向的路口中,用自己的心去择一条能令自己开心的路,然后努力耕耘,必有收获;路已择定,各有自身的优势,真的不必去理会别人的冷眼或喝彩。自己尽力而为,唱好属于自己的节奏,不同的路也就“殊途同归”,获得完全一样的掌声!

口不饶舌,言行必果

原文:咸其、辅、颊舌。

译文:感应出现在牙床、面颊、舌头上。

活学活用:对交往群体的赞赏和恩惠仅停留在口头上而不付之行动的人是搞不好人际关系的。

当上司不在身边,优秀经理会自行承担职责,尔后再向上级解释:“我不得不批准那小伙子到澳大利亚出差,他必须得在星期五出发,而你要星期一才回来。”

你会发现一个优秀经理绝不会滥用职权。事实上,正是由于他审慎地、恰如其分地使用职权,他才在部下的心目中具有权威。人们知道他的职权范围,看不到他玩弄权术,或明明没有却假装有权。人们也不会发现他经常不断地把上级挂在嘴上:“好吧,我会去找老板,请他批准。”

清理一下你的职权范围。首先与上司谈谈,在哪些地方你觉得多给点权力更好些。然后考虑一下你分派给下属的权力。假如你觉得需要更多的权力来做好你的那份工作,那么你也应该设身处地地想到,这对你的下属来说也是一样的。因此,按你的主张去做:如果你要你的上司给你更多权力,你也必须给你部下更多的权力。你应当言行一致。

人生而平等,结果则迥异

原文:齐小大者存乎卦。

译文:“齐小大者存乎卦”,卦就是现象,也就是大的现象、小的现象。现象有大小，一个人的成功失败也有大小。有如发财，甲发得多，乙发得少，这有大小，但立脚点是平等的，不管大小卦都是卦，都是一个现象。

活学活用：庄子的书中有《齐物论》，何以名“齐物”？万物不能齐，没有平的。人的智能、学问、体能都是不平等的。即使有两人体能一样，其中一人生病了，另一人为了平等也生病吗？物是不能齐的，但是庄子提出来有一项是齐的——本体的平等。如太空是平等的，太空中万物的现象是不平等的。

所以庄子有一句话很妙，他说“吹万不同”。孔子研究《易经》讲究“玩”，庄子讲究“吹”。吹万即万有。他以风来比方，他说大风吹起来，碰到各种的阻力发出各种不同的声音，意思是说，风吹来是平等地吹，而万象遇到风以后，自己发出的声音不同。

世事变幻无常，人生有旦夕祸福……每个人都有权利去追求自己的幸福，但人生的结局往往令到我们出乎意料与想象之外！有的人劳碌平凡一世；有的人经历大起大落，倾家荡产；有的人平步青云，富贵荣华一生；有的人为情所困，终生痛苦，甚至有些人不甚忍受失败，走上自毁道路……命运是否真的这么不公平？

“生，使我们站在同一起跑线上；死，使卓越的人露出头角。”

不禁想起拉萨尔的一段话：你不能在水杯中掀起风景，风景喜爱宽广的平原，在那里它才可以猛烈的呼啸。结局的不同，是源于你年轻时的目标确定与否。

比如，先知大卫王，他曾写道：“人心中所想的，便能成为那样”；又如爱默生的心智：“伟人便是那些领悟出思想能统治世界的人”；譬如失乐园作者密尔顿的心智：“心智所在之处，它本身便能化天堂为地狱，化地狱为天堂”；还有莎士比亚那惊人而具感受性的心智，他观察到：“事物本无好坏，除非思想从中作怪！”安徒生说：一个年轻的时代是一个奋斗的时代，一个拼搏的时代。

有一年，一群意气风发的天之骄子从美国哈佛大学毕业了，他们即将走向社会。他们的智力、学历、环境条件都相差无几。在临出校门前，哈佛对他们进行了一次关于人生目标的调查。结果是这样的：27% 的人没有目标；60% 的人目标模糊；10% 的人有清晰但比较短期的目标；3% 的人有清晰而长远的目标。

25 年后，哈佛再次对这群学生进行了跟踪调查。结果又是这样的：

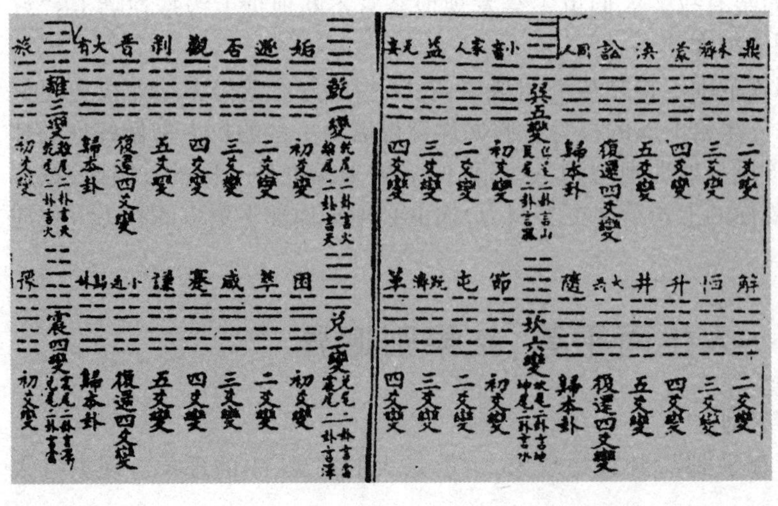

来瞿唐先生八卦变六十四卦图，出自明·来知德《易经来注图解》

3%的人，25 年间他们朝着一个方向不懈努力，几乎都成为社会各界的成功人士，其中不乏行业领袖、社会精英。

10%的人，他们的短期目标不断地实现，成为各个领域中的专业人士，大都生活在社会的中上层。

60%的人，他们安稳地生活与工作，但都没有什么特别成绩，几乎都生活在社会的中下层。

剩下 27%的人，他们的生活没有目标，过得很不如意，并且常常在抱怨他人、抱怨社会。

其实，他们结果不同的原因仅仅在于：25 年前，他们中的一些人清楚地知道自己的人生目标，而另一些人则不清楚或不很清楚。

也许人生的命运轨迹不易改变，但过程中的感受与所选择的“交通工具”却可以改变。人不同于一般动物之处是人具有高级思维能力，因此人就无法和动物一样浑浑噩噩的生活，人的行动必须有目标。而高贵的生活是目标创造的。

李愬雪夜入蔡州图，选自清马骀《百将图传》。李愬，字符直，唐临潭人，名将李晟之子，有谋略，善骑射。《易经》中认为，凡事预则立，不预则废。李愬雪夜入蔡州平定淮南，固然因为其出奇制胜而被称道，然而这与李愬事先周密的计划是分不开的

目标必须明确，才会为行动指出正确的方向，才会在实现目标的道路上少走弯路。漫无目标，或目标过多，或不切实际，都会阻碍人们前进，最终可能是一事无成。

人生的结局最终是死亡，人生的意义在于由生到死的过程，如果忽略那些死亡前的花絮，人生就空空如也。许多人的生活，都没有抱一个目标、理想，只是得过且过，不知到底是为什么生活？这种人只是虚度一生，把一生无意义的度过去罢了。

强烈的成功动机主要靠内部激发。没有激情成不了大事，这里的激情，就是指对成功的渴望，从内心里激发出来的对成功的追求。当你把目标与自己一生的使命相联系时，你会发现人生的每一天都有它确定的意义。所以，明确自己人生的大目标，对把握好目标有直接的促进作用。

遗憾的是，有相当多的人是随波逐流地生活着，他对自己的人生没有任何目标，要么认为时间还长着呢，要么认为“一切自由天安排”。这些对自己的人生没有任何设想的人，是很难激发起平时学习和生活中的动机与激情的。

认识到自己的责任与使命，并愿意为之付出努力，是内部激发成功动机的最直接

的方式。无论通过何种方式激发自己的成功动机,有一点是明确的,即这种动机越早激发越好。因为它将引导自己的行为。

有道是:“凡事预则立,不预则废。”

人生需要策划,人生在于策划。有了科学的策划,人生就有强大的动力,就会产生坚韧不拔的意志。

人生策划是建立在自知、自查的基础上的。了解自己,了解环境,这是成功的法则。在知己知彼以后,需要对自己合理定位。人不是神,有很多不足和缺陷,对自己期望过低、过高都不利于成长。

每个人都有自己的风格,对人生的设计不能强求一致。人生策划,根本在于为自己的发展描绘一个整体的结构。规划好自己,才可能把握住未来。让智能的理想变成现实。

给奉承者坐“冷板凳”

原文:可贞,无咎。

译文:能够坚守正道,所以没有灾祸。

活学活用:中国人重视“德”在人格中的关键作用,这无可挑剔。但是,如果把一些非本质性不良行为的东西也“上纲上线”,从而大加鞭挞,那却是错误的。就阿谀奉承而言,这的确是个不良品质,但它并不能导致“德”从根本上坏掉。它属于一种个人生活态度的问题,它是人对于世界的认识后所采取的一种自认为迎合需要的行为方式。

我们不能仅依据这一点就将这类人从根本上否定掉,他如果有能力,你照样可以使用。“金无足赤,人无完人”。你得宽容别人的不足,同时尽力帮助他克服不足。

在实际工作中,你应该明确表示自己不是那种喜爱溜须拍马的领导。而如果他们胆敢“以身试法”,那你就与他们“走着瞧”。

对待这种员工同样不能急躁,要耐着性子慢慢来。

如果他这会儿对你大加奉承,即使他这时成绩斐然,你也不必理他,让他静等着。他当然明白是怎么回事,如果他不明白,那你照样别夸他,也别损他,继续让他自己去琢磨。当然他还得坐一段时间“冷板凳”。

而有一日他没有阿谀奉承你,并且有显著成绩,那么,你必须抓住时机,对他赞扬一番。如果他以后还能不断转好,那么委以重托也是理所当然的。

未雨绸缪是良策

原文:密云不雨。

译文:做事应该未雨绸缪,居安思危,这样在危险突然降临时,才不至于手忙脚乱。“书到用时方恨少”,平常若不充实学问,临时抱佛脚是来不及的。也有人抱怨没有机会,然而当升迁机会来临时,再叹自己平时没有积蓄足够的学识与能力,以致不能胜任，也只好后悔莫及。

活学活用：浓黑的"密云"出现，一般都会下雨。为什么会"密云不雨"呢？这并不是说不下雨，而是说还没下雨，但大雨将至，就要做好应对准备。

未雨绸缪，什么事都早谋划，肯定比临时抱佛脚好得多。

学会避免问题的发生和出现比学会等问题发生后找办法解决更重要。

就像身体健康，注意饮食、休息和心态，和适当地运动可防止生病，如果乱吃、熬夜、放纵身心或缺乏活动，就易得病。要知道大部分疾病是没有特效药的，即使看医生开药方，也会有很多副作用，甚至后遗症。

夫妻感情同样是要善于经营，避免破裂，一旦发生严重问题（离婚），就很难把握了。

子女教育同样，早期不注意沟通和正确引导，孩子很容易误入歧途，难以自拔。虽有浪子回头金不换，但父母的悔恨担心和对他人的伤害已无法弥补了。

一只野狼卧在草上勤奋地磨牙，狐狸看到了，对它说："天气这么好，大家在休息娱乐，你也加入我们队伍中吧！"

野狼没有说话，继续磨牙，把它的牙齿磨得又尖又利。狐狸奇怪地问道："森林这么静，猎人和猎狗已经回家了，老虎也不在近处徘徊，又没有任何危险，你何必那么用劲儿磨牙呢？"

野狼停下来回答说："我磨牙并不是为了娱乐，你想想，如果有一天我被猎人或老虎追逐，到那时，我想磨牙也来不及了。而平时我就把牙磨好，到那时就可以保护自己了。"

《禅林宝训》里有"重门击柝"，说明凡事要有事前的防备，免得出了事情，即使报警，甚至告到法院里，可是财物已经追不回来了。

现代人家里要装一部电话，以备家人在外有急事通知，或者朋友打电话来商量事务；平时家里要预备一些洋钉、铁锤，以备台风来袭之运用。水沟也要经常疏通，免得堵塞；庭园花草平时要让它水分充足，免得干枯。

有偈云："天下有二难，登天难，求人更难；天下有二苦，黄连苦，贫穷更苦。"如果你平时有所预备，则不管苦也好，难也好，都会降到最低，否则临时抱佛脚，万一没有佛脚可抱，那又怎么办呢？

与人相处，平时要多广结善缘，如此到了急难时刻，你不必抱佛脚，自然也会有姻缘来帮助你。佛教叫人平时要念佛，也是为了万一到了紧急时刻，可以有佛脚可抱。平时父母、老师、朋友的叮咛、嘱咐，要我们这样、要我们那样，我们不要嫌其啰唆，这都是为了怕我们将来没有佛脚可抱。只要我们平时多烧香、多结缘，急难来时，也就不必临时抱佛脚了。

未雨绸缪，就要保持清醒，而清醒是一种自觉。

一个人要做到清醒，必须有一种自觉。如果没有自觉，是不可能做到清醒的。清醒，不能只靠警示。

清醒，要变成一种自觉的行为。

《易经》里重要的一个原则，是教导人们时刻保持清醒。这种清醒，是心智的清醒。

比方说，月亮圆了，就开始不圆。日正中天是好事，但日正中天过后就会西斜，以至日落西山。它告诫人们，当你最好的时候，也许麻烦就跟着来了。你要早有思想准备。

当你幼弱的时候，你要等待时机，不要轻举妄动。

人，要做到事事清醒，必须心中时刻戒惧，不可掉以轻心。这种戒惧与反省，来自一种自觉，如果能这样，你就是一个清醒之人了。

志向坚定，踏上青云路

原文：执之用黄牛之革，莫之胜说。

译文：像用黄牛的皮捆绑起来那样，谁也难以解脱。

如果瞻前顾后，什么都放不下而失去退避的时机是很危险的。

活学活用：身居要职的你，或许跟各部门主管十分投契，与秘书们相处融洽，常在公余结伴逛商场看电影。

可是，别忽略了青云路也得要有奠基石。他们就是信差、打字员及人事部的文员，许多时候他们提供的间接帮助，令你有意想不到的收获。

别让“地位悬殊”这一套占据着你的脑袋，心灵沟通压根儿是没有阶层界限的。偶尔跟他们一块儿去吃午饭，听听他们的话题，多了解他们的性格、对公司的看法和对各高级职员的印象。由于他们每天均有机会接触到所有同事，自然对他们的认识较全面，这些不正是你所需要知道的吗？

其实你也不必成为他们一分子，因为一旦与他们混得过分熟悉，上司不一定高兴，其他人则会认为唐突，所以最理想是采取中庸之道。

在静时运用第三只眼

原文：是故君子居则观其象而玩其辞。

译文：观其象，这个象，是我们的生活，我们的生命，我们自己个人、身体、家庭、国家、世界天下的关系。平常处在这大环境中，观其象，对这大现象变动的前因后果都知道了，再看文王《周易》中所研究的内容，但并不是说文王怎么说，我们就相信，而是要“玩其辞”，通过他的思想创出自己的思想。

活学活用：有个在农场工作的农夫，有一天这个农夫打扫完马厩后，赫然发现他老婆送他的怀表不见了。由于这个怀表对他来说十分的珍贵，于是他马上又跑回马厩寻找，找了一段时间几乎把马厩整个都翻遍了，还是没有找到，因此他气馁地走出马厩。

而这时候，他发现外面正有一群孩童在玩耍，于是他向那群孩童说：假如你们之中有谁能在马厩找出他遗失的怀表，那个人便能得到五毛钱，于是孩童们一窝蜂似地跑进马厩里寻找怀表，经过一段时间，当孩童们走出马厩时，都表示没有找到怀表，此时农夫更加的气馁与失望。

就在这个时候,农夫听到了一个声音:我可以再进去找一次吗?一个孩童对他说,但是农夫觉得大家几乎把马厩翻遍了,都找不到,怎么可能凭你一个人就找得到呢?

由于没有任何的利害关系,因此农夫答应了这位孩童,过了不到一会儿的工夫,当那孩童走出马厩时,他手里拿的正是农夫遗失的怀表。农夫很惊讶地问他,你是怎么办到的?那个小孩回答:"我进去之后什么都不做,就只是静静地坐在地上,慢慢地,我听到了滴答滴答的声音,于是循着声音我找到了怀表……"

这个故事是否能给你有所警示呢?

当你感觉在生活中陷入了苍白与麻木的时候,请给自己品味生活的时间。要从纷乱的世界中退出去找一个清净的地方,在安宁、沉寂中找寻造物主的声音。只有在这个安宁的地方,我们的心才会恢复清新并坚强起来,勇往直前,充满信心,去迎接人生需经历的各种挑战,也只有从静中,我们才会真正领悟出什么是人生最宝贵的。

有一首诗说得好:

很久没看见,你灿烂的笑脸
倔犟的身影,在艰难地蹒跚
背得再多,你也要飞上蓝天
很久没看见,你纯净的双眼
闪烁的兴奋,也遮不住疲倦
背得再多,你也要飞上蓝天
我只能在心底,嘱咐你说:
多些时间给自己
想征服世界,别迷失自己
多些时间给自己
想拥有世界,先把握自己
得到了世界
占据你梦寐以求的南北
为何得不到
你魂牵梦萦的东西

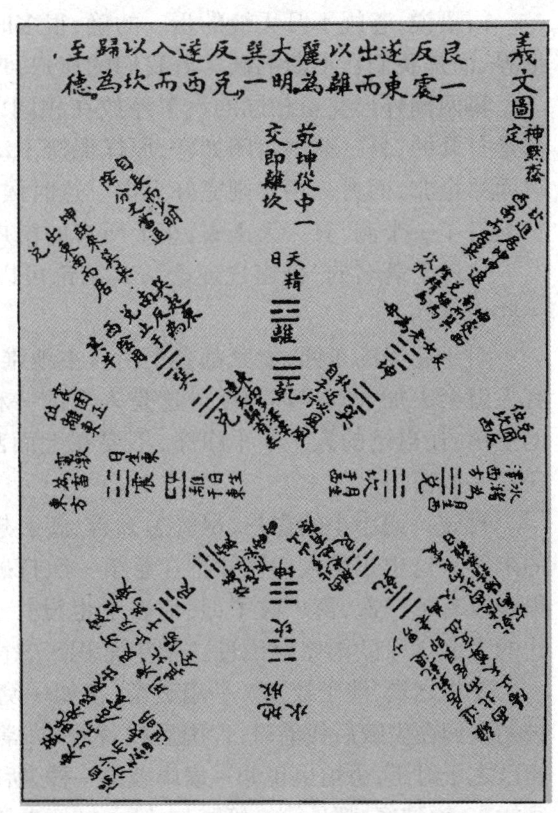

羲文图,出自明·来知德《易经来注图解》

智能是第三只眼看见的。人出生时有两只眼,读书学习获得知识。知识拥有者可以把知识灌输给别人,但智能是不能灌输的。别人的智能可成为你的知识,不能直接用灌输的方式获得智能。智能是对人生经历的知性理解和理性感悟。

第三只眼是靠洞察力、直觉、灵感、预测和判断看事物的。与你的两只眼不同,第三眼是别人看不到、摸不着的。但它像一只长尾大头针,头在两眼中间上方额头，尾偏左刺入心房。每人都有第三只眼，只是视力有很大不同。如果你的第三只眼视力很好就能看清事物本质且能预见未来。

由此，可知九四："或跃在渊。"意思是说"或奋发跃起，或退而在渊。可进可退，能进则跃，不能进则退。一切待机而动，而不是盲目冲动，浮躁妄动。跃是为了发展，退是为了发展而积极地准备、筹划，创造更为有利的条件和先机。"

急躁妄动，无处容身

原文：不恒其德，或承之羞，贞吝。

译文：不能长久地保持美好的品德，总会不时蒙受他人的羞辱，结果难免产生惋惜。若不能以中正恒久这个道理去处世，就无法达成真正的发现和沟通。

活学活用：我们在报纸上常常见到重刑犯或死刑犯的悔过自述，虽然他们犯的罪各不相同，犯罪的方式也各有特点，然而他们犯罪却几乎都有一个共同的原因：由一件不起眼的小事开始了一个罪恶的历程。

小时候爷爷奶奶常用来教导我们的有关小偷的故事：同样也是由不经意的第一次顺手牵羊最终变成难以收手的偷盗惯犯；又想到爸爸妈妈为了我们做的不值一提的"坏"事而大骂我们一顿甚至暴打一顿，那无非是在告诉我们"坏人都是这样开始的"。

俗语说，苍蝇不叮无缝的蛋。的确，很多时候灾难、祸害、罪恶并非自己撞入你的世界，而是我们在不断的破坏着我们的窗户，自己将灾难引来，使罪恶附身。

将两辆外形完全相同的汽车停放在相同的环境里，其中一辆车的引擎盖和车窗都是打开的，另一辆则封闭如常，原样保持不动。打开的那辆车在三天之内被人破坏得面目全非，而另一辆车则完好无损。这时候，实验人员在那辆完好无损的汽车的窗户上打了一个洞，只一天工夫，车上所有的窗户都被人打破，内部的东西也全部丢失。

这就是著名的"破窗户理论"，其结论可以归结为：既然是坏的东西，那让它更破一些也无妨。

对于完美的东西，大家都会不由自主地维护它，舍不得破坏；而对于残缺的东西，有人就会去加大其损坏程度。这是人类的一种心理惯性，我们可以由它联想到自己的生活：让自己的人生干干净净，不要在上面乱扔垃圾，更不要轻易打破你生活中的任何一扇窗户。

打破一扇小小的窗户，尽管怎么看、怎么想都不会让你联系到家庭的破落或人生的末路。这也正是人们往往不在意第一次打破一扇窗户的原因。岂料有了第一次就很难没有第二次，窗户破了，其他破了也没什么了不起，于是窗破屋倒。这个道理宋代的大文学家欧阳修就说过："祸患常积于忽微，智勇多困于所溺。"

千里之堤，溃于蚁穴。一扇破窗，正如一窝蚂蚁一样，早晚会使人生之堤崩溃。过去的人们在失败后找借口，亡国后找替罪羊，常说红颜祸水，现在想想，褒姒之于幽王，妲己之于纣王，恐怕也正如一扇扇破窗一样，所以商亡之后还有周亡。历史上的众多贪官污吏，说到底，都是第一笔赃款，第一桩坏事使他们步入歧途，死后也不得复生。

不要轻易打破你生活中的任何一扇窗户，不要到最后才后悔莫及。生活中可能会充满许多诱惑,众多目眩神迷的事物也在时时吸引着我们。这时,我们千万不能以第一次为借口而走进歪路,最后铸成难以挽回的大错。我们生活中的每一扇窗户,不管是诚信、善良,还是宽容、廉洁,这些你一旦背弃,就会不经意地与它们越走越远,再也无法接近它们。正如人们所说的修好一件东西往往比破坏一件东西要难得多。

不要轻易打破你的任何一扇窗户,否则小偷将在这里成型,大盗也将在这里蜕化。

或许每个人心中都有许多珍贵的东西,这些都为我们构筑了一道道的防线。有时生活的浪花袭来,我们对守护的东西产生了疑惑甚至将其忽略,这窗户一旦被打破,那么生活就会把它带走。也可能因为这,个人的命运由此剧变,我们可能会付出惨痛的代价,人生就再也不可能完美。

戏举烽火图。选自明·张居正《帝鉴图说》,讲述周幽王为博美女褒姒一笑,举烽火谎报军情,戏弄诸侯,后来犬戎进犯,周幽王再举烽火,而诸侯援兵不至,周幽王被杀于骊山之下

笔者曾经有一个很要好的朋友,他一直彬彬有礼,谦虚待人,大家都很尊敬他,愿意和他做朋友。可是有一次,在一个公众活动中,他由于心情不好很随意地嘲笑台上讲演出错的同学。或许他不曾意识到这是一个可怕的行为,可是,从那以后,几乎所有的人都远离了他,远远地躲着他,谈论到他时大家也一致以“粗鲁”来形容他,他曾经的君子形象在我们心中荡然无存。而他自己,也在同学们鄙夷的目光里渐渐丧失了他的美好禀性,真的变得粗俗而不可理喻了。可怜的人啊,因为打破了理智之窗而丧失了纯净的心,渐渐消退了他应有的光彩。

坚守住窗户不打开它,才能保护我们脆弱的心灵,而只有完整纯洁的心灵才能得到别人的呵护与关心,才能绽放出钻石一样夺目的光辉。所以,请慎重,不要轻易打开任何一扇保护心灵的窗户。

在行动时要把握形势

原文:时止则止,时行则行,动静不失其时。

译文:人若能做到“动静不失其时”,便能顺应事物发展的规律而“时中”。“时中”即“中”而因其“时”,“时”而得其“中”。得其“中”,所谓经也;因其“时”,所谓权也。有经有权,故能变通。此所谓“变通者,趣时者也”。变通趣时,就能顺天应人。

活学活用:《周易·系辞传》说:“穷则变,变则通,通则久。”“变”是《周易》的核心观念之一,所谓“不可为典要,唯变所适”(《周易·系辞传》)。

《周易》强调“变”,有一个基本原则,即“动静不失其时”,“与时偕行”。如《贲卦·彖传》说:“观乎天文,以察时变。”《观卦·彖传》说:“观天之神道,而四时不忒。”

《豫卦·彖传》说:“天地以顺动,故日月不过,而四时不忒。”

类似的话,《彖传》及《系辞》中还很多,这些都是古人经过对天地自然的观察所获得的关于“时”的知识。

《周易》强调对“时”要有所知,而“明时”的目的则在于让人们依时而动,“时止则止,时行则行,动静不失其时”。“时行”就是依时而行。既然一切都在时间之中,谁都无法游离于时间之外,那么要想在时间之流中有所进取,就必须顺时而动。

有学者指出,人与时的关系,“是主体与客体的关系,行为与环境的关系,主观能动性与客观必然性的关系。顺时而动,必获吉利,逆时而动将导致灾难,主体行为是否正当,并不完全决定于主体行为本身,而主要决定于是否适应环境的需要。”因此,“时行”之“时”,还不仅仅是指年、月、日、时,而是与此年、月、日、时相关的及与主体相关的一切因缘的总和。这就是人们通常所谓的“时机”一词的真正含义。

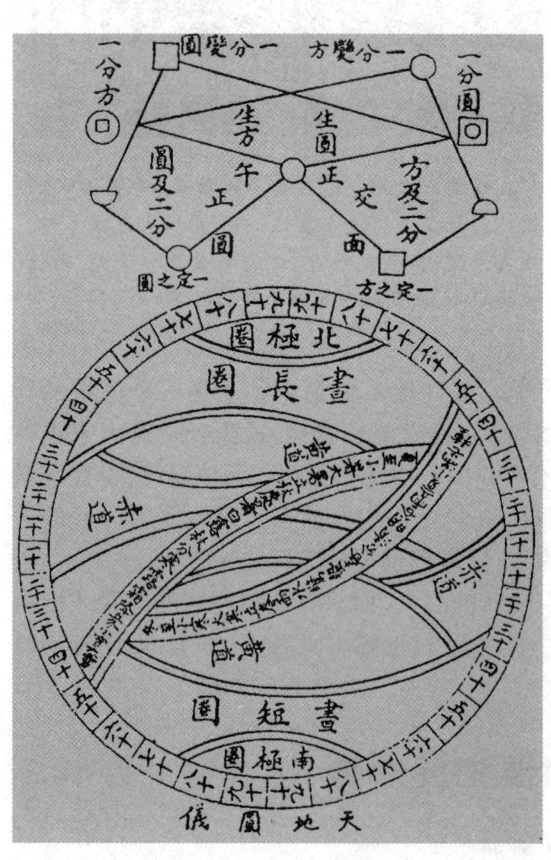

方圆相生图,出自明·来知德《易经来注图解》

依时而行固然重要,依时而止意义也非常重大。所以《彖传》谓之“时止则止,时行则行”。其实,“与时偕行”就包含“时止”之义。

《周易》中有一《艮》卦,专门讨论“止”的问题,其卦辞曰:“艮其背,不获其身;行其庭,不见其人。无咎。”《彖传》解释说:“艮,止也。时止则止,时行则行;动静不失其时,其道光明。‘艮其止’,止其所也。上下敌应,不相与也,是以‘不获其身,行其庭,不见其人,无咎’也。”

但论“止”之卦何以又谓“时行则行”?

金景芳先生解释说:“止的意义并不简单,不能以为停止不动才是止。其实止还包含着行的意义在内。这一点一般人不易领会,所以孔子特别加以说明。止于止是止,止于行也是止。我们坚持不懈地干一件事情,就是止于行的止。后来我们发现情况变了,这件事情必须停止,不宜再干了,这就是止于止的止。坚持干什么,是止于行;坚持不干什么,是止于止。

两种止实行起来都要看场合,就是要'艮其背'。这个场合不仅是空间上的场合,也是时间上的场合,而且归根结底是时间上的场合。'时止则止'时要求止于止,就止于止。'时行则行'时要求止于行,就止于行。或止于止,或止于行,时是决定性的因素。"

上述的解释辩证色彩很浓,意义也很深刻。

止于"行"或止于"止",决定性的因素是"时",所以说"动静不失其时"。人若能做到"动静不失其时",便能顺应事物发展的规律而"时中"。"时中"即"中"而因其"时","时"而得其"中"。得其"中",所谓经也;因其"时",所谓权也。有经有权,故能变通。此所谓"变通者,趣时者也"。变通趣时,就能顺天应人,推陈出新。

《周易》中有《革》卦,专门讲变革,"革命"一词即滥觞于此。而《革》卦之后紧接《鼎》卦,目的就在于彰显"革故鼎新"之义。从这个意义上说,趣时变通,即变化日新。能趣时变通,即是"识时务"。而识时务,能日新,就可以常保通泰。所以《周易·系辞传》说:"日新之谓盛德。"

看到了一则小故事:一位商人子承父业做珠宝生意。可是由于缺乏父亲的眼光,很快就把父亲留给他的全城最大的珠宝店赔光了。商人依然对自己的能力充满自信,认为自己只是在珠宝这一方面缺乏必要的眼光和技术。于是改行做服装生意,不到两年,无力为继,因为他总是跟着时尚的尾巴走。

后来,他又开过饭店,做过化妆品生意、钟表生意、印染生意,无一例外的失败。此时的他已经52岁了,却没有一点点成功,他开始怀疑自己的能力。这时候他所有的财产只能购买一块离城很远的墓地,他觉得这就是他的归宿。

可是奇迹发生了,不久,这座城市公布了一项建设环城高速公路的规划,他的墓地恰恰处在环城路内侧,土地一夜之间身价倍增,他顿悟了,为什么不做房地产生意呢?于是他卖掉了这块墓地,投身做房地产,五年以后,他已经成为了全城最大的房地产企业家。

由此,顺应形势的变化而采取行动,才能把握机遇,才能无往而不胜。

话说三国时期,最不为人称道的便是曹孟德,谓之曰:"奸雄"。然孰知"奸雄"背后的深谋远虑。苦心经营,方位极人臣。汉帝无能,天下离乱,此时不起,更待何时?且又占"挟天子以令诸侯"之便,孟德占尽天时地利,大好机遇,正待出手把握,其便是,敢于出手把握才圆了一世英雄梦,见机而握,成大业之所需也!

时代造就的英雄,而英雄又开创了新的时代。忆及那硝烟战火的年代,群龙会聚苦无良首,便是伟人勇挑重担,带领中国人民走上了胜利的道路。

可叹人间机遇重重,若是不予把握或说把握不当,留下多少遗恨!想当初蒋介石也欲逞一把英雄,却不知民心向背,不知国耻民欲,枉有机遇而不会把握,终成民贼,遗臭万年。

机遇者,人皆可遇,论把握,还需真雄。思我辈,正值青春年华,且祖国大业渴求人才,更当把握机遇,把握年华,求知若渴,勇挑重担,建设属于我们的时代,大义之所在,机遇之所示,只看我等是否能出手把握。

机遇错过,还会有机遇,但是若不想把握,任多少机遇也付诸东流了。坐等机遇是不可取的,而应积极去追求,时刻准备去把握,该出手时便出手。

常把壮志盈胸,莫道英雄天成,敢于试锋芒,才有机遇可乘。把握,把握,莫待年华凋零。

冷静处理突然的羞辱

原文:无妄之灾,或系之牛,行人得之,邑人之灾。

译文:无缘无故而遭受灾祸,好比有人把一头牛拴在村边道路旁,路过的人顺手把牛牵走,同村的人却被怀疑为偷牛的人而蒙受不白之冤。

活学活用:你或许遇到过令你毕生难忘的经历:还差五分钟就到下班的时间了,你兴致勃勃地把办公室桌上的文件整理好,与同事东拉西扯,开开玩笑。就在你准备离开的一刹那,你看见上司气冲冲地从办公室走出来,他把你刚才交给他的报告扔回桌上,当众指出报告中错误的地方,还要你马上把它修改妥当。

对于上司的凌辱,你感到又惊又怒,本来愉快的心情一扫而空,你很想跟他大吵一顿,以泄心中怨愤。

若要妥善处理以上的情况,你要首先认清楚以下各点:

①只要你有充足的自信心,没有人可以用说话刺伤你,令你产生屈辱感。

②尽量避免与上司发生正面的冲突,否则大家的关系将会变得很恶劣。日后很难找到补救的方法。

③你不妨考虑马上离开,让大家有一个安静反省的机会。

刘强就职于一家颇有前途的公司,为了得到公司的认可,他几乎成了工作狂,还常常想出很多新颖实惠的点子来。工夫不负有心人,他终于得到老板的称赞和重视,被指派拟定一个重要策划。

同事周新是刘强的好朋友,在刘强忙得天昏地暗时,周新会适时地递上一杯咖啡,刘强加班时又会送来一盒盒饭,而且总是自动拿起材料帮刘强打印好。

在周新的帮助下,刘强终于将策划交给老板。谁知第二天老板找到他,说:"我很

《两汉开国中兴传志》版画之汉王责贬魏豹图。楚汉相争时,魏豹投于刘邦,但由于受刘邦责贬,不忍其愤,所以后来又有反叛刘邦之举,最终被杀,这是他没有冷静处理突如其来的羞辱所致

看重你的才华和敬业精神,没有新点子也没什么,但你不该抄袭其他同事的创意。”

老板看他一脸惊讶,递给他一份策划书。天哪!竟然和他的那份惊人地相似,而策划人竟是周新。面对老板的不满,他真想当场发作,在老板面前大发一通牢骚;但是他没有那样做,而是等待机会。

机会果然来了,当老板再次指派刘强做一个很重要的方案时,他从自己的新点子里筛选出两个方案,做出A、B两份策划书,同时找到老板,让他事先知道A计划的内容。然后,刘强在办公室里大做A策划书还是不避周新,但暗地里已把B策划书做好并交给了经理。

果然,不久之后,周新交上了一份和A策划书颇为相似的方案。明白真相后的老板非常恼火,他请周新另谋高就,刘强的成果也保住了。

刘强并不是没有牢骚,但是他发泄的方式不是用嘴,而是用头脑、计谋。试想,如果在老板责怪他的当时就与老板吵起来,刘强还会有机会再去做方案吗?他的委屈恐怕只能永远压在心里。

与其满腹牢骚,不如改变一下自己的思维方式,提一些有建设性的意见,这样的员工,必然会引起老板的重视。

聪明的员工懂得一条至关重要的准则:同老板争吵,是一场不能获胜的战争。

抱怨和发牢骚不是改变老板看法的办法,只有艰苦努力才能够改善环境。高贵品格的形成往往是在人们克服困难的过程中,而那些总是在抱怨和发牢骚的人,终其一生也无法培养真正的勇气和坚毅的性格。

只有无能的人,才会将责任怪罪于他人。真正有能力的人,不管环境多么困难、多么恶劣,都能破浪而出。最大的原因是,因为这些成功者都具备高度的自省能力,他们把恶劣的环境置于一旁,做自我检讨,并清楚地把目标摆在最前面,不因环境的改变而改变。

一动不如一静

原文:是故,吉凶者,失得之象也;悔吝者,忧虞之象也;变化者,进退之象也;刚柔者,昼夜之象也

译文:人生的一切,任何一件事,一动就有好有坏。再说任何一动,坏的成分四之三种,好的成分只四之一种,所以中国人的老话,一动不如一静。

活学活用:我们人类认为的吉凶,好的或坏的,以哲学来说,没有绝对的,而是根据人类本身利害的需要;我们得到,便觉得是吉,失去便觉得凶,但这并非绝对。人生得意不一定是好事,有时失意也不一定是坏事。譬如说得病,这个得就不是吉。

“吉凶悔吝者,生手动者也。”

凡事一动,吉的成分只有四分之一,坏的成分有四分之三,不过这三分当中,两分是烦恼、险阻、艰难,如此而已。

这把宇宙的道理、人生的道理、事业的道理都说清了,所以儒家就知道慎于动。动就是变革,变更一个东西,譬如创业,譬如新造,这个动不是不可以,但需要智能,需

宋孝宗像，出自明·天然撰《历代古人像赞》

要作慎重的考虑。

南宋的孝宗皇帝一次游灵隐山时，曾在飞来峰前戏谑地问灵隐寺的住持净辉和尚："既是飞来，如何不飞去?"净辉和尚幽默答之："一动不如一静。"

"不是我不明白，是世界变化快"。在你意识到很难适应外界变化的时候，你该怎么办哪？这里不仅有积极和消极的两种态度，还有如何决定你的手段达到你的目的。

首先弄明白你的实力和处境，再分析哪些是可以通过努力可改变而且应该改变的，哪些是不能经过努力而改变的，哪些你不能改变的也会变化，所谓的"三十年河东三十年河西"就是这个意思。

事物的发展变化有一定的规律性，大部分是波动性的。

人生当中，机会有大有小，关键取决于你想要成为什么样的人。

一般人把自己的学业和工作的顺利与否看做是人生的关键，而成就非凡的人是能把握百年不遇的机会，这个机会不是他自己努力而得到的，是他已经准备好自己而等待而未错过的。

等待并不都是消极的，谁能更早地准备好自己而等待时机甚至是危机，谁就更能获胜。无论是战场还是商品市场，还是情场，都不要打无准备之仗。以静制动是一个高度的境界。

"一动不如一静"，当然并不是主张一动不动，而是说无论是投资还是投机，都必须掌握适时适度的原则，做到对象适当，时机适当，方法适当，力度适当。在这里，作为市场的参与者，无论是大是小，关键都是要有一个好的心态。心态一稳，适时适度并不难做到，心态不稳，就难免动辄得咎，事事出错。

《象辞》说：《大有卦》第六爻位(上九)的吉祥，是上天保佑有道德的人，是上天赐给的福分，只有顺天应人，才能大有收获，得到大量的财富。

赞同就意味着软弱吗

原文：决履，贞厉。

译文：刚毅善于作出决断，小心行动，要提防危险。

活学活用：在处世的交际场合，不仅仅需要谨慎，还要刚毅果断，也就是说当刚则刚，当方则方，只要坚持原则，一心为公，即使会有这样或那样的矛盾，但最终不会有什么麻烦的。

赞同别人的方法和观点并不是放弃职责，而是加强权威。在一些顽固而独断专行的人群中流行着一种说法：认为，赞同就意味着软弱无力。

但事实上，赞同涉及说理和接受道理。优秀经理是讲道理的并且显示自己是讲理的。他在作出最终决定之前，会与部下磋商以求取得一致。一旦作出决定，他将陈述理由。有时候，他的决定会与某一部分人的利益相左，但是他们会赞成这个决定，因为他们知道，他已充分听取并认真考虑了他们的意见，他是以公正与客观的方式行使自己权力的，而且他是不得不作出不利于他们的决定的。

为了取得赞同，优秀经理花大量的时间与部下待在一起，解释情况的复杂性，说明影响最后决定的诸多矛盾因素。他征求他们的看法，并加以郑重考虑。他会站在他们的立场上考虑影响他们的任何问题。同样，他也请他们设身处地考虑他不得不作出的决定。

优秀经理知道，以赞同来管理不同于以许可来管理。他不会为改变人员的安排去求得工会的许可，也不会为安装一台新机器去请求部下许可；他会寻求他们的赞同，但他知道决定最终得由他来作出，因为只有他有权作这个决定，并对此决定负责。

知道机会到了，要把握机会

原文：知至至之，可与几也，知终终之，可与存义也。是故居上位而不骄，在下位而不忧，故干干因其时而惕，虽危无咎矣。

译文：人最高的智能要做到对自己、对人、对事，知道机会到了，要把握机会，应该做的就做。

活学活用：看历史就知道，中国历史上有几个人变法，第一个是春秋时的商鞅变法，还有一个是宋代的王安石变法。秦以前原来是公田制度，商鞅变法，一变而为私有财产制，结果商鞅自己弄到被五马分尸。但是他的办法好不好呢？好得很，自商鞅变法，秦汉以后，因为私有财产制，产生了最古老的私有思想，社会繁荣富足。到了宋朝王安石，也想走变法的路子，最后又失败了。

但王安石的所谓新法到底好不好呢？后世评论他是了不起的大政治家，但他不能“知至至之”。那个时代的趋势还没有到，他虽有高度的思想，高度的办法，可是没有用处，所以要“知至至之”，时机到了便做，则刚刚好，就可与几也。什么是“几”？就是知机，未卜先知，就是知这个几？等于看电视，手刚搭上开关，在即开未开之间，那一刹那就是几，要有这样恰到毫颠的高度智能，看准了，时间到了，应该做就做，对了便可改变历史。

“知终终之”，就是看见这件事，应该下台的，就“下次再见，谢谢！”立即下台，永远留一个非常好的印象在那里。但这个修养很难做到的，孔子、老子都是这个思想。老子说的“功成、名遂、身退”，就是知终终之。

但“知终”的“知”很难，如懂了这个道理则“居上位而不骄”，虽然坐在最上的位置，也不觉得有什么可骄傲的，这如同上楼下楼一样，没有永远在楼上不下来的；那么在下位也无忧，因为时代不属于自己的，所以人生随时随地要了解自己。所谓干干因其时而惕，要认识自己，时间机会属于自己就玩一下，要知道玩得好，下来也舒服，这样纵或有危险，但不致出毛病。

从这里就看到孔子的思想就是一个“我”，人生如何去安排我，每一个人把自己的自我安排对了，整个大我也安排对了，有许多事往往是因为这个“我”安排得不好，把整个事情砸烂了。

有四样东西一去不返：说过的话、泼出的水、虚度的年华和错过的机会。

利用的机会越多，创造的新机会就越多。

你有属于自己的、独特的位置和工作。找出你的位置，占据你的位置。

人的一生中，幸运女神至少光临过一次。当她发现人们没有准备好迎接她时，她便从门进来，从窗子出去。

希腊大学者苏格拉底带领弟子们来到一块麦地，要他们去采摘一株最大的麦穗，并且只准前进不准后退，弟子们听明白后，就去采摘麦穗，他们一会儿看看这株、一会儿看看那株，总不满意。不知不觉，他们走到了尽头，双手空空如也，这时他们才恍然大悟，失去的机会不会再来。

《东周列国志》版画之说秦君卫鞅变法图。卫鞅即商鞅，也称公孙鞅，他把握了机会，在秦国实施了变法

掩卷沉思，弟子们为何没有采摘到最大的一株麦穗？这片麦地里究竟有没有最大的一株麦穗？他们失败的原因是什么？这很让人深思。那些没有采摘到麦穗的人，他们总认为前面那株才是最大的，机会还有很多。时间就在选择中、在寻找中流逝，最后就可能一事无成。

面对机遇，我们该怎么做呢？有的人是主动寻找机会，他绝不会错失良机；有的人则不能做出准确判断，总觉得机会多，错过一次没什么，结果一次又一次错失良机，与之擦肩而过；还有的人整天只知道坐在家里想入非非，没有实际的行动。我想：机会只会降临那些有准备、会把握机会的人的头上。因为他们知道，抓住眼前的机会是最关键的。

再想想自己吧，有着远大的理想和追求，常把它挂在嘴边，可落实到行动上，却与想的有着天壤之别。没有认真对待每一件事情，脚踏实地过好每一天。这样看来，追求尽管很高远，那也不过是空中楼阁、海市蜃楼而已，机会肯定与你无缘。

很多人成功了。有的是公认的成功，有的是自认的成功。

成功会带来很多结果，人们追求成功的目的也有不同，为了造福人类还是仅仅为了自我的实现。

“完善自我兼济世人”是前辈们的一个境界。成功是一个过程，也是一个结果，它的价值需时间的验证。在近期内，人们会记得你是怎么做成的，但很久以后，人们也只能记得你是怎么说的了。

成功有很多种因素。不仅靠聪明，还要有机遇。聪明能干是必备条件，机遇也是很多人强调的。成功者谦虚地说自己幸运，失败者不服气地诉说机遇不公。机遇到底是怎么回事？机遇是均等的，关键是你怎么把握住它。你可以利用机遇，不可拥有机遇。

“智者无悔”、“勇者无畏”，当机遇来在你面前，你是否有智能识别，有勇气面对它呢？你是否是一个有准备的人？一个勇者的自信心是获得成功的关键。有自信和自我感觉良好，才不会错过良机。此外，在当今社会，“出奇制胜”者要比“循规蹈矩”者更幸运。

一位哲人说：人生是一场战斗。在人生的战斗中，总是与坎坷相伴，追求也常有痛苦相随。生活中的弱者，面对困难和挫折，犹豫了，害怕了，“认命”了，往往在紧要关头败下阵来。强者的行为不同，他们认定一个目标，义无反顾，追求比心更高的山，所以，他们能够不断臻于新的人生境界，欣赏到新的人生风景。

人的一生充满着大大小小的障碍，逆境也好，顺境也好，人生就是一场与种种困难的斗争，一场无尽无休的拉锯战。曹雪芹著《红楼梦》花的工夫是“披阅十载，增删五次”，字字看来皆是血，十年辛苦不寻常。巴尔扎克说过：“人类所有的力量，只是耐心加上时间的混合。所谓强者，是既有意志，又能等待时机。”

耐得寂寞，成就功名

原文：系用徽纆，置于丛棘，三岁不得，凶。

译文：被绳索重重地捆绑住，囚放在荆棘丛生的牢狱中，长达三年不能解脱，十分凶险。

活学活用：古人“两耳不闻窗外事，一心只读圣贤书”，就是怕受到外界的干扰，使一颗平静的心变得不平静，就是强迫自己耐得寂寞，从而可以“十年寒窗人未识，一朝成名天下知”。

干大事必耐得住寂寞。

只要找到属于自己的路，不管什么时候都不算晚。

沃尔玛位居财富500强之首，已经有好几年了。两三千亿美金的年度营业额，超过世界上绝大多数国家的国内生产总值。可有谁知道，沃尔玛的创始人山姆·沃顿，曾经守着一片小店，蜗居街角，几十年如一日地品尝原始积累的艰辛！

再看看当今走红的Google，上市以来，股价达到四百多美元，市场价值转眼就达到一千多亿美金。可有谁知道,在2000年前后互联网烧钱时代,那么多的公司到处拉风险资金,花费千百万打广告、创立品牌时,Google硬是藏在深闺无人知,默默无闻地开发技术,然后硬是通过口口相传,一举成为搜索引擎中的佼佼者,正是因为耐得住寂寞,专心致志做事,才造就了Google的辉煌。

耐得住寂寞就是信守任何东西都是来之不易。人们大都只看到成功者的荣耀,却忽略了其背后几十年如一日地付出,是多么寂寞、漫长、乏味的过程!蚕蛹化蝶,瞬间的美丽,蕴涵着多长时间的艰辛准备!

"如果你想出人头地,你要耐得住寂寞。"虽然它只不过是一句世言,但它在一定的范围内有其正确性。

我们要追求一个精彩的人生,一个价值永存的生命,这就需要我们耐得住寂寞。

为什么有的人会失败,其中有一个很大的原因就是:他们耐不住寂寞!在人生这个过程中,会有很多寂寞的时候,会有很多安静的时候。因为辉煌之前需要静,需要一段或长或短的预备。很多人他们要辉煌的生命,想自己的人生之中充满色彩。这并没有错,但是有很多人不懂,辉煌和精彩的生命是在等候之中孕育出来的。再进一步说:安静的准备和等候是成功人生的一部分,没有人能越过它而成功。

绝不能盲目大干

原文:不可涉大川

译文:"大川"指大河,"涉"指渡河,意为不能渡过大河。羽毛未丰,不可以远翔;方舟未成,不可涉大川。

活学活用:不了解过去,就难以把握今天,还可能失去未来。对于一个民族是这样,对于一个人也是这样。

世界上最可悲的事情,莫过于方向不明决心大,自己都不知道要做什么、能做什么、在做什么,就盲目大干快上,结局可想而知,除非上帝永远与你同在。

老子说"道常无为而无不为"(《老子》三十七章),这里的"无为"是指不要妄为、不要乱为、不要强为的意思,因为"不知常,妄作,凶"(《老子》十六章),也就是说,如果不懂得遵守自然规律,而去盲目乱干,就会有"凶"的结果。

老子告诫人们不要自作主张,用主观的态度去对抗自然规律,要人们凡事都要顺从天地自然之理去做,遵守客观规律,顺从自然,这样就能无所不为,即什么事都能做成功。

俗话说:"欲速则不达。"要想在工作中取得成功,必须遵循事物发展的客观规律及其发展进程,有计划有步骤地进行,并要有百折不挠的坚强意志。只有那些勤于思考,善于安排的有心人,才有可能取得成功。

古人云:"上兵伐谋,其次伐交其下攻城"。"伐谋",就是斗智,旨在出奇制胜;"攻城",就是斗力,全靠奋勇拼搏。为什么有的地方克难攻坚,无往不胜?为什么有的地方苦干实干,难以脱困?为什么有的企业起死回生,反败为胜?为什么有的企业屡战屡败,甚至开张之日就是倒闭之时?原因就在于市场经济瞬息万变,险象环生,光谋不干就会坐失良机，有勇无谋定会折戟沉沙，瞎谋乱干终将全军覆灭，惟有善谋实干，才能天下无敌。

善谋实干，必须面对现实，力“求于势，不责于人”。无论何时何地，大到一个国家、小至一个家庭，发展的不平衡肯定存在。或因投入不足、决策失误，或因资源贫乏、人才奇缺……个中缘由难以尽数。

但是，不论什么原因，都要面对现实，切不可横挑鼻子竖挑眼，全盘否定，无情打击。怨天尤人不能令时空倒转，求全责备对发展有害无益。

善谋实干，必须循序渐进，蓄势而发，切不可急功近利，盲目冒进。你想当老板，必先当好打工仔；你想跻身世界500强，必先塑新形象，博取人家的好感和信任，与人为善，搞好关系。

三十六计之远交近攻图。《孙子兵法》曰：上兵伐谋，其次伐交，其下攻城。三十六计中的“远交近攻”即体现了“伐交”的思想

做事情要掌握分寸，坚持适度，在实际生活中要防止和克服不顾分寸盲目乱干的思想和行为，“过犹不及”。

有这样一则寓言：一天，杨子的邻居丢失了一只羊。

邻居带领全家一齐出动去追寻，同时又来请杨子的童仆帮助去找。

杨子听了，奇怪地问：“咦！仅仅丢失了一只羊，为什么这样兴师动众追寻呢？”

领居解释说：“因为路上岔路太多，人少了难以分头去找。”

过了一会儿，找羊的人回来了。

杨子问：“羊找到了吗？”

邻居懊丧地说：“岔路之上，又有岔路，不知道该何去何从，无法再追，只好回来了。”

所以做事要保持清醒的头脑，看到事物的复杂性，避免盲目乱干。

荀况是我国古代杰出的唯物主义哲学家，他提出“天行有常，不为尧存，不为桀亡”的观点。同时也明确地提出“明于天人之兮”的思想。荀况认为，天是自然的天，与人世社会的吉凶祸福，兴衰治乱不相干的。不仅如此，荀况还在知天的唯物主义自然观基础之上进一步提出了制天命而用之的思想。

这个思想更加鲜明地表现了荀况重视人的主观能动性的唯物主义革命精神。文中“制天命而用之”这一人定胜天的思想告诉我们要积极地发挥个人的主观能动性去战胜大自然，要自己掌握自己的命运。

荀况重视行，重视实干的思想，并不是脱离知而盲目的瞎闯。相反，他指出“知而行无过”，(《劝学》)阐明了“行”是在有明确的目的指导下进行的。“知”不是目的，“知”是为了“行”。是为“行”服务的，是受“行”指导的。

做任何工作，首先是思路，然后才是方法。比如创新，主要是思路的创新，这是最根本的创新，也是最艰苦、最直接的创新。创新之要敢为先。但敢想不是空想、幻想，而是在具备一定的理论思维层次上，用先进的理论为指导，对事物进行全面的、深刻的、合理的分析、判断、推理、综合。其结果应该是新颖、先进、有实用价值。

创新要敢闯。敢闯不是蛮干瞎闯，不是唯书唯上。而是在准确把握工作全局的基础上，从实际出发、敢于实践、敢于冒险、敢于冒尖、永不言败。敢闯是一种品德、一种境界、一种精神、一种价值，是创新发展的具体行动，是通往成功的阶梯。只有遵从实际敢于实践，才能真正使思想创新成果转化为工作创新成果。

最高的道理，也是最平凡的道理

原文：干以易知，坤以简能。

这句话是说干卦的功能，也是宇宙的功能，要怎样去了解它？也可以说懂了《易经》，就可以了解它。“干以易知”，第二个解释也可以说宇宙的功能是很容易懂的。我们认为以第二个解释对，因为下面说“坤以简能”，这个简字也有两个观念，一个是简单的意思，另一个则是拣选的意思，如我们的文官有简任、委任，就是拣选的意思。

古代皇帝派一个钦差大臣出去，也称拣选，就是特别挑选出来的意思，可以说是精选，而在这里的“坤以简能”的“简”，是简单容易，就是说《易经》的法则，不要看得太难，而是简单容易的。

最高的道理，也是最平凡的道理，这两句话，就是告诉我们《易经》是最平凡的。

活学活用：“易则易知，简则易从；易知则有亲，易从则有功；有亲则可久，有功则可大；可久则贤人之德，可大则贤人之业。”

这里可以看到孔子把这一套思想，拿来做人文思想。所以下面他说：“易简而天下之理得矣，天下之理得，而成位乎其中矣。”这里孔子明白告诉我们一个道理，即天地间最高深的道理最平凡，有些事所以会看不懂，认为高深，乃是因为我们的智能不够。天下之理在哪里，是“成位乎其中”。

所谓“成位”，以现代的观念来说，就是“人生的本位”或者“人的生命的价值”，生命的法则，生命的意义，都可以在中间找出来的。

有一句话是这样说的，大概是揶揄那些书呆子吧——“把简单的问题说复杂，需要知识；把复杂的问题说简单，需要水平。”

知识是死的，水平是活的。知识是第一步，是工具；如果你能正确运用知识，把一切深奥的东西说得浅显明白，那才是水平。

人了解了简单与容易的原理，就已经领悟了天下一切事物的道理。领悟天下一切的道理之后，就能在天与地之间，确立人的地位，与天地并立了。

察见渊鱼者不祥

原文:察见渊鱼者不祥。

译文:连深渊水底的鱼,河中浑水里的鱼有多少条、在怎么动也看得清楚,不要自以为很精明,实际上很不吉利,说不定会早死,因为精神用得过度了。

活学活用:做人的道理也是这样。不要太精明,尤其做一个领导人,有时候对下面一些小事情,要马虎一点,睁只眼闭只眼,难得糊涂。

把握这些原则,人就舒服了。

中国人有一种思想叫做藏拙,意思是你会的东西但是不一定要做,你明白的道理不一定要说,自己明白就好了。

就好像一个碗,中间是空的,只有中间是空的碗才能装饭,要是中间是实心的,就装不了饭了。只有空的碗才可以装饭,是不是说空虚的要比实在的有用的多呢?

又比如一间房子,里边空的才可以住人;如果一个房子里面是实的,又有什么用呢,算不算大盈若冲呢?

郑板桥有一风行天下的条幅:“难得糊涂。”难得糊涂之“糊涂”,与孔子所谓其愚不可及的“愚”近似。

人生在世,睁眼一看,多的是小聪明,伶俐奸巧、赢利、谋私、保身、求荣,芝麻大的好处都不肯放过,必欲弄到手而后快,处处要表现自己的能事,处处卖乖掐尖。但是,上帝是公平的,善于运用伶俐机智取得眼前利益的人,它不让他们接近那些大事业、大成果;过于尖巧冒头的人,它常常想办法摧折他。

俗语说:“聪明反被聪明误。”《红楼梦》曲子说:“机关算尽太聪明,反误了卿卿性命,生前心已碎(指王熙凤为逞能、拈酸、谋财操碎了心),死后性空灵(指连自己的女儿巧姐都保护不了,流落到乡野人家)。这大概也算一大教训吧!

北宋苏轼《说儿诗》说:

人皆养子望聪明,

我被聪明误一生。

苏轼像,选自《吴郡名贤图传赞》。苏轼,字子瞻,号东坡居士,北宋文学家、书画家,一生历经波折。他喜研《易经》,以《易》理思维融入诗篇,如“人有悲欢离合,月有阴晴圆缺,此事古难全……”便是例证。这是《易》变的本义。苏轼易学著作有《东坡易传》

惟愿生儿愚且鲁，
无灾无难到公卿。
这不只是表现了作者的愤激，主要还是表现了一种对愚智的向往（文人往往最缺少愚智！）。
大智若愚，难得糊涂，历来被推崇为高明的处世之道。只要你懂得装傻，你就并非傻瓜，而是大智若愚。做人切忌恃才自傲，不知饶人。锋芒太露易遭嫉恨，更容易树敌。功高震主不知给多少下属臣子招致杀身之祸。
人际交往，装傻可以为人遮羞，自找台阶；可以故作不知达成幽默，反唇相讥；可以假痴不癫迷惑对手。你必须有好演技，才能“傻”得可爱，“疯”得恰到好处。谁不识个中真相谁就会被愚弄；谁能不领会大智若愚之神韵，谁就是真正的傻瓜、笨蛋。
所以，凡事当留有余地，不那么锋芒毕露，咄咄逼人，使人家感到需要你却不受到你的威慑。
要做到这一点，有时就需要装“傻”了。这就是“以能问于不能，以多问于寡，有若无，实若虚”。明知故问，给别人一个表现的机会；明明知道他不如自己，也去向他请教；明明自己懂得很多，但把它埋藏在心底，表面上做出一副什么都不懂的样子. 有了这些，再加上人家冒犯了自己也不针锋相对地去计较，不以牙还牙，以眼还眼，这就不会对他人构成震慑了，反过来，自己也就可以少受一些人的攻击和中伤了。
当然，这样做的结果，你也会失去很多，至少是谨小慎微，活得不那么潇洒自如了。更何况，对很多人来说，天性注定如此。所谓“才华横溢”，才华多了它就是要“溢”出来；所谓“锋芒毕露”，既有锋芒，它就是要“露”，要“脱颖而出”。
这样看来，“傻”也不是人人可以装得出的，要装“傻”，也的确要掌握装“傻”的艺术才行啊！

任何时候尊重别人都没有害处

原文：敬之无咎
译文：“敬之”就是尊敬对方，“无咎”就是无害，“敬之无咎”就是对事业伙伴，甚至竞争对手都要讲规矩，要尊敬对方，这样才不会埋下祸患。
活学活用：在现代社会人与人的交往中，尊重别人，尤其是尊重别人的人格，是最基本的做人的原则。如果这一道德底线被破坏，那么这个社会就失去了人们和谐共存最重要的基础，就会“天怒人怨”。
在当今这个浮躁的社会中，不尊重别人的人格，似乎已成为一种流行病，有漫延泛滥之势。
有一则故事，让我久久不能忘怀。
故事的内容是这样的：
一天，一位老人在院子里乘凉，过来一位想租房的客人问：“你们这里的邻居如何，是否好处？”老人笑曰：“你们那里的邻居如何？”租房者说：“很糟，一个比一个难处。”老人笑曰：“彼此，彼此。”租房人扭头走了。不一会儿，又来了一位租房者，向老人问同样的问题，老人依然以问作答。

来人说："我们那儿的邻居一个比一个好，大家互相帮助，和睦相处，真舍不得离开他们！"老人还是笑答："彼此，彼此，我们这里也一样。"

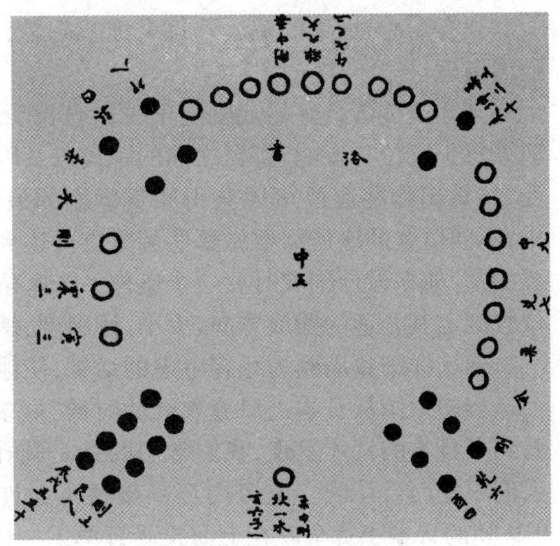

后天图，选自元·保巴《易源奥义》

故事如此平淡，但很耐人寻味。所有的复杂都是人为的产物。别人对你的一切态度其实都取决于你对别人的态度。故而，尊重别人就是尊重你自己。

尊重别人并不是一件很复杂，很难的事。

尊重别人平凡人也能做到，因为"尊重"是不受程度限制的，它包括：一个亲切的笑容、一句真诚的问候或是一个关怀的眼神……

对一些人来说，"尊重"就像一个可爱、和谐的世界的阻碍物。如果你只是一味的退缩，不去面对，那么你只能徘徊在起点，不知道幸福离你不远。

尊重别人，也包括尊重你的对手。

在日常生活里，时时事事会碰到对手。一般说，希望对手是合作而不是较劲。但是仔细想来，较劲的对手也好处多多。

譬如，有人喜欢对你挑剔，你就会在他面前显得特别谨慎；有人对你心存妒忌，你就不会在他那里锋芒毕露；有人学识才干比你高强，你在他面前就会不敢班门弄斧；有人善意指出你的缺点，你就会冷静地闭门思过，等等。

其实有个竞争的对手，好比自己有了一面镜子，随时可以发现自己的污秽而清除；好比自己有了一位贴身的老师，经常有人对你耳提面命，随时都会纠正你的举止言行……

有人说，真正认识你的人，除了你的朋友，就是你的对手。因为你的对手他注意发现你的不足与过失，如果你把对手视为朋友，他会使你强大起来。如果把你的缺点错误掩饰起来，甚至加以吹捧的人，你却视为朋友，那就大错特错了。

千里江堤，毁于蚁穴

原文：剥床以足，蔑，贞凶。

译文：剥落床体先由床的最下方床腿部位开始，整个床腿都损坏了，结果必然凶险。

活学活用：俗话说得好，"千里江堤，毁于蚁穴"，可见细节的重要性。说起道理人人皆知，但是要落实到平时的点滴工作中却是需要足够的细心和耐心。

只有耐心、细致的解决好每个细节问题，才能立于不败之地，这就是细节决定成败的道理。

当今全美国最好的戏剧院不少出自德罗之手。他在设计每个剧院时，都要精确测算每个座位与音响、舞台之间的距离以及因为距离差异而导致不同的听觉、视觉感受，计算出哪些座位可以获得欣赏歌剧的最佳音响效果，哪些座位最适合欣赏交响乐，不同位置的座位需要做哪些调整方可达到欣赏芭蕾舞的最佳视觉效果，而且更重要的是，他在设计剧院时要一个座位一个座位地去亲自测试和敲打，根据每个座位的位置测定其合适的摆放方向、大小、倾斜度、螺丝钉的位置等等。

他这样细致周到为顾客考虑的结果，使他成为一个伟大的建筑师。

当初中国从日本进口缝衣针的时候，好多人都感惊诧：一个针还要买日本人的？看到了日本的针才发现，我们常用的针是圆孔，而日本的针是长条孔，这是为照顾老人们眼花而设计的。上海内环高架桥不允许1吨以上的小货车上桥，一个月以后，0.9吨的日本小货车就在上海接受订单了。这些都说明了日本的企业十分注重细节。在实际操作中，要做到这些是不容易的。因为只有营销部、生产部、物料部、采购部、研发部、制造部通力协作，才能将这件事做好。但是如果你在决策和设计的过程中，根本就没有考虑过，恐怕你连市场的残羹剩饭也吃不上一口了。

经济活动应该以人为本，人性化是产品和服务的终极目标。凡是不愿意改进、不愿意在细节上努力的企业，必定被淘汰出局。在我们的周围，服务不到位的情况随处可见。前些日子笔者在北京，住在一家非常有名的四星级宾馆。早晨我们前去就餐时，为寻找餐厅就花了很长时间，走了很多冤枉路，因为通往餐厅的路上，既没有指示牌，也没有服务员给予说明。还有，在吃饭的过程中，笔者的一个同伴还没有吃完，服务员就将其中的两个盘子取走。服务员的神情表明，她并不是因为生气或别的什么原因，完全是一种无意识，就是说，她根本没有这方面的意识——对顾客起码的礼貌和尊重。笔者认为，存在这种情况的根本原因只有一个：就是竞争还不充分，利润空间还过大。如果在一个市场竞争很充分以及行业利润基本平均的情况下，这种宾馆不可能有生存的空间。

有这样一个寓言：

一群老鼠开会，讨论怎样对付猫的袭击。一只被认为聪明的老鼠提出，给猫的脖子上挂一个铃铛。这样，猫行走的时候，铃铛就会响，听到铃声，老鼠就可以及时跑掉了。大家公认这是一个好主意。可是，由谁去给猫挂铃铛？怎样才能挂得上？这些细节问题却没有解决。于是，“给猫挂铃铛”就成了鼠辈空话，人类笑谈。

“魔鬼存在于细节中”，任何一个战略决策和规章法案，都要想到细节，重视细节。任何对细节的忽视，都可能导致决策失误。美国电信决策失误，导致宽带网进入居民家庭缓慢，就是一个例子。

美国是全球互联网革命的领导者，但宽带目前在居民家庭中的普及率并不高。据统计，在韩国，近三分之二的家庭拥有宽带接入，而且宽带网的平均速度达到每秒3兆，是绝大多数美国宽带系统的两倍左右。

造成美国在宽带上发展缓慢的原因并不在于基础设施不健全。其实，美国有

80% ~90% 的人口都已经在宽带接入的覆盖范围之内，只是宽带接入却在即将进入用户的所谓"最后一英里"阶段碰到了障碍。

美国以 1996 年颁布的新《电信法》为基础的宽带政策规定：美国各地方电话公司必须将其网路拿出来供宽带运营商共用，意在通过这样的管制，鼓励 ADSL（数位用户线）等采用电话交换系统参与宽带业务领域的竞争，以大大降低"最后一英里"的连接费用。然而，这一政策忽视了一些细节问题，成为阻碍宽带网入户的重要原因。

美国各地方电话公司出于自身利益考虑，不愿意花钱铺设线路而让他人坐享其成。而参与竞争的宽带网运营商因网络泡沫破灭，本来就自身难保，无力投入巨额资金。此外，宽带政策中的混乱与不统一，也影响着宽带最大限度地进入居民用户，如对于以有线电视方式提供宽带服务的运营商，就不要求其与竞争对手分享网络设施；而整个宽带业务行业与影视娱乐业等内容供应商之间也存在矛盾，互相制约。正是这种决策上的失误，导致了美国宽带业务发展缓慢。

人生没有笔直的路

原文：曲成万物而不遗

译文：这个"曲"字，是非常妙的，老子有一句话"曲则全"，告诉我们不要走直路，走弯路才能全，处理事情转个弯就成功了。如小孩玩火，直接责骂干涉，小孩跑了，但用方法转一个弯，拿一个玩具给他，便不玩火了，这是曲则全。老子这个"曲"字的原则，即是从《易经》这里来的，孔子也发现这个道理。

活学活用：因为研究《易经》就知道宇宙的法则没有直线的，现代科学也证明，到了太空的轨道也是圆圈的。人懂了这个道理，就知道人生不是直线形，要转个弯才成。所以万物的成长，都是走曲线的。

也许有些人不认同这个说法。这也难怪，我们在现实生活中也确实看到许许多多不循此理，却走得似乎很顺的人。于是当我们的人生出现曲折的时候，就有人因此可能怀疑人类至高无上的良心，怀疑是不是良心捉弄了自己的一生。

是的，应该说当你出卖了良心的时候，良心就会一文不值；而当你守住良心的时候，良心就会变得价值连城。这看似矛盾的辩证关系道出了做人的道理。

放眼望一望，垂首想一想，你会觉得，在得到一些不该得到的东西之后，你或许意识到，本来属于自己的不应该失去的东西却忽然间丢失得使你扼腕痛惜，追悔不已。由此带来的是良心的自责、社会的遗骂、环境的驱逐和命运的萎缩。这样的代价就远没有守住良心的人在人生路上哪怕是坎坷、还是跋涉那样活得自如、活得潇洒。

人生没有一帆风顺的人生，路也没有严格意义上的笔直的路。所谓一帆风顺，不过是人们祈愿在人生曲折的旅程中能够划过几道美丽的流星。一切美都与曲线分不开。

人生的美丽也是在曲折中闪耀。曲折与人生紧紧相随，我们或许刚刚走出了曲折看到了平坦，也或许刚刚走过了平坦就又面临着新的曲折。但我们不要怀疑这是良心的捉弄，而要坚信这是人生对我们良心的一种内在考验。

因为人生与良心是内在统一的，有了好的良心才会有好的人生，相反，有了好的人生观自然会有公正的良心。真正受到良心捉弄的人是那些抛弃或出卖良心的人。守住良心的人就永远有一颗好心在伴随着,有好心伴随的人,不论在坦途、还是在弯路,总会感到自己走的是有滋有味的人生。

应该承认,人的良心其实是很脆弱的,不要说被利益收买,有时候哪怕一点点风吹草动,就能把它吹动得风雨飘摇、无所适从,甚至被揪扯得支离破碎,难以复初。良心的珍贵大概也正在于此。人类对良心的尊崇也正在于坚守良心的艰巨。

从某种意义上说,守住良心的人就稳住了自己人生的航向;而失去良心的人,人生的航向则会变得茫然无从。茫然无从的人最终还得去寻找丢失的良心。让我们每个人都坚强地守住自己的良心,让我们每个人在良心的护佑下都沿着自己人生的航向走出潇洒、稳健、幸福的人生。

仗义执言,还是“好好先生”

原文:贲其趾,舍车而徒。

译文:装饰打扮脚趾,舍弃车辆徒步行走。

活学活用:正确就说正确,错误就说错误,这种行为叫做正直。

天下之事,纷纷扰扰,事事交织,事事纠缠。也许人在这件事上可以正直,可在另外一件事上不能正直。不是人不明白事理,而是人不能明白事理;不是人不正直,而是人不懂得正直。就这样,世界变得复杂了。

人人佩服正直,理解正直。佩服是因为自己不敢正直,理解是因为自己不能正直。在没有英雄的年代里,沉默成了最大的智慧。

狄仁杰是唐高宗李治朝中的大臣,曾任大理丞。一次,有两个武官误砍昭陵(李世民墓)的柏树,按律应削职为民。

按理说,皇帝的金口玉言臣民都应当执行,可是狄仁杰却不肯执行。他说:“此二人所犯不是死罪,不应该杀头。”李治说:“他们竟敢砍昭陵之柏,我若不杀他们,就是不孝。”

狄仁杰仍极力坚持不能处以死刑,李治十分恼火,命令他出去。狄仁杰说:“犯颜直谏,自古以来都认为是很难的事。臣以为若遇上夏桀、商纣那样的暴君,那自然很难;但若遇上唐尧、虞舜那样的贤君,其实很容易。现在,按照法律来说两人并没有犯下死罪,陛下却下令斩首,这是使大唐的法令失信于天下。这样一来,人们将手足无措。如果因一棵柏树而杀两名武官,后代将如何看待陛下?臣所以不敢接受这样的命令,是担心使陛下陷于不道的境地!

高宗听了,冷静下来想了想,觉得很有道理,于是收回自己的成命,同意狄仁杰的意见,按法令把两名武官削职为民,流放到岭南。过了几天,高宗提升狄仁杰为侍御史。

在狄仁杰身上体现出一种崇尚光明磊落、襟怀坦白的高尚品质。今天,有些人由于经验不足、思虑不足,偶尔会说错一两句话,但这并不要紧,只要是为了正义,敢于仗义执言,即使说的不尽善尽美,也不能与那些少说为佳、明哲保身的“好好先生”同日而语!

东汉时期，有个名叫司马徽的人，很善于识别人才。但由于当时政治斗争十分尖锐复杂，他就装糊涂，别人无论和他讲什么事，不管是好是坏，他都回答“好”。

有一天，他在路上碰到一位熟人。那人问他身体怎样，一向安好吗？他回答：“好”。

又有一天，有个老朋友到他家里来，十分伤心地谈起自己的儿子死了。谁知司马徽也回答：“好！”那个朋友走后，司马徽的妻子就责备他说：“人家以为你是讲道德的人，所以相信你，把心里话讲给你听。可是你听人家儿子死了，反而说好，这算什么？”司马徽不紧不慢地说：“好！你的话太好了！”他的妻子又好气又好恼，哭笑不得。

后来人们常用“好好先生”来形容那些是非不分，不敢得罪人，只求平安无事的人。

“好好先生”奉行的是好人主义，是一种消极庸俗的处世观，其要义是“言多必失”。那么，怕“失”什么呢？当然是个人的私利。由此可见，公心和私心之间判若鸿沟，是难以作比的。所以司马迁先生早就为我们留下一句名言：“千人之诺诺，不如一士之谔谔。”

该出手时才出手

原文：初九，潜龙勿用。

译文：初九，龙尚潜伏在水中，养精蓄锐，暂时还不能发挥作用。

活学活用：古人常用龙来比喻人才、名人、伟人，《易经·乾卦》以龙作为喻体，比喻人的成长需要经历“潜龙”、“见龙”、“飞龙”、“亢龙”这些过程。只有在这种长期的磨炼中，才能体现出“自强不息”、“终日干干”、“与时偕行”的德性。

孔子解释道：“龙在这里是处于隐居状态的，有才有德的人的化身。有才德的人操守坚定，他不会去随波逐流，也不在乎什么声名。隐居世外而心志怡然，嘉言懿行纵然不为世人所闻也不会烦闷懊恼。合乎正道的乐事他尽心去做，背理逆情的勾当则断然不为。——纯正的德行无意于闻达，坚定的操守从不动摇；这就是处在潜伏状态的龙的本色。”

龙的精神是看不到的。一个人如道家老子说的功成名遂身退。帮了人家，人家还不知是谁帮了忙，就是“龙德而隐”的道理。一个人做到社会外界环境尽管变，自己不易乎世，不受外界变的影响，自己有坚定独特的思想，也不要求在外面社会上成名（孔子、老子、庄子都走这条路线），不成乎名。

当这个世界不能有好的时候，自己隐退了，不求表现，也不求人知，默默无闻，而不烦闷，真的快活、乐观，不让忧烦到心中来，更重要的是这种精神能坚定不移，确乎其不可拔，毫不动摇，这就是潜龙。

“潜龙勿用”的勿字是表示原来有无比的价值，并不是不能用，亦非不可用，而是自我的不去用。

记得笔者的一位导师说过：如果你这一辈子想干点什么事情，那么你就要清楚自己的三个“什么”，就是你要什么，你有什么，你能放弃什么？她说这是一个人成功的基本因素，它的内涵对笔者影响颇深。

每个从小到大，都会有从初始到最终的经历，而最初的经历，又往往对人生的影响极大，所以古人说：“慎其所始”，就是这个道理。

想当初诸葛亮隐于隆中，自称卧龙先生，这就表示他抱负不凡，自己认为是潜龙，这也是人生的修养，“每自比管仲、乐毅，好为《梁父吟》”。这是什么道理？“每自比管仲、乐毅，”就是有用世之心。“好为《梁父吟》”，就是对入世的小心谨慎。因为在《梁父吟》中，抒发的是对晏子“二桃杀三士”的感叹！表达了诸葛亮对“良臣择主而仕”的心愿。

一个人最初进入社会，一切刚刚开始，既没有地位，也没有经验，而且也缺少深厚的学问，一个人在这样的情况之下，就很难有大的作为。虽然想用拼搏竞争的手段去取得成功，但如果时机不对，考虑不周，以及才能不够，往往会事与愿违，招致失败。

所以乾卦的初爻告诫说：“潜龙勿用”。劝人如果时机不到，最好静以待时，修养学问，以便将来才能充足，一举而起。即使没有机会，不能够青云直上，也不必因此而丧失生活的信心，生活是美好的！不是只有富贵的生活才有滋味。劝人千万不可盲目行事，希图侥幸，也千万不可因为一时的失败，灰心丧气！如果为了一些小事，而跳楼吸毒，那可就太不像样子了！

诸葛亮，三国时期著名政治家、军事家，曾六出祁山讨伐魏国。他未出茅庐时，常以管仲、乐毅自比。他出山，辅佐刘备，曾巧借东风，草船借箭，筑七星坛施法术等，都是利用《周易》八卦、洛书九言和六十甲子等天文历法知识将时间、空间、天地人结合在一起，进行预测和选择有利时间的一种方法，占尽天时、地利、人和

该出手时才出手，生活告诉我们应学会等待，等待出手的时机。

在生活中我们经常会碰到这样的事情，有些美好的东西本来是我们如痴如醉地追求的，它可以给我们的生命带来新的活力，使我们达到人生的某种辉煌。

曾经有这样一句话使我感动了好长一段时间：等待是痛苦的，能够等待却是幸福的。是的，能够等待何尝不是一种幸福？

我们需要做的无非就是要学会等待，学会对自己保持一份始终不渝的信心。生活中难免会有风雨雷电，难免会有山崩海啸，但是风雨之后或许就是温馨，黑夜之后就有白昼，山崩海啸之后会有平坦和宁静。关键是我们要付出一分耐心和坚毅，不要让迷雾蒙住了我们眺望远方的眼睛。

我们要学会等待，学会以一种淡

泊的心境去面对生命的得失和所谓的事业上的成败。山峰再高,总有通向顶点的道路;大海再宽,总有走出水域的航线。所谓谋事在人,成事在天。付出努力,付出等待,一切都会好的。

一次等待就是一次生命的进击,一次等待就是一次生命的超越。是等待构成了我们精神的生命,唤醒了我们对世界的梦想。

学会等待,实际上是学会珍惜自己,珍惜生命对我们的馈赠!

等待是痛苦的,能够等待是幸福的;学会等待同样是幸福的。

人的一生就是一个等待的过程。不管你在意不在意,人活着,等待就跟着你生命的脚步在走。在等待理想的实现,在等待真挚的友谊,在等待醉人的爱情,在等待地位和金钱以及那可以言说或不能言说的人生中的种种。

一个又一个,一次又一次的等待就这样贯穿了人的一生。你必须坚持这些等待,除此而外,你别无选择。等待充满了时间,等待充满了空间。

等待很美。在那些漫长的永无尽头的等待中,你用美好的理想和纯情的目光装扮每一个平平淡淡的日子;你用梦幻的花香,熏染一个接一个的明天;等待让你充满了柔情和憧憬,等待也会给你一种美妙的牵挂;或许你要等待的东西在一夜梦醒后的晨晖中悄然来临,这样的等待,很美!

等待很苦。有时候常常流溢着寂寞和孤独,等待常常让你焦躁不安,等待让你忍受你想或者不想,你该或者不该,你能或者不能忍受的一切;或许这种等待会是你永远望眼欲穿的期盼,这样的等待,很苦!等待交织着汗水和泪水,等待交织着美善与丑恶,等待交织着平庸与崇高,等待交织着成功与失败,等待交织着苦痛与欢乐,等待交织着温馨与孤独,等待交织着忘却与怀念。

滚滚红尘,开始于等待。红尘滚滚,结束于等待。几乎每一天都有人问你,你或许也同样在问别人:在等谁?等什么?有时你能回答出来,但更多的时候,你却回答不出。或许你根本就不知道自己在等谁或者在等什么以及为什么等,但你一定知道你一直在等。

人的一生就是一个等待的过程,当你放弃了等待的时候,就意味着你放弃了希望,放弃了人生的一切。品味等待,为了你短暂而又漫长的一生。学会等待,为了你艰辛而又美丽的一生。给自己一点耐心吧,其实等待也是美好的。

中国有句谚语"欲速则不达",法国有句话"必须懂得等待",而我们老百姓有句俗话"心急吃不得热豆腐"。学会等待是这些话里面的真谛。就如同我们的人生,小学等待上中学,中学等待上大学,大学等待获得不错的职业、美满的婚姻……人生是一条长长的链子,"等待"就是各个环节链子上的纽带。

所以处世要像龙一样潜伏在水中,养精蓄锐。

用温柔弥合分歧

原文:贯鱼,以宫人宠,无不利。

译文:鱼贯而入,像率领内宫之人顺承君主那样得到宠爱,就不会有什么不利的情况发生。

活学活用:对你来说,如果有一位朋友是一个不可理喻的人,不管你如何努力向他解释自己的处事方法,他一概不理,却要你依照他的方法处事。只要是违逆他的意思,他便暴跳如雷,令你精神紧张,心烦意乱,对他感到厌倦,甚至想过以断交作为无声的抗议,逃避朋友的“迫害”。

怎样才能令这种顽固的朋友改变性格,事事愿意聆听你的意见,大家好好交往?以下有些忠告,你需要辅以耐心,按部就班地——尝试。

不要以为自己的处理方式及建议就一定正确,你与这位朋友谈话时语气须温和,态度客观,不妨多作让步。

人人都有自己的意见,但是殊途同归,大家都是把共同的利益放在首位。与他和平共处,使分歧的意见得到协调,是你的职责;当你提出自己的要求建议时,首先冷静地想想:究竟是谁需要谁从旁协助?谁是主?谁是副?

在环境许可的情况下,尽量避免在公共场合跟他展开激烈的争辩,应该在事后请他到附近的餐厅喝杯咖啡。在轻松的环境下,把你的看法委婉地提出来。

你要专心聆听他的说法,避免抢先表达自己的意见。他可能也有难言之隐,你应该学习替人设身处地地想一想;摒除成见,不要以为这位必定是个难缠的人,尽量与他成为好朋友。

莫到琼楼最上层

原文:亢龙有悔。

译文:经文本意告诫人们不要无限度地盲目追求成功,追求名利,要实事求是,居安思危,自我警觉。虽然我们的才能有超常发挥的可能,但并非无条件地超常发挥,如果忽视了客观实际,仅凭主观盲动,只能造成追悔莫及的后果的。

活学活用:所以,当一个人的成就发展到巅峰时,其本人和用人者都要保持清醒的头脑,既要能看到成功的一面,也要能看到不足或遗憾的一面,只有正确面对现实,及时发现了不足,才不至于让错误的东西也跟着发展,当疵病和错误尚未显示出负面影响时,及时抑制住,是明智之举;反之,如果让疵病和错误搭快车飞腾,势必使之扩大和铸成“悔恨”。

人不要坐到最高位,换句话说,做人也不要做得太高明了,做得太高明了不好玩的,贵到没有位置好占。有的人,学问、人格、仪表都好,可是太贵了,贵而到了无位,连一个科员的位置都得不到。高到极点,下面没有干部了,或者说天下人都是干部,可是天下人都不敢说话,有意见都不敢发表,这就讨厌了,到这时就到了亢龙的境界,这时即使是好的,也会被打下来了,自己左右没有人来帮助。

天地间舒服到极点,就要出毛病,有人说某人作恶多端,却过得蛮舒服,而我们循规蹈矩,生活却苦得很,报应在哪里?但中国人有句话:“天将得厚其福而报之。”也等于基督教讲的:“上帝要毁灭一个人,先使他发狂。”使他得意到极点,快点恶贯满盈,走到头了,跌下来,所以养到极点,罪恶、浪费、奢靡到了极点,就会出问题,所以颐卦下来,就是大过。

现代史上众所周知的国民革命成功后,孙中山先生“推位让国”,由袁世凯来当“中华民国”第一任大总统。结果,他却走火入魔,硬要做皇帝,改元“洪宪”。一年还不到,袁大头就身败名裂,寿终正寝,所留下的,只有一笔千秋罪过的笑料而已。

李隆基像,出自明·天然撰《历代古人像赞》。李隆基即唐玄宗,他开辟了“开元盛世”,使唐朝走向极盛。然而他在任期间,发生了安史之乱,使唐朝由盛转衰,应验了“莫到琼楼最高层”之说

袁世凯个人的历史,大家都知道,他的为人处世,素来便犯老子的四不——自见、自是、自伐、自矜,原不足道。《红楼梦》上有两句话,大可用作他一生的总评:“负父母养育之恩,违师友规训之德。”

袁的两个儿子,大的克定,既拐脚,又志在做太子,即皇位,怂恿最力。老二克文,却是文采风流,名士气息,当时的人,都比袁世凯是曹操,老二袁克文是曹植。我非常欣赏他反对其父老袁当皇帝的两首诗,诗好,又深明事理,而且充满老庄之学的情操。

想不到民国初年,还有像袁克文这样的诗才文笔,颇不容易。袁克文是前辈许地山先生的学生,就因为他反对父亲当皇帝,作了两首极其合乎老子四不戒条的诗,据说惹得袁世凯大骂许地山一帮人,教坏了儿子,因此,他把老二软禁起来。袁克文的诗其中一首是这样写的:

乍着吴棉强自胜,古台荒槛一凭陵。
波飞太液心无住,云起魔崖梦欲腾。
偶向远林闻怨笛,独临灵室转明灯。
剧怜高处多风雨,莫到琼楼最上层。

看来袁世凯是该学一学老子提倡的“与世无争”的。

人生来就有欲望。欲望是自身成长和强大的基本动力,没有欲望的人往往会被现实社会过早淘汰。但过度的欲望又是人自身烦恼的原因和人们相互伤害的根源。幸福时求长久,不幸时想升天,这注定了烦恼人生。

人人向往的是永恒的辉煌,或者是曾经辉煌后的安稳平淡。爱我所爱的人与世无争,一人之下万人之上的人与世无争。与世无争的人享受的是一种超然的雅致和随心所欲,并带有悠然自得的魅力。

放弃世人追逐的最大利益,用你天生的才气开创一片属于自己的自由王国。你

的追随者是甘心情愿的、心满意足的,他们感到的是平等、尊重、自由和爱。你的森林洋溢着轻松、快乐和闲适。

做人谦虚是美德

原文:樽酒,簋贰,用缶,纳约自牖。终无咎。

译文:一樽酒,两簋饭,用瓦缶盛着进献,礼虽然很轻,然而却充满了深厚的情意,正大光明地表示诚信,最终不会发生灾祸。

活学活用:古人有一句名言:“卑让,德之甚。”所谓卑让是压低自己的地位去屈就对方,这就是“处世”的根本。刘备本身所具备的德就是这种卑让的态度,其中又可分为两个方面,即谦虚和信赖。

《三国演义》中把刘备描写成一个大好人,评价与曹操完全相反。不过,若从个人能力上来观察,刘备是一个无能之辈。曹操参战的获胜率为八成,而刘备只有两成,可以说是败多胜少。结果曹操顺利地扩充势力,而刘备却时沉时浮,举兵二十年后仍毫无建树。这种结果实属必然,因为刘备不仅作战能力低下,而且政治手腕同样拙劣,故难有成就。

既然如此,曹操为什么会将能力远不如自己的刘备视为最强的对手呢?根本原因在于刘备拥有一种足以弥补个人能力不足的秘密武器。这种武器不是别的,是用人。如果把谦恭作为一种“德”,那么,刘备便是靠这仅有的一德而显其贤能。

譬如有名的“三顾茅庐”的故事,刘备为了聘请诸葛亮为军师,不惜三次亲自到诸葛亮的茅屋去请他。当时两个人地位相差悬殊,刘备虽然在争霸的过程中不太顺利,但是也颇有名望。而且刘备当时已年近五十,而孔明却是个20岁出头的无名小卒。刘备竟然会特意三次造访孔明,以最崇敬的态度请求孔明做他的军师。以至在孔明应允之后,又马上将全部作战计划等国家大事都委任于他,这实在是最彻底的谦虚态度以及深切的信赖。

现在很流行“低调做人”的说法,其实就是“卑让”

日本人赚钱有个三字诀,即“低、感、欣”。

“低”即低姿态,见了顾客后要保持低姿态,主动降低自己的高度,鞠躬行礼;

“感”即感谢,顾客是给你送钱来的,是看得起你,你要对他表示万分感谢;

“欣”即微笑,对顾客要面带笑容,给顾客一个美好的软环境。

这里只谈一谈“低”——低调做人,高调做事。

低调做人,并不是什么事情都退在后面,自己的利益被别人剥夺强占也不发任何声音,自己的人格被别人侮辱也不反抗,这不是低调,这是懦弱。低调做人,是不要太招摇,不要有点钱或有点小本事就拿出来显摆,什么事情自己心中都要有数,要清楚,自己有本事慢慢拿出来用,在别人最需要的时候拿出来用,乐于帮助别人,为别人服务。你不帮助别人,等你需要帮助的时候就没有人来帮助你,你不为别人服务,不知道怎样得到你为其服务的人的认可,什么时候才会有人为你服务?

高调做事,不是喊着口号扛着红旗让满世界的人都知道你要做什么,而是你对自己所做的事情看的很透彻，把握其根源和关键，在自己有把握的时候以一种很高很专业的姿态去做，漂亮的做好做成功。当然，你要是没有把握还是先在家里好好地琢磨琢磨，再找人商量商量，请教请教，如果还是没有完全的把握，那你就尽力去做，出了问题自己尽力去解决。

低调做人要拥有谦虚的低姿态，对于生意人来说具有特别的意义，即所谓和气生财。

美国石油大王洛克菲勒说："当我从事的石油事业蒸蒸日上时，我自始至终晚上睡觉，总会拍拍自己的额角说：'如今你的成就还是微乎其微！以后路途仍多险阻，若稍一失足，就会前功尽弃。切勿让自满的意念，搅昏你的脑袋，当心！当心！'"这句话的意思就是劝说人们要有谦虚的低姿态，尤其在稍有成就时应格外当心。

人们大都会有这么一种想法：越是谦逊的人，你越是喜欢找出他的优点来推崇；而越是把自己的所作所为看成了不起，孤傲自大的人，你越会瞧不起他，更喜欢找出他的缺点，加以全力攻击。洛克菲勒正是明白这个道理，才说出这番话，并且从中获益的。因为经过一番警惕后，因小有所成而引起的过度兴奋的情绪，便可平静了。

李开复说，并不是说你显现出一定能力就不可一世了，这个世界上没有绝对"完美"的人才！事实上也是如此，没有一个人能够有骄傲的资本，谁也不能够认为自己已经达到了最高境界而停步不前、而趾高气扬。如果是那样的话，则必将很快被同行赶上、很快被后人超过。

秦始皇像，选自明万历刻本《三才会图》。秦始皇，名嬴政。他霸吞六国，雄统天下，始称始皇帝。他筑万里长城，建阿房宫，统一中国度量衡，焚书坑儒实施暴政，在这一浩劫中，诸多的文化典籍被毁于滚滚狼烟中，但唯独《易经》一书幸免于难，其中奥妙，耐人寻味

比尔·盖茨就是一个非常低调的人。比如他经常在演讲结束后，请撰写演讲稿的人分析一下他的演讲有哪些不足之处，以便下一次改进。比尔·盖茨可以说是从低调中获利最大的人。

很多年前，在 Windows 还不存在时，他去请一位软件高手加盟微软，那位高手一直不予理睬。最后禁不住比尔·盖茨的"死缠烂打"同意见上一面，但一见面，就劈头盖脸讥笑说："我从没见过比微软做得更烂的操作系统。"

比尔·盖茨没有丝毫的恼怒，反而诚恳地说："正是因为我们做得不好，才请您加盟。"那位高手愣住了。盖茨的谦虚把高手拉进了微软的阵营，这位高手成为 Windows 的负责

人，终于开发出了世界最普遍的操作系统。

低调的好处实在太多了，所以真正懂得低调真髓的人，无疑是一个高智慧的人。低调的人虚怀若谷，就像海绵体一样，无时无刻不在吸收外来的信息和知识，不断地充实着自己的内在，当那些高傲的人在不知不觉中流失养分的时候，低调的人就是最大的赢家。

低调的人同时也是一个最容易和“机会”对上眼的人。因为低调的人不会自我设限，总是觉得自己有所不足，所以会敞开心胸来迎接各种可能，当然就不会错过好的机会。

表面上看起来，低调的人似乎不够活跃无法抢到得分的好位置，但是实际上却早已成为胜券在握、收获最多的人。

《易经》上说：上天总是对傲慢的人看不顺眼，而对低调的人给予利益。金钱就像流水一样，由高处往低处流，越到下游，覆盖的面积越大，土地也越肥沃。赚钱的情形就是这样。采取低姿态，谦虚、满怀感谢之心的人，金钱会顺流向他而去。越是有涵养、稳重的君子，态度越谦虚；相反的，毫无内涵、轻薄的小人，态度越骄傲。

在秦始皇陵兵马俑博物馆，人们可以看到那尊被称为“镇馆之宝”的跪射俑。这跪射俑被称为兵马俑中的精华、中国古代雕塑艺术的杰作。

秦兵马俑坑至今已出土清理各种陶俑一千多尊，除跪射俑外，皆有不同程度的损坏，需要人工修复。而这尊跪射俑是保存最完整的、唯一一尊未经人工修复的。

仔细观察，就连衣纹、发丝都还清晰可见。跪射俑何以能保存得如此完整？人们说，这得益于它的低姿态。首先，兵马俑坑都是地下道式土木结构建筑，当棚顶塌陷、土木俱下时，高大的立姿俑首当其冲，低姿的跪射俑受损害就小一些。其次，跪射俑作蹲跪姿，右膝、右足、左足三个支点呈等腰三角形支撑着上体，重心在下，增强了稳定性，与两足站立的立姿俑相比，不容易倾倒、破碎。因此，经历了两千年的岁月后，它仍能完整地呈现在我们面前。

乍一看，“低姿态”给人以懦弱和畏惧的感觉，可事实并非如此，有时候，适当的低姿态，是一种处世之道，是一种聪明之举，是人生的大智慧、大境界。它可以让你避开无谓的纷争，可以更好地保全自己，发展自己，成就自己。正如老子说，当坚硬的牙齿脱落时，柔软的舌头还在，柔软胜过坚强，无为胜过有为。

穷寇勿追 见机而作

原文：六三，即鹿无虞，惟入于林中，君子几，不如舍，往吝。象曰：即鹿无虞，以从禽也，君子舍之，往吝，穷也。

译文：这个卦讲到这里又不同了，又像武侠小说了。先就字面上解释，“即”是半虚半实的字，鹿是头上有角的兽。这里叙述的，等于一幅打猎的画面，一队猎人到了山边有一排森林。“君子几”，有知识的人，碰到这种情形，自己要有智能，要机警了，不要硬闯，钻进去了说不定要送命。“几”像电气开关，一进一退，要在一念之间下判断，所以要“舍”，不要进去了。“往吝”，如果进去了，一定倒霉。

活学活用:我们中国武侠小说常写道:“逢林不入,穷寇莫追。”追敌人追到树林里了,不要追进去,恐怕里边有埋伏。

“即”就是追赶,“即鹿”就是追赶鹿,赶到一个地方,像部队作战一样,地区地形一点都不熟,没有向导,结果这一只鹿钻到树林里了,这个情况更不利,与其这样,就应该知机警惕,不如放弃它。

这就告诉我们,在人生中看到一个猎物,本来可以拿到的,可是只差那么一点点就拿不到,而这一机会跑掉了,情况不明,如果还拼命去抓,不必用《易经》的道理,试想它的后果,不要周公、文王、孔子,不必靠鬼神,一个有智能的人就知道,勉强地前进,艰难困苦都来了。最后便很难说了。

我们看这个卦象,前进是阴爻,黑暗的;退回来有阳爻,是光明,这就是孔子在干卦中告诉我们的,人生最大的哲学是在“存亡”、‘“进退”、“得失”这六个字。

一个最高明的人,就是在这六个字上做得最适当,整个历史的演进也是在这个字之间,该进的时候进,该退的时候退,如果在这些地方搞不清楚,就太没有智能,太不懂人生,也太不懂做事了。

照上面我们的观念来看孔子的彖辞,便完全通了。“即鹿无虞,以从禽也”,就是打鹿没有向导。“以从禽也”,飞的为禽,走的为兽,中国文字并不是呆板的,古文里“禽”与“擒”有时候固然通用,但古人硬把这里的“禽”字解释为“擒”的意义,在此并不十分恰当的,禽就是禽。“以从禽也”,让它飞掉,不是很简单吗?

这里我认为“以从禽也”就是让它飞了的意思,因为孔子说过“鸟兽不可以同群”,欲高飞的让它高飞,欲奔走的给它奔走。

我是一个人,既不想高飞远走,只守住人的本位这么做,这是孔子在《论语》上说过的,把那个观念和这里一配,就很平淡。“君子舍之,往吝穷也”,孔子说碰到这种情形,只好放弃,勉强的前进一定不好,结果弄到自己穷途末路。

我们见到许多朋友做生意、做事业,往往因为不信邪,非要奋斗不可,其实没有道理的硬闯不叫作奋斗,最后“往吝”,发生困难,困难以后,还不回头,遂造成了穷途末路。

穷寇勿追,见机而作,也告诉我们做事不要太绝。给别人留条后路,也是给自己留条活路。

有这样一则寓言:有一天,狼发现山脚下有个洞,各种动物由此通过。狼非常高兴,它想,守住山洞就可以捕获到各种猎物。于是,它堵上洞的另一端,单等动物们来送死。

第一天,来了一只羊,狼追上前去,羊拼命地逃。突然,羊找到一个可以逃生的小偏洞,从小洞仓皇逃窜。狼气急败坏地堵上这个小洞,心想,再也不会功败垂成了吧。

第二天,来了一只兔子,狼奋力追捕,结果,兔子从洞侧面的更小一点的洞里逃生。于是,狼把类似大小的洞全堵上。狼心想,这下万无一失,别说羊,与兔子大小接近的狐狸、鸡、鸭等小动物也都跑不了。

第三天,来了一只松鼠,狼飞奔过去,追得松鼠上蹿下跳。最终,松鼠从洞顶上的一个信道跑掉。狼非常气愤,于是,它堵塞了山洞里的所有窟窿,把整个山洞堵得水泄不通。狼对自己的措施非常得意。

第四天,来了一只老虎,狼吓坏了,拔腿就跑。老虎穷追不舍。狼在山洞里跑来跑去,由于没有出口,无法逃脱,最终,这只狼被老虎吃掉。

对这一案例,各界人士说法不一。

哲学家说:绝对化意味着谬误。

宗教家说:堵塞别人生路意味着断自己的退路。

环境学家说:破坏原生态及其平衡者必自食其果。

经济学家说:预算和计划都要留有余地。

军事家说:除非你是百兽之王,否则,别想占有整个森林。

法学家说:凡规则皆有例外,恶法非法。

政治学家说:绝对的权力导致绝对的腐败,绝对的腐败必然导致彻底的失败。

渔民说:一网打尽,下一网打什么?

农民说:不留种子就是绝种绝收。

总之,人的生存与发展,依赖于千丝万缕的社会关系,所以无论做什么事都不要做得太绝,得为自己留一条后路。

而现在人们为了满足自己的需求,滥砍滥伐滥采,过度开采,终将受到大自然的惩罚,这与寓言里的狼又有何差别?

在与人交往中,一些人为了谋求个人利益,在别人背后放暗箭,中伤别人,甚至于在别人处于逆境时落井下石,这是在破坏自己的人脉。一个人无论多么成功,也不能担保自己没有倒霉的时候,那时,还有谁会向你伸出援助之手?

所以得饶人处且饶人,留条活路给别人,也是在给自己留一条后路。

成人之美,亲近有加

原文:需于酒食,贞吉。

译文:等待酒食美味,守持中正,吉祥。

活学活用:在社交场合中一般有这样一条俗定俗成的游戏规则:你答应与某人合作,或答应接受某人的请求时,也会欣然接受对方的宴请,否则,你是不能轻易入席的。"无功不受禄",不为人办事,不答复人家的请求,是不能轻易端人家的酒杯的。也就是说,端起酒杯就是一种承诺和允可。

当然,这只是一种比喻而已,现实中并非事事都如此。意思是说,能成人之美时,当慨然为之。

你的助手要另谋高就,对于你来讲,当然不大愿意。但人往高处走,是十分正常的事。如果那个位置对于你的助手来说,确是个较好的机会,你又何必太自私,"阻人向上"?

或者,你会想,助手可能是对自己不满,所以要跳槽。这个想法未免"小人"一点,若你自问没有亏待他,不必多心,更不必向助手求证,大家开开心心地结束宾主之情,不是更好吗?

你的这种做法,往往使你的其他下属不会再感到有任何压力,会更加忠心地工作,因为他们相信你是成人之美的。成人之美的人往往是受别人钦佩的。

可是,别忽略了另一部分人,他们就是其他最基层的工作人员。方便的时候为他们提供间接的帮助,对你只是举手之劳,却会使他们终生难忘。比如回家路上看到你的一位员工在等公共汽车,你又没事,何不让司机停下车来,送他(她)一程,他(她)会把这件事牢牢记在心底,并会告诉其他人:领导是个好人。你应该让每一位员工都觉得你离他们很近,伸手就能触到;又应让你的员工觉得你很远,你是他们的领导,唯距离才能产生美。他们会认为你是可以信任的,大家共同的朋友,总比别人的朋友要亲近一些吧!

子曰:"君子成人之美,不成人之恶。小人反是。"

成人之美是一种高尚的品德。它需要有宽广的心胸,助人为乐的精神。对于患得患失,一切都要算计自己能得到多少好处的人来说,是很难做到成人之美的。

孔子还说"己欲立而立人,己欲达而达人。"一般人要做到虽然也不容易,但还不算太难,只要心胸宽广一点的人就能做到。

现在我们唱:"只要你过得比我好。"这是一种境界,一种情怀。

尤其是在商品经济时代,商场犹如没有硝烟的战场,竞争激烈。成人之美就更是一种难得的品质了。

我们在平时的生活和工作中,只要稍加留心就可以做到成人之美。成人之美其实是一种高超的交友艺术和领导艺术。当你满足了别人的愿望之后,别人就会感激你,就像受了你的恩惠一样,而且,有知恩图报的想法。很多有经验的领导就是用这样的方式来收拢人心和管理员工的。当你为别人提供了方便,使别人得到满足,反过来别人也会设法为你提供方便的,乐于成人之美的人总能得到别人的帮助和配合。所以,成就别人等于成就了自己,推荐别人也等于推荐了自己,称赞别人也等于称赞自己,善待他人就是善待自己。

走好,不要踩着老虎尾巴

原文:履虎尾。

译文:《履》卦开头就说"履虎尾"!——行道之难,"如履薄冰,如临深渊";为政之难,"伴君如伴虎"。《系辞下》说:"《履》以和行,《履》,和而至。"可见《履》之为德,其核心是"和"。只有在和睦的气氛中行事,才能达到目的。

活学活用:六爻时位,其行状和性质各个不同,所以同样是"履虎尾",却有"不咥人"与"咥人",成功与失败这两种迥然不同的结局:初九守素"无咎"、九二持中"贞吉"、九四恐惧谨慎"终吉"、九五坚定果决"贞厉"、上九能反思履道而"元吉";唯有六三柔而造次为虎所伤,从反面提出了最有价值的重要警戒。

凡此种种,无不一再说明,《履》之为德,就像走钢丝的人一样,必须处处小心仔细和顺守礼,才能死里逃生居危而安。

履,小心翼翼跟随在老虎尾巴后面行走,这是多么危险啊!然而凶猛的老虎却没有咬人。结果吉利亨通。——这是为什么呢?

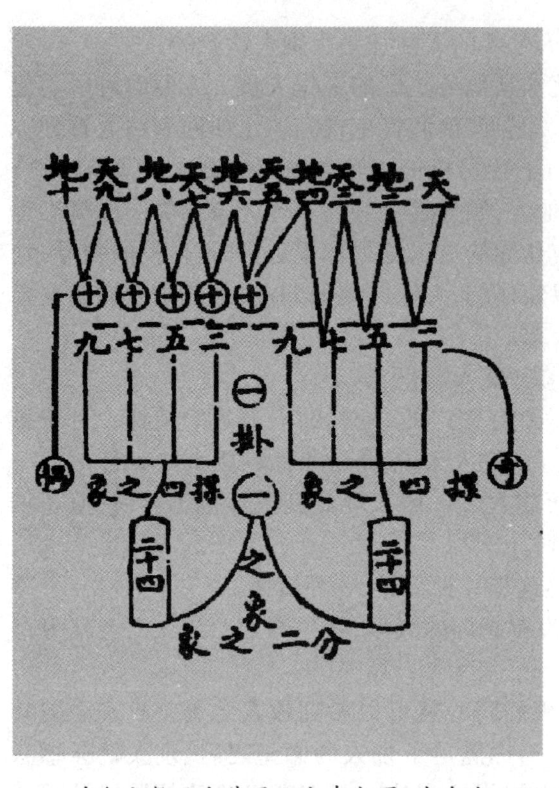
大衍之数五十其用四十有九图，出自宋·丁易东《大衍索隐》，讲述了古代用易经卜卦的方法

《大象传》说：《履》上卦为乾，乾为天；下卦为兑，兑为泽；迭二经卦为重卦：上天下泽，尊卑判然。这就像人走路一样，头顶蓝天脚踏大地，上高下低千古不易。洞明天地人三德的君子因循《履》道之象，破洪荒启民德，制礼作节规范尊卑上下之仪序，以此来端正和树立天下万民必须遵守的道德规范和伦理意志。

《小象传》说："举手投足自然而然，立身行事一本天成，有所进取而无咎害。"这是说初九为履道之始，其为人处世特立独行专心致志，显现出纯朴的修养和高尚的道德意愿。一举手一投足自然而然，立身处世一本天成不加雕饰。安常蹈素，朴实无华，积极前往有所进取而不会有什么咎害。

人生如棋。

我喜欢下棋，玩玩而已，不计较输赢。在棋盘中却得到启迪，感叹人生如棋。两个人摇着蒲扇遣将摆子，看似儒雅，其中却仍见金戈铁马、虎斗龙争，还有风雪雷雨、烽火硝烟，还有不少人生启迪。

我悟出下棋极为讲究，一个棋盘划开楚营汉界，几十个棋子列阵对戈，博弈看似纸上谈兵，却需要思维敏捷，不急不躁；需要总揽大局，进退自然；需要深思熟虑，讲究眼力，重在算计；需要配合，重在默契，车马炮、相士兵配合得力，方有胜数；需要灵活，阵势变幻莫测，方可所向披靡。

尤其是卒，只要几个小卒过河联营，便会势如破竹，挡得千军万马。代老师说人生如棋，做人亦如下棋一般！茫茫人海，大千世界，有坦直大道，也有险恶崎岖。要站得起，立得直，就要懂得纵横捭阖，审时度势，进退随缘，慎终如始。

棋有棋道。下棋高手都能胸怀大局，洞若观火，勇于迎战，敢于胜利，正视失误，胜不骄，败不馁，守信用，懂规矩。他们沉着冷静，三思后行，运筹帷幄，机动灵活，呕心沥血，落子生根，善于求新，敢于开拓。下棋可以考验毅力，磨炼性格，修身养性，一步一个脚印，老老实实，脚踏实地；还要研究战术，研究对手，知己知彼，百战百胜。做人何尝不是如此呢？人道如同棋道。

棋局短暂，人生漫漫，下棋只是玩玩，人生却不是好玩的，好好做人实在不易。要老老实实做事，堂堂正正做人，不为物喜，不为己悲，走好脚下的每一步路，棋训为"一子不慎，满盘皆输"，人生警言为"一失足留下千古恨"。

现代社会人们的步伐越来越快，总有干不完的事，走不完的路，唯恐一不小心落伍了，或被社会淘汰了。

哲学或宗教人士认为：人类有太多无穷的贪欲，只要修炼自己，减少欲望，无欲，那么人生就会变得从容、宁静，而享受生命本来的意义。

问题是在当今这个社会，欲望之强烈，人们往往想更快地达到，尽量缩短奋斗的时间，因为奋斗在人们的概念中总是很辛苦的，而且一天不达到心里就没有底，人类对未来的无知让人们更没有耐心等待，只有到手的成果才能让人完全放心下来，在焦急的等待中人们自然心神不定，忧心忡忡，很难做到从容。

如果光是急还好，问题之严重是：人们急于求成，忽视必须资源，在条件不完全成熟时采取了"果断"的行为，结果事与愿违，断送了机会，让欲望落空，让美好的愿望付之东流。

是什么原因导致的呢？是一种人类自大的思想造成的。所谓人定胜天，人是世界的主宰者，人是高级动物，是社会的主人，人可以改变一切，创造一切。于是人变得盲目的自大，由自己制定游戏规则，完全按自己的设想办事。

我们知道人类是很渺小的，宇宙有它的宇宙法则，生存于其中的任何生命体都得符合宇宙法则，凡事有它自然的规律，我们要学会与环境和谐相处，找到这自然法则，找到事物的平衡点，正如"庖丁解牛"一样，只有深入了解牛的心理结构，按照牛的尖隙下刀，那么工作起来才能游刃有余。

因此欲望是良好的，但我们必须明白欲望的达成有它的自然规律，必须摸清这自然规律，顺应其发展，才能水到渠成，实现美好的愿望，否则任何的努力都是白费的。

当我们明了自然法则后，我们就不会急了，因为急了没用，不但于事无补，反而会坏事，于是就会变得从容不迫。

还有一种情况是：你本是从容的，但周围的环境和周围的人不允许你这样，他们会压迫你，诱使你，告诉你必须怎么样怎么样，社会的无形压力让你动摇了，觉得他们说得确实是现实。

但请记住：他们是用人类的游戏规则来思考问题的，是用共性来研究问题的，但正确的应该是自然法则，更何况你是个个体，有你独特的个性，你的天赋，你的后天资源。虽然有时他们是一种良好的规劝，但他们无法对你的生命负真正的责任。尽量一笑了之吧，走自己从容的人生之路。

刚柔相济，密切合作

原文：枯杨生稊，老夫得其女妻，无不利。

译文：已经枯萎的杨树重新又长出新的枝芽，老年男子娶了位年轻的妻子，这种现象没有什么不利的。

活学活用：一群人在一起做事情，最重要的是同心协力、团结一致。由五十个人组成很团结的团体，比一百个人聚集的乌合之众，力量要来得大、要有成就，相信大家都不会否认的。

战争中,不一定人数多的那一边就会胜利。尽管拥有大兵,但如果是一群乌鸦,怎么能打胜仗?团结就是力量,有了团结,胜利才会向你招手。

一个公司的上下能不能团结一致,同心协力往目标努力,是企业成功与失败的关键。然而,这种团结,是人越少越容易做到;人数越多,意见越纷乱,要团结也就越困难了。

一个只会逞匹夫之勇的将领是不堪大任的,只有既能做好自己手里的事,又能着眼于全局,从而能够与其他人通力合作的人,才是最为难得的人才。

提到屈己从人,以合作精神维护大局,我们自然会想到千古流传的将相和的故事。

秦、赵渑池之会以后,赵王回到赵国,因为蔺相如功劳大,任命他为上卿,地位在廉颇之上。廉颇很不服气,说道:“我作为赵国的大将,有攻城野战的大功,蔺相如只不过是耍嘴皮子的功劳,反而地位比我高,况且相如本是地位卑贱的人。我感到羞耻,不甘心处在他下面。”并扬言道:“我要碰见蔺相如,一定要好好羞辱他一番。”相如听到这话以后,不愿与廉颇会面,每次上朝的时候,常常说自己有病,不愿与廉颇争位次的先后。过了一些时候,蔺相如外出,远远望见了廉颇,连忙掉转车子躲避,不让他看见。这时,蔺相如的家臣一齐劝他说:“我们之所以离开亲人而来投靠您,只是仰慕您崇高的节操。现在您与廉颇职位平等,他口出恶言,您就怕他、躲他,这种胆小也未免太过头了。普通人尚且感到羞耻,更何况您呢!我们没有才能,请允许我们走吧!”蔺相如坚决劝阻他们,说道;“诸位认为廉将军与秦王相比哪一个厉害?”家臣们回答说:“赶不上秦王。”蔺相如接着说:“像秦王那样威严,也听凭我在朝堂上大声呵斥他,侮辱他的大臣们,我即使愚笨无能,难道会害怕廉将军吗?但我考虑到,强大的秦国之所以不敢侵犯赵国,只不过因为我们两人在赵国的缘故。现在两虎相斗,势必不能同时生存。我之所以这样做,是把国家危难放在首位,而把私人的仇怨放在后面。”家臣听罢,都万分感动,又纷纷回到自己的居所。后来相

廉颇像。廉颇,战国人。据史料记载,廉颇、蔺相如将相于赵,廉颇居功自傲,图辱相如,相如大肚能容,先国后己,不与争列;廉颇闻知,肉袒负荆,二人同心协力成就大业。这种做法与《周易》所宣扬的“枯杨生稊”主张相一致

如的这番话被廉颇听到了,他深受感动,便脱去上衣,露出肩膀,背上抽打人用的荆条,来到相如府上请罪,说道:“我这个庸俗卑鄙的人,想不到您胸怀宽广到这种地步。”蔺相如赶忙帮廉将军抽去荆条,让他穿上衣服。两人终于和好如初,并结成了同生死共患难的朋友。

一将一相的和好,使赵国的决策层空前团结,力量无形中变得强大起来,使虎视眈眈的强秦长时间不敢轻举妄动,这就是具有合作精神的人才的力量。

在你的智囊团中,你将各个独立的人组织成小团体,你们都具备共同的强烈欲望并且从日益增进的热忱、想象力和知识中获得利益。团队合作的情形和智囊团的合作形态很类似;但是由于团队中的成员,未必都具有相同的强烈欲望,所以你必须更努力于使团队成员不断地为工作奉献,同时也应该要求自己,为成员做出奉献并发掘他们的欲望。

一位管理人员杜拉克说:所有的员工“都应把自己看成是管理人员”,以期能在整个经营环境中看待自己的工作,管理人员必须学习去配合所做的工作,而非以员工作为自己升迁的牺牲。

杜拉克想起麦克阿瑟将军的例子:他每次召开幕僚会议时,都会先介绍军衔最低的军官,他不许其他事情妨碍这道程序,因为他知道建立军官的信心,是很重要的一件事,他想要而且也需要这种信心。

你向前更进一步的习惯,会影响你的合作者。即使你给他们的利益和薪水都很丰厚,他们还是把获得这些利益和薪水当作是理所当然的事。你应先评估其他合作者的需要,甚至在他们发现自己需要之前便先满足他们。

真正的团队合作必须以别人“心甘情愿与你合作”作为基础,而你也应该表现你的合作动机,并对合作关系的任何变化抱着警觉的态度。团队合作是一种永无止境的过程,虽然合作的成败取决于各成员的态度,但是维系合作关系却是你责无旁贷的工作。

真正成功,没有不经过困难的

原文:象曰:屯。刚柔始交而难生,动乎险中,大亨贞,雷雨之动满盈,天造草昧,宜建侯而不宁。

译文:天下的事情,当好事来的时候,都有困难,不经过困难而成功的,绝对不是好事,轻易得到的,很快就会失去,这就告诉我们一件真正成功的事业,没有不经过困难来的。

活学活用:没有危险在前面人是不会努力的,有困难、有危险,反而促成人努力争取成功,动乎险中,才会加倍努力,也特别谨慎小心,大意了一定出毛病,所以文王解释这个卦是大亨,大吉大利,但是要贞,要坚定地走正路,在危险当中动,走歪路就不对了。

一个人不管在哪里做事业,欲想成功,永远是不宁的,欲享福而事业成功,这是不可能的。人都想功名富贵,想成功,又想留万世之名,又最好不要劳累,这是办不到的。

有一个故事,一个人一生太好了,死后阎王判他还是到世间做人,可是投胎做人时要成为怎样一个人呢?阎王让他自己决定,于是他说他只希望:“千亩良田丘丘水,十房妻妾个个美。父为宰相子封侯，我在堂前跷起腿。”阎王听了以后，站起来说：“老兄！世间如有这种事，你做阎王我做你。”

由这个故事，再看《易经》，就了解人生，凡有所建树，一生永远都在劳累，“宜建侯而不宁”，这就是开创事业的现象。

有一天，一位旅人在荒野里行走，突然听到身后传来一阵凄厉的叫声。他回头一看，一头发了疯的大象正朝他冲了过来。他慌忙撒腿就跑，发现前面有一口枯井。井边有一棵高大的树木，下垂的藤条正好垂向井中。

他大喜过望，连忙顺着藤蔓向井内溜去。松了一口气后，他仔细地打量四周，发现有一条毒蛇正盘踞在井中，井壁还有三条毒蛇围着他，四条蛇都昂着头，向他吐着信子，好像随时都要向他发起攻击似的。旅人大惊失色，赶紧朝上观看，只见黑白两只老鼠正在啃噬着他所紧摸着的藤条。

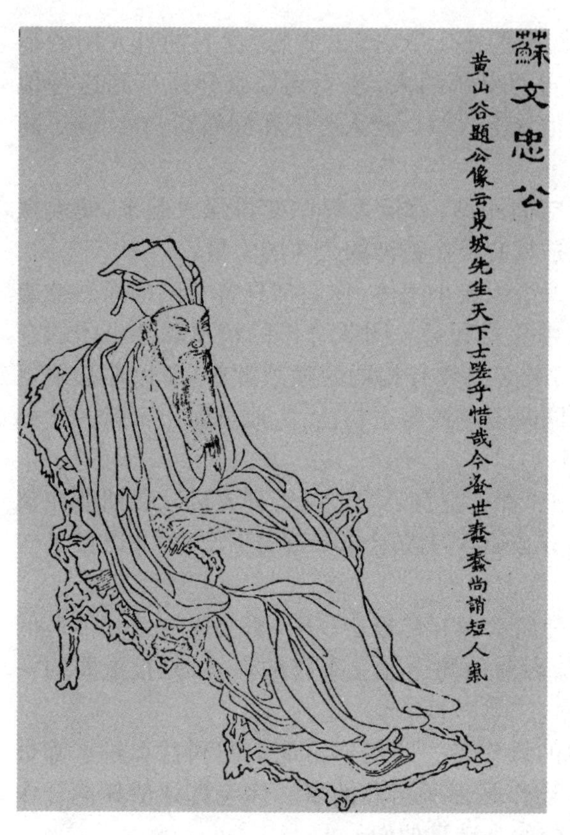

苏轼像，选自清·上官周绘《晚笑堂画传》。苏轼在他的《东坡易传》中把生死与《周易》中的“阴阳”联系在一起，阐述了他独到的生死观

旅人进退维谷，只好听天由命。这时，突然有一滴甜甜的蜜汁滑入他的嘴中，他用舌头舔了舔，也感到一丝安慰，可是，顷刻间，一群蜜蜂倾巢而出，将他螫得体无完肤。尽管疼痛难忍，旅人仍然紧紧抓住藤条不放，可是，不知什么时候，一把野火把藤条烧焦了，旅人的性命已经危在旦夕……

这则寓言出自佛教典籍《杂宝藏经》，释尊借这则故事来比喻人的命运。荒野是迷茫的世界，旅人为众生，疯狂的大象象征无常的暴风雨，井中是人世，树代表人的生命，井底的毒蛇象征死亡，四条毒蛇是构成身体的四大要素，黑白两色的老鼠代表夜与昼，蜂蜜是快乐，蜜蜂指的是彻悟，而野火则用来比喻疾病和衰老。

这则故事暗示我们每天都会遭到无常的风雨的侵袭，因迷惘和烦恼而感到痛苦，最后死于疾病和衰老。尽管如此，我们却不可悲哀消极地将人生归咎于命运的安排，而束手无策。

人的一生是虚幻的，短暂的，不管如何长久，至多也不过能活到百十来岁；在如此短促渺茫的人生中，越是刻意追求虚无的东西，越会过得空虚。

有多少人做梦会飞呀！梦中会飞的人知道生命的意义，在自由的天地里，把自己造化得非凡。

有梦的人永不会有虎落平川被犬欺的感觉，无论是顺途逆境，都能从容度过。像雄鹰征服天空，像雄师为林中之王。

梦是生命的翅膀，有梦的人，可以飞过那些徒步难以逾越的障碍，把生命的过程经历得理想、完美、快乐和幸福。

如果你有自己的梦，还能成为一个引导别人的人，你就是一个幸福和让人幸福的人。神仙下凡也无非是因为羡慕你这样的人生。

人生是一条路，有平坦也有坎坷。人生是一条河，有波涛汹涌，也有风平浪静。人生是一首歌。人生更是一场戏。人人都在社会这个大舞台上扮演自己的角色。人生是有限的，正如天上的流星，在时间的长河里转瞬即逝，我们应在这有限的人生旅途中，努力追求生命的真谛。

憧憧往来，事倍功半

原文：贞吉，悔亡。憧憧往来，朋从尔思。

译文：内心保持纯洁无邪的态度，就可以获得吉祥，没有后悔；心猿意马地与朋友交往，朋友会报答你的情意。

活学活用：对你身边的人意图不了解清楚，仅凭感觉是不行的，否则会出现错误。戴尔和桑德拉的下面的对话，说明了明确目标的重要性。

戴尔："好吧，桑德拉，我们来看看你上两个月的销售成果。你跟我说好会有显著的改善的，对吗？"

桑德拉："确实如此。不过，我还以为要到这个季度结束再来评估我的成果的。不管怎样，我想我已经有了相当显著的改善。"

戴尔："是吗？你的总销售量好像是上去了一点儿，但增长的部分多半来自小客户。"

桑德拉："我并不想忽略大客户，但我认为提高自己销售量最好的办法是在一些中等的客户上下工夫。这样做可能不是很引人注目，但它确实有效。"

戴尔："但是，无论如何，我还是希望每个人都将精力放在大客户上。这样，一小批客户就能将销售额提高很多。"

桑德拉："哦，你难道是要我提高销售额吗？我还以为要从增加销售给每个客户的产品种类起步呢。"

戴尔："增加产品种类当然也没错，但这并不能增加销售额。"

桑德拉："那你的意思是我做的这一切毫无价值?!"

为什么销售经理桑德拉和总经理戴尔会产生争执？问题的症结在于总经理戴尔没有为下属提出明确而具体的目标。下属按照自己的想法去实现目标，最终却发现这根本不是总经理所需要的。上述对话表明，桑德拉致力于提高销售量，特别是增加卖给每个顾客的产品种类，然而总经理戴尔所要求的却是增加销售额。目标对于改善工作业绩非常重要，但同时目标对正在进行的日常工作也十分关键。目标是一切工作的基础。有了明确的目标，下属就能有明确的努力方向，全力以赴做出令自己、总经理和客户都满意的工作业绩。一边工作,一边修正随时出现的问题需要花费更多的时间、精力和资金,而事半功倍的做法则是通过有效的规划来防止问题的发生。

人生的贵人可遇不可求

原文:乾卦九二,见龙在田,利见大人。

译文:"飞龙"就是腾飞的龙,"大人"就是高人,"见龙在田,利见大人",就是说巨龙出现在田野,先要向"大人"学到本事。

九二爻,是乾卦内卦的中爻,中爻是最好的、最重要的。

见龙在田的卦象,是早晨太阳刚刚从地面升上来,光明透出来了,在这个时候"利见大人"。大人并不是很大的人物,在古代大人、小人是相对的名称,一如"贵人"这个名称,并不一定是很大的贵官。

活学活用:假使有人跌了一跤,刚好有一位清道夫看见,将他扶起送到医院,这位清道夫就是跌跤者的贵人。贵人的贵与不贵,是在时间空间上刚刚需要帮助的时候,予以帮助的就是贵人。

假定我们以汉高祖为例,当他打败了项羽,自己创业的时候,正是飞龙在天了,他还要利见大人,这个大人是谁?是指他所遇到的都是好人,都是对他有帮助的人。

成功路上多贵人,但还是要靠自己的力量先出发。

埋怨现状永远比提出建议简单;破坏现况永远比建设未来容易。但是,问题永远不会解决;不满也永远不会改善。

也许你的一生只有一次。

遇到你真正的爱人时,要努力争取和他相伴一生的机会,因为当他离去时,一切都来不及了;

遇到可以相信的朋友时,要好好的和他相处下去,因为在人的一生当中,遇到知己真的不容易;

遇到人生的贵人时,要记得好好感激,因为他是你人生的转折点;

遇到曾经爱过的人时,记得微笑向他感激,因为他是让你更懂得爱的人;

遇到曾经恨过的人时,要微笑向他打招呼,因为他让你更坚强;

遇到现在和你相伴一生的人时,要百分之百的感谢他爱你,因为你们现在都得到幸福和真爱;

遇到背叛你的人时,要好好的跟他聊聊,因为若不是他你不会懂得世界;

遇到曾经偷偷喜欢的人时,要祝他幸福,因为你喜欢他时是希望他幸福快乐的;

遇到匆匆离开你人生的人时,要谢谢他走过你的人生,因为他是你精彩回忆的一部分;

遇到曾经和你有误会的人时,要趁现在解清误会,因为你可能只有这一次机会解释清楚。

人的一生可能就只有这一次机会去做这些事情。

贵人是可遇不可求的,所以我们要尊重身边的每一个人,注重自己的一言一行,贵人也许就会在你需要的时候，在你不注意的时候“从天而降”，记住，每一个人都可能成为你的贵人。

我的孩子对客人说；“我爸爸讲，你是他的贵人！”

我当时看得出来，那人听了有多么高兴，因为他知道我没有忘记他以前的好处，但我后来也听说，他的太太回家跟他大吵一架，说他自己连个固定的工作都没有，怎会是别人的“贵人”？

他的妻子错了：因为能做贵人的，自己不一定多么尊贵。当我们要找自己生命中的贵人时，也绝不见得要到世俗中所谓荣华富贵的阶层去寻觅。许多贵人，都出奇的平凡。而平凡的我们，也随时可能成为别人生命中具有重大意义的“贵人”。甚至当我们成为别人的贵人时，自己都还不知道呢！

从前有个人写信给燕国的丞相，因为光线太暗，就叫仆人举烛，一不留意，把“举烛”两个字，也写入了信中，等到燕国的丞相收到信，谈到举烛两个字，竟然大为感动，说举烛的意思是要求光明，也就是要拔擢贤才，并以此报请国王采用，使得燕国强盛起来。

传说李白起初做学问很没有耐性，直到某日，看见一位老妇，居然想将一支粗铁条磨成绣花针，才顿时醒悟，回头苦练，成为诗仙。

米盖郎基罗在画西斯汀教堂时，有些不满意自己的成绩，却又因为完成大半而舍不得重新画，直到有一天去喝酒，看见老板毫不犹豫地把新开的一大桶坏酒倒掉，终于下定决心重新画，成就了不朽的作品。

又譬如有位朋友出国旅行，临上飞机发现旅行社的小姐竟把他最重要的签证资料遗失了，他起初大发雷霆，要求赔偿损失，但是后来又跑去向旅行社道谢，说犯错的小姐是他生命中的贵人。原来他没赶上的那班飞机发生了空难。

你想想，由犯错，到成为别人的救命恩人，这当中有多么大的转变，岂是当事人预先所能知道的？

再拿笔者最近的遭遇来说吧！当笔者的写作到中途的时候，有位朋友来访，看了笔者写好的稿子说：“这些东西太软，缺乏吸引人的力量！”

笔者当时有些不悦，但细细检讨

李白像，选自《吴郡名贤图传赞》。李白，字太白，号青莲居士，唐代的伟大诗人。据汉书记载，杨雄摹仿《周易》写了《太玄经》，由于深奥，没有马上流行，到了唐代，其影响才逐渐扩大。李白在他的诗中有“白乎太玄经”的佳句

之后，发现确实有许多篇应该改换写作角度，所以将已经写成的三十多篇全部丢弃重写。

由此可知，在我们的四周，到处都可能发现自己的贵人，他们不一定是直接提拔你的尊长，反而可能是毫无关系的陌生者、一面之缘的过客，甚至是你的敌人。只要你能在他们的身上领悟到重大的事务，以致导引你走向更好的未来；或由于因缘，使你免于原本可能发生的厄运，就都是你生命中的"贵人"。

所以，不要轻视任何人，也不要轻视自己，因为那平凡人可能就是你的贵人；你也可能作为别人的贵人！

足够热忱，足够动力

原文：王用出征，有嘉折首，获匪其丑，无咎。

译文：君主动用军队出兵征伐，建功立业，获得美誉，斩杀敌方首领，捕获不愿归附者，这样做不会发生灾祸。

活学活用：热忱不仅具有感染性，而且还会像烈焰一样快速向四周扩张。一个人的情绪，会渗透到社交场合的每个角落，甚至会影响一些人的个性。如果这位朋友性情冷酷和傲慢的话，那么他的社交圈就只能死气沉沉毫无生机和活力。所以作为能成功处世的人，首先必须善于调节自己的情绪。要做情绪的主人，不要做情绪的奴隶。

在职场中如果缺乏热忱就会产生非常严重的后果。犹豫和自卑就像毒瘤，同样是具有感染性的。如果一个顾客向推销员询问商品在卖出后能否退换时，那位顾客得到的回答却是："这个我不太清楚，我想大概可以吧。"面对这样的推销员，就是再有购买欲的顾客也会逃之夭夭。同理，如一个管理人员，具备足够的热情，那么他的下属总是会多少被他感染几分的。

如果一个人能够以足够的热忱对待生活，那么他的生命也将会随之延长。古罗马的政治家加图，在八十高龄的时候还学希腊文；希腊的历史学家布鲁塔克，更是在衰老之年开始研习拉丁文；意大利作曲家威尔第，在古稀之年写出了著名的歌剧《奥赛罗》、《福斯塔大》；著名的建筑师兰恩，曾建造过 52 座教学楼，直到 86 岁高龄才退休。在他退休的五年中一直尽心学习，努力追求文学、天文学的知识。还能有什么能够使生命如此灿烂辉煌呢？

激情是不断鞭策和激励我们向前奋进的动力，对工作充满高度的激情，可以使我们不畏惧现实中所遇到的重重困难和阻碍。可以这么说，激情是工作的灵魂，甚至就是工作本身。

熟悉比尔·盖茨的人都知道，他这个人在行动上总是充满了激情，浑身上下散发着永不言败的精神。

正是在他充满激情的行动带领下，微软公司才从小到大由弱到强，成为计算机领域里的"霸主"。

无疑，比尔·盖茨本人这种工作狂热精神，感染了全体微软员工，尤其是那些软件程序设计师。他的工作热情本身就是一种无形的鞭策。"你在这样的公司工作，整天看到你身边的人，尤其是公司老板，都在努力工作，你自己难道还好意思慢吞吞地磨蹭?”一位来自卡耐基·梅农大学临时打工的大学生这样对人说。

只有在热爱工作的情况下，才能把工作做到最好。一个人在工作时，如果能以自强不息的精神，火焰般的热忱，充分发挥自己的特长，那么即使是做最平凡的工作，也能成为最精巧的“工人”。如果以冷淡的态度去做，哪怕是最高尚的工作，也不过是个平庸的工匠。由此，可以这么说，激情是工作的灵魂，甚至就是工作本身。当你满怀激情地工作，并努力使自己的工作满意时，你所获得的利益就会增加。而工作中最巨大的奖励还不是来自财富的积累和地位的提升，而是由激情带来的精神上的满足。

激情，永远是我们工作的动力，永远是成功的法宝。

第二次世界大战期间，与法西斯主义势不两立的美国女记者多萝西·汤普森将她的报纸专栏作为打击希特勒政权的武器。她的专栏文章由报业辛迪加向150家报纸发稿，那些富有洞察力又注入了丰富感情的政治评论，使得同行们充满理性的专栏文章黯然失色，1940年，她的读者高达700万人。

满怀激情的工作成就了汤普森。在职场上，这种激情创造成功的范例还有许多许多。

我们的生命，一半是给工作的。如果我们缺乏对工作的激情，工作就会变成无休无止的苦役，这是一件非常可怕的事情。尽管可以找到怨天尤人的理由，但是，有一点必须点破的是，我们自己应对困境负主要的责任。

我们往往把工作当成赚钱的手段，很少把它与实现快乐的途径联系在一起，而对待工作的态度是以金钱的多少为转移的。廖莎大学毕业后到一家创办不久的文化公司从事展销业务，本来展览经济是一个新的增长点，在这一行里有许多美好前景可以开拓，但初创阶段的公司业务并不是很好，廖莎的工资要比一同毕业的同学少一半。收入上的差距使她心理不平衡了，她开始私下寻找跳槽的机会。结果跳槽不成，她在公司第二年的竞聘上岗中落聘了。

这山望着那山高，廖莎的致命伤在于她丧失了上进的动力和兴趣，从而影响自己的发展。其实工作的成就感绝不只是靠金钱得到的，把收入看淡一点，从工作中发现兴趣，远比盲目地另找一份工作要实际。

当然，如果变换工作遵循的是内心的志趣，这就要另当别论了。不过，更多的时候，工作的激情，不在于工作本身的有趣与否，而在于我们有没有热情投入工作中去。许多工作，正是因为我们的没有投入，也就发现不了其中的乐趣。不妨做个这样的试验，在两个时间段里，分别以积极的态度和消极的态度去做手头的工作，你会发现再枯燥的工作，只要你努力去做，也会变得有趣起来；而再有趣的工作，如果你兴味索然地去干，也会变得了无生趣。工作的价值，取决于我们的态度，这就是工作的哲学。

我们完全有可能在平凡的工作中点燃我们工作的激情。如果把工作看做是创造力的表现，那么一个教师就会以导演的热情讲好她的每一堂课；一个记者就会以探索的视角去看待他报道的新闻事实；一个厨师就会以艺术家的执著去配制他一流的拼盘。学会从工作中寻找乐趣，而不是等待未来发生能给我们带来乐趣的事情；热爱工作，把工作当做事业来做而不过多去计较得失；不只把工作当做谋生的手段，而把它看做发展自己潜能与天赋的机会，这就是我们成功人生的秘诀。

面对突变要从容镇定

原文：突如其来如，焚如，死如，弃如。

译文：就这样突然来了，烧起来了，死了，走了。指突变改变一切。“如”的意思是“这样”。

活学活用：人生如浩瀚无垠的大海，不会永远风平浪静，时常会有惊涛骇浪骤起挑衅。在人生的大海上驾驭着人生小舟时，就要有勇于迎战风浪的从容和镇定。

人生是一段艰辛的跋涉。人生纷纭复杂，坎坷曲折，绝不只是绿叶簇拥的红花，更多的是荆棘杂草中远征的苦涩；也不只是对春华秋实的满足；更多的是经受酷暑寒冬的洗礼。人生在积淀了大量的风风雨雨，坎坎坷坷之后，只有从容地迎接命运的挑战，诸多人生难题才能圆满解答。

从容是人生的一种坦然，是对生命的一种珍惜。

《东西晋演义》版画之谢安弈棋图。淝水之战中，江晋主帅谢安对战事从容镇定，胸有成竹，弈棋以待捷报

一个年仅20岁的青年由于家庭贫困辍学，但他有一个妹妹，成绩优异，不上大学实在可惜，于是他来到工地挖隧道，不料第一次走进隧道就遇到塌方……

当时局面难以控制，有人大放悲声，有人想往岩石上撞，近乎疯狂。他也差点控制不住自己，刹那间他想了很多，首先想到了死——倘若自己完了，妹妹也会辍学，父母也会悲痛欲绝。他镇静了一下，决定试着控制局面，他努力使自己的声音变得很沉稳：“我是新来的工程师，想活命吗？想活命就听我的！”黑暗中，几个人渐渐安静下来。

他又向被困的四个人发号施令：一、被困的四个人必须听我指挥。二、外面肯定在组织救援，但需要时间。三、休息睡觉，因为累死也搬不动那千斤重的大石头。四、隧道里到处都是水，有水就能活十几天。不过他还是隐瞒了两件事情：第一是他进隧道时带了两个馒头，现在已成无价之宝;第二是他有一个电子表,可以掌握时间。

第三天过去了,隧道里还是没有一丝光亮,他把其中一个馒头分成四份给大家吃。第五天,终于听见隧道隐约传来钻机风镐的轰鸣。他赶紧把最后一个馒头分成四份给大家吃,然后大声命令四个人拿起工具拼全力往巨石上敲击……

几个劫后余生的人躺在病床上怎么也不会相信,那个沉稳威严的"工程师"竟然是一个毛头小伙。当记者采访他时,笔者又听见了那句笔者已听了千万遍的话:"因为冷静,在紧要关头,只有冷静救得了你。"

中国历史上因淝水之战而闻名的谢安,有一个很令人叹服的故事。那是在淝水大战决战时刻,谢安不是坐卧不宁,而是若无其事地与人下棋。其间,他的侄子谢玄的捷报传到了,谢安看完信,默然无语,徐步走回棋局。直到有人问战局如何,他才平静地答道:"小孩子们打了胜仗。"表情和平常一样。这便是一代名相的风范。

与谢安一样,古今中外的许多名将和领袖,都具有从容不迫、指挥若定的气度和雅量,这使得他们得以屡屡化险为夷、大胜而归。最为令人感叹的是,在"行动的高温"里,成功的领导者仍能保持从容不迫的气度,这种"高温"包括猛烈的批评、巨大的争议、超常的压力,也包括变革的挑战。在这种情况下,能够做到从容不迫,不只是一种勇气,也是一项技巧,更是一种气质,就像巴赫的音乐一样,优雅、大气、澄明,即使是迅疾的旋律,在他那里也是一派从容不迫。

某大企业招聘,上千人报名,但只招一人,真是千里挑一。当然,待遇也是很高的。竞争到最后,只剩下甲乙两人,第二天由总裁亲自主持面试,决定谁留谁去。因为天色已晚,这家企业的人事部便将甲乙两人安排到公司的招待所住下,并告诉他们,只管好好休息,吃、住由服务员负责接待,明天早上 8 点面试。

一进房间,甲就琢磨起来:关键时刻到了,两人中选一个,我明天一定要好好表现。可是"考官大人"——总裁会出什么千奇百怪的问题呢? 甲越想头越大,越想心越不安,服务员把饭菜送进来了,他只是看看却吃不下去。直到晚上 12 点,他仍在阳台上徘徊。这时,服务员走进来,见他一筹莫展的样子,就关切地问:"先生,需要帮忙么? 为何这么晚了还不睡?"甲说:"没什么,明天考试是最后一关,我有些紧张,所以睡不着。"

第二天,甲被敲门声惊醒,还是昨晚那位服务员。她递给甲一份早餐:"吃完饭,您就可以回去了。"甲很吃惊:"我还没有参加考试呢?"她说:"不必了,我是总裁助理,是替总裁主持最后考试的。你为考试整晚睡不着,早上更是精神不振,以后公司经常会有头疼的事,你怎能应付自如呢? 而乙从容不迫,应对自如,沉着应战,他的心理素质比你强,所以,他更合适我们公司,你另谋高就吧。"

这种出其不意的考试,在不知不觉中测试了你的心理素质。我们暂且不管这样的招聘方式是否可行、可取,也不去管甲、乙真正的水平的差异有多大。但就心理素质而言,从容不迫的精神对于个人,尤其是对一个管理者来讲更是必须的!

从容不迫还意味着留有余味。古罗马的哲学家曾经告诉我们,在所有的事情中都要有所保留,这是保存能量的切实的办法。在大多数场合,一个人不应该用尽他的能量和精力,后援力比攻击力重要,后劲比冲劲更重要。

将领靠的是顽强的意志,部队靠的是高昂的士气。人的情绪容易波动因而难以控制,要想使下面情绪稳定全在于将领镇定的素质。能镇定,惊恐可以安定,有叵测之心的人不敢另有所图,这样,敌百万之众都可以消灭。意志坚定并且始终坚持自己的决心,士气奋发而勇气倍增,行动没有不成功的。

“镇”,即镇定——面临危机而心绪不乱。“镇”字揭示了将帅的思想修养与用兵取胜的关系。

“卒然临之而不惊,无故加之而不怒”,方显出英雄本色。

“泰山崩于前而色不变,麋鹿兴于左而目不瞬”,才可称大将风度。

懂得自己应该做什么

原文:习坎,入于坎,凶。

译文:置身于重重的艰险困难之中,落入陷坑的最底下,结果必然是凶险的。

活学活用:在国外,对成功与非成功人员的对比研究发现,凡是那些有着明确的自我意识,懂得他们在工作中要做什么,并且知道通过什么样的方式可以圆满完成工作的员工,他们往往在以后的提升名单中占有相当大的份额。而那些似乎至死都认为“我这人做不了这个”,或躲在一旁以羡慕的眼光看着同伴升迁的雇员,他们往往做出了连他们自己都不敢相信的糟糕的工作结果。

曾经有人对个人成功与自信的关系做过细致的调查研究。这项调查经历了一个相当长的过程。

调查者们对一群智商超众的“天才”少年(年龄 10—11 岁)进行了跟踪调查,调查时间前后长达 20 年。在这群昔日少年长成大人以后,有的功成名就,有的却还在为生计而奔波。对于这种巨大的反差,研究者给出了最具权威性的解释,对目标的执著和是否有顽强的毅力和强大的自信。

很显然,成功者的优势就在于他们对自身的长处与局限心中有数,通过他们坚持不懈的努力与无畏的精神,他们能够弥补自身的短处,并且靠着他们旺盛的激情与必胜的信念,在精神上处于成功的巅峰。否则,就会使自己“置身于重重的艰险困难之中,落入到最底下的陷坑”。

一种才能,有用和无用,还得看在谁的手中。能用才的,无用可变为有用;不能用才的,有用也是无用。

人亦同此理,关键是用对地方。

自生命萌动之初,你在人世间便有了自己的位置,到生命终结之际,你在大地上仍有自己的位置。在整个生命历程中,你一直同“位置”打交道。一个人要想在这个世界上将自己的能力发挥到极致,就必须找准自己的位置。

这个位置其实就是指你在这个世界上的位置。人只有找准了自己的位置,才能充分利用这个有利的位置,发挥自己的优势,才能在事业上取得成功。

伟大的文学家、思想家、革命家鲁迅先生起初是学医学的。后来在日本学医期间，他发现中国人在精神上的疾病比在身体上的更严重，于是决定弃医从文，用他那如椽之笔将中国人的精神麻木之态表现得淋漓尽致。他的作品一针见血，在文学上取得了巨大成就。因此，鲁迅先生找准了自己的位置，并在这个有利的位置上大显身手，令人仰慕。

如果找不准自己的位置，那么你有可能一生都郁郁寡欢，因为你无法施展自己的本领，只能英雄无用武之地，浪费人才。正如人们所说的："要善于经营自己的长处。"要经营自己的长处，就要找准自己的位置。因为空有本领不行，还应该发挥出来。这就需要找位置，看一看在什么样的位置才能一展身手。

要找准自己的位置，重要的是必须明白自己到底能干什么。

19世纪时，有一个穷困潦倒的青年，从法国的乡下流浪到巴黎。他找到父亲的一位朋友，希望他能够帮自己找一份工作，使自己能在这个大城市中站得住脚。

他们在父亲朋友的家里见了面。寒暄之后，父亲的朋友问他："年轻人，你有什么特长呢？精通数学吗？"

青年羞涩地摇摇头。

"历史、地理怎么样？"青年还是不好意思地摇头。

"那么法律或别的学科呢？"青年再一次窘迫地垂下头。

"会计怎么样……"

父亲的朋友接连发问，青年都只能以摇头作答，无声地告诉对方……自己一无所长，连一点儿优点也找不出来。

父亲的朋友似乎显得很有耐心，他对青年说："那你先把自己的地址写下来吧，你是我老朋友的孩子，我总得帮你找一份差事做呀。"

青年的脸涨得通红，羞愧地写下了自己的住址，就急忙想转身逃开，离开这个令自己深感耻辱的地方。可是他却被父亲的朋友一把拉住了手臂，对他说："年轻人，你的字写得很漂亮嘛，这就是你的优点啊，你不该只满足找一份糊口的工作。"

由于发现了自己的优势，从此，这个青年找准了自己的人生位置，开始发奋。数年后，这个原来沮丧失望的青年果然写出了享誉世界的经典作品——他就是家喻户晓的法国著名作家大仲马。

发挥自己的优势，找准自己的位置，你就能找回自己，也就找到了自己人生的快乐。

惹不起，难道还躲不起吗

原文：物不可以久居其所，故受之以《遁》。

译文："退避"并不等于望风而逃，消极遁世。恰恰相反，不善于退避，不谙这门高超的学问和艺术，文化修养中没有这份可贵的情操，就算不得是一位智勇双全的君子。

活学活用：中国的历史经常是小人当道，大丈夫倒霉，于是乎就有了一个经常要用到的语言："惹不起，难道还躲不起吗？"当然，有"小人不可得罪，只有敬而远之"的意思。

向来世间推行斗争哲学，鼓吹“真的猛士”，你折腾我，我折腾你，有进无退，不是你死就是我活，大人色变，小人眼红，大家全朝死里折腾，“龙战于野，其血玄黄”。

往往忽略了后退，忽略了避让和妥协。

而人在日常生活当中，以走路为例，不仅仅是前进的，还时有绕路，有后退，也有避让。但在人的思维里，似乎没有后者，只知道一味地前进。

还有一些人潜意识里，把除了前进之外的举动，都归到懦弱、胆小、没本事、不中用等。这真是天大的误会！

其实，必要的后退、避让与妥协，才是真正的勇敢，才是真正的有本事。

外交上有一句名言：没有退让与妥协，就没有外交；外交是一门相互妥协的艺术。

人，不可能一辈子都在前进，也不可能一辈子都没有避让。

一颗石子从天而降，假如人会预先发现，他会本能的避让，而不可能跑上去，伸长脖子把头递过去让石子砸的。

真正的智者生活，是进退自如。

前进固然好。一万年太久，只争朝夕！

但我们还有应对非常的经验：退一步，海阔天空。

何况我们还有：宁停三分，不抢一秒。

《易经》里，有一个“遁卦”，专门论述人生退避与妥协的艺术。

《易经》认为，退避和隐遁，是人生的自然法则。《易经》还有另一个重要思想，就是“变通”。退避或隐遁，都是变，变了就通。

所以说，当需要退避的时候退避，它是一种积极的选择，并非消极。

《易经》的遁卦告诉人们，比方说，你有济世之心，但如果前进，前方两个小人在伸张，这就是君子不得不退避的时刻。

退避不是失败，而是“遁而亨也”。《易经》中认为，应当退避的时候，你退避，所以亨通。为什么呢？你虽然暂时退避，但你的正气依然，有高洁的操守，如果继续发挥自己的影响力，可以亨通。因为对小人来说，虽然势力伸张，但如果你正气凛然，坚守纯正，小人就不至于胆大到逼害孤高的君子。

也有点像我们常常说的，身正不怕影子歪。

如何退避？什么时候退避？

《易经》教你一个智能：把握时机。《易经》中认为：“小人渐进，是君子决定进退最困难的时刻，因而进退的时间意义，就太伟大了。”

退让或退避之后，不是委靡不振，而是“君子以远小人，不恶而严”。就像山与天的关系，你山再高，也不会碰到我天。因天太伟大，太高远了，不是山所能企及的。

远离小人，但不是憎恶小人，而是严于律己，以使小人不能接近（或者不好意思接近）。

我们在一些时候，感觉身不由己，要退避而不能，那是“拖累”与“眷恋”的缘故。

《易经》中说，一个刚强正直的人，如果被下方的小人拖累，在应当隐去的时候却犹豫不决，就像得了厉害的疾病。言下之意，如果是这样也就等于无药可救了。

另一种情形是，小人特别会来事，会侍候，你同小人有了感应，在你应该与小人决裂的时候，你却摆脱不了，这就是“眷恋”使你退避不了。

《易经》中说，在这种情形下，君子能做到，小人就做不到了。君子在明瞭小人的行径之后，即使小人听话，孝敬，但都能当断即断，退避他，这叫“遁好”。

妥协是一种智能，是一种大度，甚至是胜利的法宝。

妥协的一种方式是退避；另一种方式是适可而止。

《易经》中说：“时止则止，时行则行，动静不失其时，其道光明。”

如果人生没有妥协，过分的刚强偏激，《易经》上说，就像背部的肌肉被牵扯着，动弹不得，成了死局。如果以人事比拟，就是上下左右的人都不能和谐相处，以致上下叛离，左右决裂，就好像心被火熏那样的不安。

范蠡，春秋时期，与文种共同助越王句践称霸后归隐经商，免去了“兔死狗烹”的结局，可谓深谙进退之道。他将《周易》的“阴阳”用于兵法，提出“阳而至阴，阴而至阳，”“后则用阴，先则用阳”的策略

有值得一提的，以期引起读者注意的是，妥协，其中一个很重要的方面是言语上的妥协。

说话要有分寸，要中肯，要条理分明，不说过头话，留有余地，这样会使后悔消除。

妥协往往比进攻收益大。以静代动，以逸待劳，渔翁之利，往往都带有妥协的色彩。不与之争，争之不利；不与之斗，斗之有亏，让一步柳暗花明，退一步海阔天空。

目光跳出亲眷的圈圈

原文：同人于宗，吝。

译文：只和本宗本派的人和睦相处，必然会惹来一些麻烦。

活学活用：同人相处最忌讳的是闹宗派，立山头，在倡扬天下大同的同时，又要防止宗派和同的弊端，作为一个看问题全面的人，对此应有一个清醒的认识，注意自己的行为中千万不要带有这种求同的感情色彩，更要防止卷入宗派的旋涡。要做到这一点，就要把握好自己的心态，拓宽自己的心量。

香港企业界，有个不成文的规矩，就是不希望自己的事情有亲戚好友的介入。因为沾亲带故会把个人的感情纠葛和麻烦事带到事业和工作中，会造成不应有的损失。

法国著名作家雨果曾这样说道："世界上最宽阔的东西是海洋，比海洋更宽阔的是天空，比天空更宽阔的是人的心灵。"我们不要斤斤计较个人的得失，大事讲原则，小事讲风格，求大同，存小异，互谅互让；能认真听取和善于采纳不同意见，"豁达大度，从谏如流"，绝不能因别人与自己的看法不一样，就对其排斥否定，侧目而视；要不徇私情，不计较个人恩怨，不从个人好恶出发；要允许别人犯错误，并真心帮助他们改正错误，要宽宏大量，宽厚容人，绝对不可落井下石，幸灾乐祸，一脚踢开。不仅要团结和自己意见相同的人，而且更要善于团结和自己意见不同，甚至同反对过自己的人一道工作和生活。

我们要具有合作精神，同时要善于合作，不但与自己喜欢的人合作，还要善于与自己不喜欢的人合作。不要以自己的好恶待人。

上班一族，经过一上午紧张的忙碌，中午大家一起吃午饭，聊聊趣闻逸事，也是一种很好的放松和休息。可是，W 君和大家一起吃过两顿午饭之后，就开始一个人吃方便面了。主任后来有一次跟他单独谈工作，谈到同事，他扔出了一句话："看见他们就恶心。"主任心中一惊，问明原因后，却又哭笑不得……

原来，中午吃饭的时候，几个编辑很喜欢谈网络游戏。在 W 君看来，这帮人简直就是些没有远大抱负的"混世魔王！""道不同，不相与谋。"所以 W 君就决定不跟他们一起吃午饭，上班下班，见面也不跟他们搭腔。

作为同事，志同道合，那自然好。但是在绝大多数情况下，我们的同事都有着自己各自不同的背景、经历、价值观和人生观。你不喜欢跟别人讨论游戏，那就自己抓紧时间多吃点好菜嘛！不接受他人，只能是孤立了自己。话说回来，大家是在工作上共事，关键在于工作方面是否能够协作，业余时间谈什么，不喜欢的就当作没听见。到了"看见他们就恶心"这份上，除了搞得自己不合群之外，还有什么好处呢？

人是利益动物，趋利避害，名缰利锁，很难免俗。在职场里，明处摆着竞争机制，暗地里藏着微妙的人事纠葛，更是如此。特别是当成为"战略对手"的时候，一个员工很难去欣赏另外一个员工，自然就会出现"文人相轻"的现象，不是通力合作，而是互不欣赏，甚至互相拆台。

道德价值是相对的。我们认为是不端的品行，他自己可能认为很好。反过来也一样。只要他不把自己的价值标准强加在我们身上，就可以同他和睦相处。道不同不相与谋，这是对的。但道不同则白眼相向或老死不相往来，就有失厚道，是犯不着的。

我们不喜欢甚至讨厌冒犯了我们的人，这也很正常。但我们不能由此得出结论说，这人就不是好人或一无是处，等等。不要因为自己的好恶，而影响对人评价的公正。

现代社会是一个合作的社会。一个不懂得合作的人，必将感到步履维艰；而一个善于合作的人，却会感到如鱼得水。合作的基础是摒弃门户之见和自满心理，以心换心，以诚换诚。

人无完人，当然也不可能一无是处。去过庙的人都知道，一进庙门，首先是弥勒佛，笑脸迎客，而在他的背面，则是黑口黑脸的韦陀。但相传在很久以前，他们并不在同一个庙里，而是分别掌管不同的庙。弥勒佛热情快乐，所以来的人非常多，但他什么都不在乎，丢三落四，无法好好地管理账务，所以依然入不敷出。而韦陀虽然管账是一把好手，但成天阴着个脸，像所有的人都“欠了他的谷子还的是糠”，搞得人越来越少，最后香火断绝。

据说佛祖在查香火的时候发现了这个问题，就将他们俩放在同一个庙里，由弥勒佛负责公关，笑迎八方客，于是香火大旺。而韦陀铁面无私，锱铢必较，则让他负责财务，一丝不苟。在两人的分工合作中，庙里一派欣欣向荣的景象。

所以在职场，要学会欣赏他人，充分发扬每个人的长处，扬长避短，资源共享，形成合力，才能取得 1 + 1 > 2 的效果。

在承认人的个性差异前提下学会接纳他人，社会接纳性是建立良好人际关系的基础。在与人交往中，要学会理解与尊重他人，真诚地对待他人。古人讲：“己所不欲，勿施于人”，愿你能将这句古训常记于心，善待一切人与事。给他人与自己创造一个和谐的工作学习环境。

记着，别人也许完全错误，但他并不认为如此。因此，不要责备他，只有傻子才会那么做；试着去了解他，只有聪明、容忍、特别的人才会这么做。

当你被迫与自己不喜欢的人合作时，要注意以下几点：

(1)要忍让。宁可自己受些委屈或吃点亏，也不要为小事与对方争个脸红脖子粗，甚至头破血流。

(2)要主动接受对方。你可以伸出友好的手，主动和对方打招呼。对方原来可能怀有的对你的戒备心或敌意就可能化解。你很客气地提出的一些问题，他们就可能会加以注意和改进。

(3)要把你想象成对方。站在对方的角度考虑问题，就可能体会他们的想法，从而修正自己的一些不正确的做法。这样有助于双方关系的改善。

(4)要接受他人的独特个性。不要妄图改变人人都有其个性这个事实，接受对方的本来面目，对方也会尊重你的本来面目。切忌不要强迫别人接受你的观念。

(5)要去想对方做对了的事。对方也不总是那么招你烦的，他们也有好的一面，试着去发现这一点。

(6)要以自己的言行去感化对方，影响对方。要注意自己的态度和方式，切不可弄巧成拙。

只要遵循以上原则，慢慢学着与人合作，你将会变成一个善于合作的人，他山之石可以攻玉，这个时代朋友和信息都是一种资源，取彼之长，可以补己之短。你的能力将会大为提高，才能够做出应有的业绩，获得上司的青睐，也会被同事称为是一个聪明的人。

凡事从小事做起

原文:求小得。

译文:“求小得”指追求较小利益。蛋糕要做大,首先要会做小。

活学活用:“求小得”乃是将来“大得”的基础。

凡事要从大处着眼,要从小事做起,不肯从基本上下工夫,从基层的工作去做的人,永远都不会有大的成就。

人生说起来有百年之寿,其实很短。古人说人生就像飞奔的白马跳过一条小小的沟渠一样。正因为人生苦短,所以要办成几件大事实在并不容易。

我们往往放不下架子,不能从小事、从最基层工作做起,自命不凡,总认为自己是干大事的料,期望一步登天,不知凡事都需要日积月累。还有一些人总是抱怨周围环境不利于自己发展和成功,诸如区域太小、老板不好、老婆不能干、朋友不帮忙,这样的客观原因数不胜数,将富不起来归咎于运气不好!从来没有想过其实最最根本的原因是自己不屑于做小事。所谓“一屋不扫,何以扫天下!”

“天下大事必作于细”,意思是说凡事都要从小事做起,从眼前的杂事做起,坚持到底,才能将事情做好,达到长远追求的目标。为人处世,只要能够不辞劳苦,坚持不懈,那么,即使像女娲补天那样翻天覆地的难事,也终能扭转乾坤,获得成功的。

有一个善于反省的人,在他生命中的某一天,突然省悟到自己迄今所做的全是微不足道的事情。他想到生命的短暂,不禁为自己虚度了宝贵的光阴而痛心,于是他发誓用剩余的生命做成一件最有价值的事情。许多年过去了,他一直在寻找那件足以使他感到不虚度此生的最有价值的事情。可是,他没有找到。结果,他什么事也没有做,既没有做微不足道的事情,也没有做最有价值的事情。

机会总是从你身边走过,你不用心去观察,怎能发现最有价值的事情呢!一味地去寻找、去发现又会有多大的收获呢?一个会发现身边的小事,会寻找微不足道的事情的人才会有可能发现最有价值的事。

人的一生到处都是大大小小的事,但只要会观察会去发现这些事情,那你的一生总算还是有点收获,没有白活,寻找有价值的事情必须从寻找微不足道的小事做起,从小事一步步地走向成功,一步步地向最有价值的事情走近。做一件小事也就等于向成功与最有价值的事情靠近了,走近了。连一件小事都不做的人怎能做得了一件最有价值的事?

人的一生总之只有一句话:“凡事从小事做起”。

正所谓“海不择细流,故能成其大;山不拒细壤,故能就其高”。我们应认识到细微处体现的大文章,反思我们浮躁的心理,反思起我们工作的态度,反思起我们为人的素质,甚至反思起我们的文化。

何为细节?何为大事?何为成败?也许在每个人的眼中都有着不同的含义。每个人都有满腔热血干一番大事业的雄心,期盼或功成名就,或衣锦还乡,或企业百年兴旺,或民族昌盛……但我们有多少人能做成其中的一件呢?还是那句话:凡事从小事做起。

如果把我们所谓的成功、所谓的大事比作一棵参天大树，那么小事就是每一个树根，每一片树叶，试想，没有根，没有叶，何以称做树。

凡事都要从小事做起，从我做起，从与他人的合作开始，认认真真的做事、做人。将小事做细是需要耐心和毅力的，需要养成一种习惯，要自觉培养良好的个人素质，才能成就自己。

循循善诱，慧眼识人

原文：包蒙，吉。纳妇，吉；子克家。

译文：为蒙昧者所包围，吉祥。娶妻，吉祥。儿孙辈已经能够胜任家务事。由于渴望接受教育，上进心很强，所以连孩子们都已经能够治家了。

活学活用：我们对后进者的教育工作要想做到家，要想让他们成为有用的人，首先还得以极大的包容心态去教育他们，循循善诱地去引导他们，刚与柔相济，方能奏效，否则，生硬地说教，毫无包容地呵斥，都只能适得其反，把事态弄糟，甚至会使自己下不了台。凡是有宽容心的人，即使一时脾气大了点，方法粗暴了点，身边的人都能心服口服地甘愿接受。可见，“包蒙”——以包容大度为本怀的教育方式，对一个用人者来说是多么的不可忽视。

拿破仑·希尔曾经说过：当智慧的黎明将其翅膀张开，笼罩住进步的东方地平线，无知和迷信的最后的脚印留在时间的沙滩上时，在人类的犯罪与错误记录簿上，将要记载着：人类最悲哀的罪恶就是“不能容忍”。

最严重的“不能容忍”，系从种族与宗教观念上的义异而产生的，这也是儿童时代早期训练所造成的结果。哦，人类命运的主人，我们这些可怜的凡夫俗子要到什么时候才能了解我们的愚蠢。只不过是为了一些教条、教义及其他肤浅事物上的歧见，我们竟然企图彼此互相毁灭？

我们在这个地球上的时间，只不过是稍纵即逝的一段。

我们就如同一根蜡烛，被点燃之后，发光一段时间，然后就熄灭了。在如此短暂的世俗生活中，我们为什么不能好好把握，当那种被称作“死亡”的大篷车停止前进，并宣布这项旅程即将结束时，我们立即收起我们的帐篷，像沙漠中的阿拉伯人一样，既不恐惧，也不发抖，默默跟随这辆大篷车走入未可知的黑暗世界！

我希望，当我们穿过大门，进入那另一个世界时，我在那儿再也看不到犹太人或异教徒、天主教徒或基督教徒、德国人或英国人、法国人或俄国人、黑人或白人、红人或黄人。

我希望，我在那儿只能找到人类的灵魂，兄弟姊妹，没有种族、教派或肤色的差别，因为我希望解除“偏执”的困扰，使我能够躺下来，长时间的休息，不受争斗、无知、迷信及世俗生活中普遍存在的混乱、悲哀及误会所打扰。

我想，当你读过这番话后，你的心量一定会拓宽许多，脾气也会小了许多，对人们的微笑也会自然而然地多了许多，你的信心同样会随之提高许多。但愿每一个人都能有如此的“包蒙”胸襟。

做事抓重点才不乱

原文:得其大首。

译文:即“得其大要”,意为我们做事情要抓重点而不拘小节,赚大钱不计小钱。这无疑是人生场上的一条金科玉律。

活学活用:雪峰禅师和岩头禅师同行至湖南鳌山时,遇雪不能前进。岩头整天不是闲散,便是睡觉。雪峰总是坐禅,他责备岩头不该只顾睡觉,岩头却责备他不该每天只顾坐禅。雪峰指着自己的胸口说:“我这里还不够稳定,怎敢自欺欺人呢?”

岩头很是惊奇,两眼一直注视着雪峰。

雪峰道:“实语说,参禅以来,我一直心有未安啊!”

岩头禅师觉得机缘成熟,就慈悲地点化道:

“果真如此,你把所见的一一告诉我。对的我为你印证,不对的我替你破除!”

雪峰就把自己修行经过说了一遍。岩头听完后,便喝道:“你没有听说过吗?从门入者不是家珍。”

雪峰迷惑地说:“那我以后该怎么办呢?’

岩头禅师放低声音道:“一切言行,必须要从自己胸中流出,要能顶天立地而行。”

雪峰闻言,当即彻悟。

世间的许多所谓道理都是从外部现象上去总结的,而禅机则是从内心本体上去证悟。雪峰久久不悟,是因外境的森罗万象在心中还有所执著迷惑,无法打消妄念。“从门入者。不是家珍”,要能“从心流出,才是本性”。这就是告诉我们,凡事不要在细枝末节上钻牛角尖,而要从事物的根本上入手。

因此,在许多时候,做一件正确的事情,要比正确地做十件事情重要得多。在短暂的人生面前,做正确的事情是“延长”生命的最好办法。

不要任意挥霍你的精力,把它们用在正确的地方。

记得有这样一则故事。有一次,一只鼬鼠向狮子挑战,要同他决一雌雄。狮子果断地拒绝了。

“怎么,”鼬鼠说,“你害怕吗?”

“非常害怕。”狮子说,“如果答应你,你就可以得到曾与狮子比武的殊荣;而我呢,以后所有的动物都会耻笑我竟和鼬鼠打架。”

这只狮子无疑是明智的,因为它非常清楚,与鼬鼠比赛的麻烦在于,即使赢了,不过战胜了一只“老鼠”。一般情况下,对于低层次的交往和较量,大人物是不屑一顾的,就像一个优秀的武士,是不会与一个蟊贼公开决斗的。

毕竟在一定时期内,一个人的资源和能量是有限的,你无法同时做好数件同等重要、难度又都很大的事情,更何况,还有那么多琐事会跑出来占据你大脑的空间,消磨你的棱角。

你如果与一个不是同一重量级的人争执不休,不仅会浪费自己的资源,降低人们对你的期望，还会在无意中提升对方的地位。

一位俄罗斯政治家就曾有过这方面的遗憾。由于他过于在意那些小人物的攻击，不仅耗费了许多精力与之周旋，而且也影响了他做冷静的判断，结果在重要的问题上判断失误，从而抱憾终生。不仅如此，由于他与那些人斤斤计较、“喋喋不休”，使很多选民都大感失望，这直接影响到他日后更高层次的竞选。对此，有政治学家评论说，如果他能够对有些人和事不屑一顾的话，以他的才智和声望，是完全可以成为俄罗斯数一数二的人物的。

因此，生活中最聪明的人往往是那些对无足轻重的事情无动于衷的人，他们很清楚该理睬什么，不该理睬什么，绝不犯捡芝麻丢西瓜的错误，知道什么事情可以改变命运，也知道什么事情只会消耗青春。这样的人对那些较重要的事务无一例外会感到兴奋，同时也善于把无关紧要的事情搁置在一边。

在现实生活中，成功者大都深知“那些太专注于小事的人通常会变得对大事无能”，并很清楚“抓住大事，小事自会照顾好自己”的道理。一流的人物大都具备无视“小”（人物、是非）的能力，换句话说，障碍大都是相对而言的，除了必须搬掉的障碍之外，大多数障碍都可以忽略，如果要先搬掉所有的障碍才行动，那就什么也做不成。事实上，绝大多数所谓的障碍，在你超越那个阶段之后，也就不称其为障碍了。

同样的，一个人对琐事的兴趣越大，对大事的兴趣就会越小，而非做不可的事越少，越少遭遇到真正问题，人们就越关心琐事。这就如同下棋一样，和不如自己的人下棋会很轻松，你也很容易获胜，但永远长不了棋艺，而且这样的棋下多了，棋艺会越来越差，所以好棋手宁可少下棋，也尽量不与不如自己的人较量。

心里有了大，才会放下小。有一项针对世界冠军的调查就很说明问题。调查者发现，那些夺得世界冠军的人往往很早就怀揣了这份特别的理想，并且十几年如一日地追寻，这其中，他们也遇到了其他人所常见的种种挫折，但由于他们心中有一个高过一切的目标，因此很容易忽略那些在他们看来无关紧要的琐碎。长期的内力凝聚产生了惊人的效果，他们终于因为能够抓大放小、有所为有所不为而获得了成功。

这也应了美国哲学家詹姆斯的话，“明智的艺术就是清醒地知道该忽略什么的艺术。”他的言下之意就是，不要被不重要的人和事过多打搅，因为成功的秘诀就是抓住目标不放。

爱憎分明，亲疏无别

原文：公用亨于天子，小人弗克。

译文：王公前来朝贺，向天子贡献礼品并致以敬意，小人不能担任如此重要的职务。

活学活用：与人交往一方面要柔和谦逊，礼贤与人，同时又不可轻信奸诈小人。如果小人得势，上柔而下刚，必然引起麻烦。所以，有功则赏，有过则罚，是平衡上下刚柔的最好方法。

有功必赏，有过必罚，赏罚分明，此乃治军治政要律。

齐威王召见即墨大夫，对他说：自从你到即墨以后，我就一天天听到人家讲你的

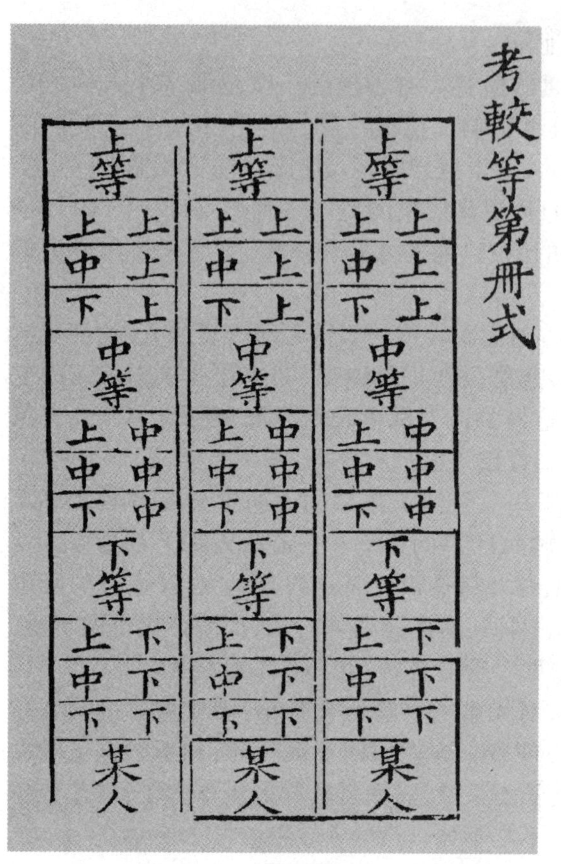

治军要求有功必赏，有过必罚，只有赏罚分明，才能战无不胜。此图为考较等第册式，古代军队中用于考核兵士，赏功罚过

坏话。可是我派人去即墨视察，却看见那里是“田野辟，人民给，官无事，东方以宁”，情况良好。为什么会这样？是你没有贿赂我的左右，求他们给你讲好话。于是，齐威王奖励了即墨大齐夫。

威王又召见阿大夫，对他说：自从你做了阿的地方官，我就一天天听到夸奖你的好话。我派人去视察，看见的却是“田野不辟，人民贫馁”。赵国攻打鄄，你不救；卫国占据薛陵，你不知道。为什么会这样？是你用重金贿赂我的左右，求得他们的赞誉。当日就将阿大夫和左右讲假话的人都用“烹”刑处死了。“于是群臣悚惧，莫敢饰诈，务尽其情，齐国大治，强于天下。”

社会交往与之同道，兵法之理，时刻记在心中。那些对于我们有帮助的人，或者为我们而付出额外劳动的人，要及时给予回报，尽管他们口头说“这是应该的”，但实际上还是盼望你给予回报的。回报的多少，形式可不一，但总该有的，如果回报不及时也起不到太大的效果。

如果朋友的帮助是为众所周知的，这种回报就该公之于众，“晓天下之人”。这样回报的作用会更大，不仅对他本人，而且众人看了也会“眼红”。“眼红”之余，很难想象他不会动心。人人如此，我们的朋友就会越来越多，我们的事业就会有更多人参与进来，事业又何愁不成功呢？

相反，如果这种“功”为众人所不知或不便告诉众人，此时这种回报最好私下进行，并向他说明回报之理由，切不可发之无理。

如果你的朋友有了过失，出现不必要的差错，就应该明确的指出来。要批评之有据，不让他抓住把柄。

对于年轻的朋友，要认真对待。年轻人上进心强，办事情积极性高，肯冒险，但由于经验不足，易于感情用事，办起事来难免出错，这时批评要十分注意。要给年轻朋友改过自新的机会，切不可不留后路，一棒子把人打倒。这样你会失去年轻人的信任，也可能失去一位得力的助手。年轻人随着年龄的增长，有时变化是很大的，所以这种罚要讲究方式。

可先私下和他谈谈，点出他的过错，和他说明利害，并鼓励他以后努力克服。如果非得公之于众，也要提前打个招呼，切不可突然在公众场合批评他，弄得他下不了台；或他根本没有认识到自己的过错，你这当头一棒，会令他灰心丧气，甚至恼羞成怒。

赏罚之道，还要谨防私人关系的介入，绝不能以亲疏定赏罚，赏罚不明，乃军中兵法之大忌。

打天下要有朋友相帮

原文：往蹇朋来。

译文：意思是在吃苦过程中会赢得朋友，这无疑是我们事业胜利的好兆头。

活学活用："初九。同人于门，无咎。"

意思是出门就能与他人和同，没有灾祸。

与人交往，没有门户之见；与下级交往，没有门第之见，这种交往不含杂私情，表现出一种公正与豁达。

吴起是中国历史上的一位名将，既然身为名将，除了英勇善战以外，与士兵同甘共苦，在士兵中享有崇高威望，也是他成功的一个重要方面。吴起在军队中总是和下级士兵们同甘共苦，穿一样的衣服，吃一样的食物，睡觉时不铺席，行军时不愿乘车，自己备粮食，并且自动分担士兵的苦恼。

吴起吮卒图，选自清·马骀《百将传图》。吴起是春秋时期著名军事家，爱卒如子，图为吴起为士兵吸吮伤口的脓血

有一次，一位士兵在阵前因为生了肿瘤而痛苦不堪，吴起见状毫不犹豫地用口将其肿瘤内的脓汁吸出。那位士兵和在场的人都感动不已，后来，那位士兵的母亲听到了这个消息，忽然放声痛哭起来。旁边的人觉得很奇怪，就问她："你的儿子只不过是一个小小的士兵，却承蒙吴将军亲自将他身上的脓吸出来，你应该高兴才对，为什么反而伤心地哭泣呢？"

那位母亲回答："先夫早年也是吴将军不弃，吸取他肿瘤里的脓，从此他跟随吴将军四处打仗，以此报答吴将军的大恩，最后终于死在战场上。如今吴将军又为我儿子吸出脓汁，这不是说明我儿子也将步他父亲的后尘吗？这叫我怎么不伤心呢？”

与人相处如果能与其同甘苦共患难，处处为对方着想，难道还怕没有忠实于自己的朋友吗？

友谊是人生的需要，是人类最美好的感情之一。人非草木，孰能无情？人生离不开友谊，事业离不开友谊。俗话说，“一个好汉三个帮”，好汉都要三个来帮，何况许多时候我们还不是好汉呢？一个人要想成就一番事业，离不开朋友们的帮助。与朋友建立了真挚友谊，就会使人奋发向上，充满活力，更加幸福！

安定的环境，和谐的人际关系，是人生成功和发展的基本条件。对于这一点，人不到35岁大多还没有深切的体验。年轻的时候，总以为，有本事，有知识，有闯劲，就能成功。其实不然，人的成功很大的因素取决于人际关系。

有一位首长离休以后，往日身边前呼后拥的热闹景象顿时消失。在难耐的寂寞与孤独中，他感慨地说：“现在看来，我的同事很多，朋友很少！”

因而，懂得交友乃是人生的一种境界。

有的单位首长似乎意识到交友的重要性，于是提出要求，领导同志要在自己分管的部门中结交几个朋友。于是拟定一个名单，登门拜访，嘘寒问暖，征求意见，交起朋友来了。应该说，这是工作作风的一个进步。然而，这种用上下级关系捆在一起的朋友，时间长了，也许能变成至友，但更大的可能是会变成一种形式、一种额外负担。

因为交朋友不是一相情愿的事，不能“钦定”，不能“拉郎配”。交友，是感情的互相沟通、互相理解、互相容纳、互相信任的自然的过程，它是信赖、慷慨、无私的感情培养出来的一棵常青树。

一般来说，为官多年，条件优越，联系面广，应当能结交一批朋友，为什么反而“朋友很少”呢？

因为有的同志一当官就变得孤傲起来，自视高人一等，像戏剧中的为官之人，走路是官步，说话带官腔，让人敬而远之，畏而遁之，或者，他们以为有权势必然有朋友，凡是向自己微笑的人都是倾慕自己的朋友。一旦退休，才发现这是一个可悲的错觉。

日常生活中，出现一些人际交往的困难、不适应，这是难免的、正常的。但是，人际关系严重失调或经常失调的人，往往有可能存在个性缺陷、认知错误或心理障碍。因此，对于人际关系适应不良状况，应作具体分析。

改善人际关系，增进人际交往，不仅对心理健康影响重大，而且是一个人生存和发展的必要条件。在交友中，应注意以下原则：

第一，善交益友。

益友，指能够帮助自己上进的朋友。这里所说的帮助，包括品行方面，也包括知识学习等方面。我们应该同那些能够帮助自己进步，能够在某些方面给自己以良好影响的人交朋友。在生活中，人人都希望自己能够结交益友，让友谊的力量来为自己的进步助一臂之力。那么，我们每个人也应该同时完善自我，争取成为他人心目中的益友。

第二，乐交诤友。

诤友，能够直言不讳地指出自己的错误，批评帮助自己的朋友。真挚的友谊，不仅表现在能与朋友共享欢乐，能为朋友排解烦恼，能替朋友分担不幸；还表现为对朋友的缺点和错误能进行坦率地批评与诚恳地劝告。乐交诤友需要具备听取逆耳忠言的度量和知错必改的勇气。也正因为朋友间敢于互相批评,友谊才备显纯洁和珍贵。因此,面对朋友直言不讳地批评,我们一定不要生气,甚至记恨朋友,而应该欣然接受,并且衷心地感谢朋友,做到乐交诤友。

阿拉伯传说中有两个朋友在沙漠中旅行,在旅途中他们吵架了,一个还给了另外一个一记耳光。被打的人觉得受到了侮辱,一言不语,在沙子上写下:"今天我的好朋友打了我一巴掌。"他们继续往前走。走到了沃野,被打巴掌的那位差点淹死,幸好被朋友救起来。被救起后,他拿了一把小剑在石头上刻了:"今天我的好朋友救了我一命。"

打人的朋友问:为什么我打了你以后你要写在沙子上,而现在要刻在石头上呢?

被打的那个笑笑回答说:当被一个朋友伤害时要写在易忘的地方,风会负责抹去它;相反的如果被帮助,我们要把它刻在心里的深处,那里任何风都不能抹去。

朋友的相处伤害往往是无心的,帮助却是真心的;忘记那些无心的伤害,铭记那些对你真心帮助,你会发现在这世上你有很多真心的朋友。

第三,不交损友。

损友,对自己的道德品行产生不良影响的朋友。损友的类型可以分成很多种,但其共同点是:在不知不觉中用不良的东西影响你,腐蚀你,导致你在道德品行上倒退,严重者甚至使你走上违法犯罪的道路,从而毁掉你的一生。

与其他情感一样,友谊也有一个品质问题,也有品质的高低、优劣之分。与损友相交,那种友谊必是低品质的、有害的。因此,我们在生活中一定不能交损友。

掌握好以上交友的原则,我们就能建立起高品质的友谊,从而对我们一生的发展起到积极的推动作用。

刚强辅佐,沿袭政体

原文:贞疾,恒不死。

译文:坚守中正,预防祸乱,国中出现了不少弊病,但仍能长时间地支持下去而不致灭亡。

活学活用:精通此种处世艺术的治乱高人刘备,能因地而宜,因人而异,善用他人长处,取其胜利。

刘备得张松西蜀秘图后,便欲图之为立国之本。他与孔明商量后,决定兵分两处,一处取西蜀,派庞统为军师,黄忠、魏延为将军,因孟达熟知西蜀内情故用之为内应,文臣武将各胜其职,滴水不漏;另一处守荆州,此乃战略要地,不能疏忽,留孔明总管荆州事务,又派熟悉荆楚地利、人情、军情的大将关羽、张飞听从孔明指挥。留守也文武齐备,各司其职。这样刘备就可在确保大本营不失的情况下,挥师取蜀。胜了可尽占两地之利,东拒东吴,北抗曹魏;败了退守有据。这些都体现出刘备精湛的知人善任的处世之道。

还有一个善用他人长处的人叫韩,他是唐德宗时的镇海节度使,在用人方面,随

《三国志通俗演义》版画之刘备称帝图。刘备知人善任，得到众多优秀文臣武将的帮助，最终在成都称帝

才器使，都很恰当。有一位老朋友的儿子来投奔他。此人实在看不出有何所长。一次，韩曾经召请他赴宴，他始终端坐，不与邻座交谈一句话。照一般人的理解，这真是一个废物了。但韩却从他这一点，看出他有非凡的一面。就安排他看管库门。此人每天从早到晚一直端坐，没有人敢随意出入。

“尺有所短，寸有所长。”这是我们平时常常听到的两句话，唐太宗在论用人时，也曾说过“君子用人如器”的名言。许多管理者经常抱怨没有人才，其实是缺乏一双识别他人长处的眼睛。用人如果能像韩这样，天下就不会有被弃置的人才了。

“又想马儿跑得好，又想马儿不吃草”，这是一种天真的幻想，是对“人才资源”的掠夺性开发。国外一些精明的企业家深深懂得“价廉才不高，才高价不廉”的道理，因此竞相通过优厚的薪金、待遇来吸引人才，并以重奖有突出贡献的员工的方式留住人才。如玛丽·凯化妆品公司就是如此。一方面，她用优厚的薪金建立一支素质高、效率高的雇员队伍；另一方面，对于技术一流、工作卖力的美容师和推销工作做得十分出色的员工，她给予第一流的奖励。奖励方式有出国旅行，奖给贵重物品，如豪华轿车、貂皮大衣、钻石戒指等，高薪和重奖，使该公司具有强大的吸引力。

成功贵在坚持自我优势

原文：改邑不改井。

译文：是说换了地方但不换饭碗，万变不离其宗乃是在市场经济大背景下以定力取胜的一招常胜棋。“邑”，家乡。“井”，井水。

活学活用：职业目标的选择并无定式可言，关键是要依据自身实际，适合于自身发展，值得注意的是伴随现代科技与社会进步，个人要随时注意修订职业目标，尽量使自己职业的选择与社会的需求相适应，一定要跟上时代发展的脚步，适应社会需求，方不至于被淘汰出局。

俗话说:“尺有所短,寸有所长”。求职者择业应扬长避短,发挥自己的优势。美国著名作家马克·吐温曾一度投资经商,开发打字机,结果赔了 5 万美元,以后看到当出版商能赚钱,就开办了一家出版公司,结果很快又陷入困境。经过两次打击,马克·吐温终于放弃经商,改在全国巡回演说,发挥了他风趣幽默、才思敏捷的优势,获得了很大的成功。用了不长时间,他还清了所有的债务,成为名扬四海的演说家。

在择业过程中,要综合考虑自己的素质状况,并侧重某一特长和优势,以保证在职业岗位上出色地完成工作任务。注重发挥自己的素质优势对于择业非常重要,只有按照自己的素质所长选择职业,才能有利于胜任工作,实现人尽其才。同时,也有利于自身的成长,在从事的职业工作上,不断积累经验,提高能力,做到有所发明,有所创造。要发挥自己的优势,择业时必须考虑以下几点:

一、选自己所擅长的。自己擅长的主要是指自己的专业技能、生理特长、个性优势。

专业技能,是指你已经系统掌握所学的专业知识和受过某种专门训练已经具备的一些技巧能力,选择职业时,尽量做到专业对口,学以致用,有利于发挥自己的优势。如果为了追求较高的收入,不考虑自己的专业特长而选择了一种与你所学专业相关甚远的职业,客观上造成了用非所学,不能发挥自己的优势,虽然眼前增加了收入,但会给自己未来的发展增加难度。

生理特长,指自己的身体素质、生理条件,如身高、视力等。有些职业对身体条件有特殊的要求。视力稍差,不可能去参加飞行员的选拔测试,身材不高很难成为时装模特。每个人的身体和生理素质都存在着差异,应了解自己的所长与所缺,并据此去选择合适的职业,以利于发挥这方面的素质优势。

个性心理,指每个人在性格、气质、能力等方面的情况。不同的职业对求职者的个性心理都有不同的要求。求职者要了解自己的性格,选择适合自己性格的工作。如有的人生性好动,那么整天待在办公室工作会使他觉得“乏味”,不妨考虑一下从事营销类的工作。有的人文静、内向,做事有耐心,不妨选择财务、统计、打字、化验等工作也许更为合适。依托求职者个性心理优势去选择相符的职业,会大大提高职业的适应性,增加取得职业成就的可能性。

二、选自己所喜爱的。

兴趣是最好的老师。追寻兴趣是人生内在冲动之一,满足这些需求是生命本身的意义,从事一种自己喜欢的工作,工作本身就能给你一种满足感,增加你的欢乐,你的职业生涯从此将会变得妙趣横生,你的人生途径从此多姿多彩。

选择自己钟情的职业,不仅会增添生活的情趣,更重要的是,这样会增加你成功的几率。

在设计自己的职业生涯时,务必考虑自己的特点,珍惜自己的兴趣。择己所爱,尽量选择自己喜欢的职业。当然,能找到发挥自己优势的工作,那是最好的,但如果一时找不到,那就要使自己的性格、爱好去适应那份工作。

曾经有人对个人成功与自信的关系做过细致的调查研究。这项调查经历了一个相当长的过程。

调查者们对一群智商超众的“天才”少年(年龄 10—11 岁)进行了跟踪调查,调查时间前后长达20年。在这群昔日少年长成大人以后，有的功成名就，有的却还在为生计而奔波。对于这种巨大的反差，研究者给出了最具权威性的解释。

三个最基本的因素，被调查者认为是区分成功者与不成功者的关键：对目标的执著和是否有顽强的毅力和强大的自信。

很显然，成功者的优势就在于他们对自身的长处与局限心中有数，通过他们坚持不懈的努力与无畏的精神，他们能够弥补自身的短处，并且靠着他们旺盛的激情与必胜的信念，在精神上处于成功的巅峰。

同人与门，坦荡包容

原文：同人于门，无咎。

译文：出门就能与他人和同，没有灾祸。

与人交往，没有门户之见；与下级交往，没有门第之见，这种交往不含杂私情，表现出一种公正与豁达。

诸葛亮伐魏，病死五丈原后，以度量大、能容人而著称的蒋琬升任蜀国大将军。图为《三国志通俗演义》版画之孔明秋风五丈原

活学活用：吴起是中国历史上的一位名将，既然身为名将，除了英勇善战以外，与士兵同甘共苦，在士兵中享有崇高威望，也是他成功的一个重要方面。吴起在军队中总是和下级士兵们同甘共苦，穿一样的衣服，吃一样的食物，睡觉时不铺席，行军时不愿乘车，自己备粮食，并且自动分担士兵的苦恼。士兵阵前生了肿瘤，他亲自用口将肿瘤的浓汁吸出来。

度量大的好处在于能化解矛盾，消融争端，从而做得成事。大度，意为气量宽宏能容人，豁达大度，大度包容。要大度，就要心特宽，心特大，能容人，能容事。

大度是人的一种品格，品行。品格、品行这东西属于道德范畴，不是天生从娘肚子里带来的，而是后天经过磨炼逐步形成的。大度是一种人生智慧，是一种识见定力，是一种道德境界。一个心胸宽广能够包容的人，必然是一个大度的人。

大度，关乎人的德行，也关乎人的

见识,有德识者方能有度量,德、识则靠不断学习、修养才能获得。有人问程颐:“量可学否?”程颐回答:“可,学进则识进,识进则量进。”夏元吉先生也曾结合自己的体验说:我年幼时,有人冒犯我,我没有不发怒的。长大后,开始是在神色上忍让,然后在心里克制忍耐,时间久了,自然习惯不与人计较。度量通过学习训练,是可以获得的。

三国蜀臣蒋琬在诸葛亮死后升为大将军,成了朝廷重臣。蒋琬不仅权大度量更大。部下杨戏性格狂傲粗疏,蒋琬和他商量事情,他常常不应不理。于是有人便在蒋琬面前搬弄是非,说:杨戏对您真是太不尊敬了。蒋琬说:人心的不同,正像各人的面孔各异一样。表面上服从,背后又说反对的话,这是古人引以为戒的啊!要杨戏赞同我,这不是他的本性。位高权重的蒋琬能如此处事待人,足见他度量之大。

佛家有典故说:释迦牟尼佛功德圆满,有人却妒性大发,当面恶意中伤他。佛祖笑而不语,待那人骂完,佛问:“假如有人送你东西,你不愿意要怎么办?”答:“当然是归还了。”佛说:“那就是了。”于是,那人羞惭而退。从某种意义上说,这个故事的喻义,不是在劝告人要像佛祖那样多些雅量么?

古今成大事业者,无不需要处理好各种人际关系。而在处理好人际关系的长期实践中,锻炼出一种大度容人的高贵品格。

好的开始有助于成功

原文:干元者,始而亨者也。

译文:在这里“元”与“亨”是连起来解释的,即原始的、完整的,整个是亨通的,而代表一个很好的开始。

活学活用:良好的开始,为成功打下了好的基础。任何事情都是开头难,好的开始造就好的结果。这句话本是公元前 8 世纪希腊诗人海西奥德(Hesiodos)说的,后来成为人人皆知的谚语。

做任何事,总有个开始。开始时,有计划有目标,然后持之以恒地做下去,最后的成功将属于努力奋斗者。

“好的开始是成功的一半。”这是一句大家耳熟能详倒背如流的名言,它告诉我们做任何一件事都要有周全而完善的计划,拥有自己的理想与抱负,并努力实践,才会成功。

比如创业,创业者在寻找生财之道的时候,如何选准项目,避开陷阱,稳中求胜,必须三思而后行。项目本身一定要定位,也就是说要了解你的项目是干什么的,为哪些人服务。

时机也很重要。一个好项目,今年可能很好,过了今年也许就不好了,或者现在很好的项目,去年可能还不行。比如,五六年前就有朋友劝笔者开个数码冲印店,但当时数码相机很少,开个店消费群非常有限,如果搞个门面房慢慢撑着,到现在可能都赔完了。

所以,做一个项目还真要“天时地利人和”,要做通盘考虑。创业可以更好地实现自己的人生价值,但在时机不成熟的时候要走好人生的每一步。

凡事要一步一脚印,不疾不徐,不好高骛远,一点一滴累积下来。

成功的路途非常遥远,也十分崎岖难行,必须有周密的计划,妥善的安排,如此迈步前进才能早日攀登成功的山巅,高唱胜利之歌。

如果给你一张报纸,然后重复这样的动作:对折,不停地对折。当你把这张报纸对折了 51 万次的时候,你猜所达到的厚度有多少?一个冰箱那么厚或者两层楼那么厚,这大概是你所能想到的最大值了吧?答案是,通过计算机的模拟,这个厚度接近于地球到太阳之间的距离。

没错,就是这样简简单单的动作,是不是让你感觉好似一个奇迹?为什么看似毫无分别的重复,会有这样惊人的结果呢?

秋千所荡到的高度与每一次加力是分不开的,任何一次偷懒都会降低你的高度,所以动作虽然简单却依然要一丝不苟地"踏实"。

其实,这样的动作和事情我们每个人都会做,但又不屑于做,他们贯穿于整个日常生活,甚至你完成了这样的一个动作,自己都不记得。比如你每天都会把垃圾袋带出去扔掉,你会记得你用怎样的动作扔掉的吗?这也正像全世界都谈论"变化""创新"等等时髦的概念时,却把"踏实"给忘记了。"踏实"是每个人都能够做到的。

我们可以用比较形象的真实例子来说明"踏实"的巨大力量。在美国和西班牙战争爆发以后,美国必须立即与西班牙的反抗军首领加西亚取得联系,因为加西亚将军掌握着西班牙军队的各种情报。但是,美国军队只知道他在古巴丛林的山里,却没有人知道确切的地点,因此无法联络。然而,美国总统又要尽快地获得他的合作。一名叫做罗文的人被带到了总统的面前,送信的任务交给了这名年轻人。

一路上,罗文在牙买加遭遇过西班牙士兵的拦截,也在粗心大意的西属海军少尉眼皮底下穿过古巴海域,还在圣地亚哥参加了游击战,最后在巴亚莫河畔的瑞奥布伊把信交给了加西亚将军,因此罗文被奉为美国的英雄。

看过《致加西亚的信》的人也许会觉得罗文所做的事情一点也不需要超人的智能,只是一环扣一环地前进,因此认为把罗文塑造成英雄有点言过其实。但就是罗文的这种"一步一个脚印",踏踏实实地把信送给加西亚,才使美国赢得了战争。踏实并不等于原地踏步、停滞不前,它需要的是有韧性而不失目标,时刻在前进,哪怕每一次都要前进很短的、不为人所瞩目的距离。然而"突然"的成功大多都来自于这些前进量微小而又不间断的"脚踏实地"。

身居优位,历练通达

原文:拂经,居贞,吉;不可涉大川。

译文:违背颐养的正道,但是却能够安然地居于尊位,所以结果吉祥,只是尚不能处理极为艰险困难的事情,就像不能够涉过大河一样。

活学活用:在职场中我们身为老板了,既要能够管理好部属,成为他们的领导者,又要精通其业务,成为这方面的专家,同时还要处理好公司与外界的关系,我们也确实还有很多困难的事要去处理。真可谓是身兼数职了。他们大多精明、干练、能力较强，这当然需要一定的天赋，但最主要还是来自后天的刻苦钻研，努力探讨。

当然，要做到各方面都具有较强的能力，是不大可能也是不大现实的，但有一点对于老板来说是必须要具备的，即沟通能力。因为在老板的日常工作中，无论是接洽业务、分配工作、制订计划，都需要这种能力。可以毫不夸张地说，沟通能力是老板必不可少的、极其重要的一种能力。

那么怎样才能提高自身的沟通能力呢？实践出真知，要从自己工作中的琐事做起。

首先要多听。听公司里高级职员关于业务工作的讨论，听部属对公司现状的评论，听其他公司同行介绍经验或是讲述教训，以及听与公司业务有关的专业讲座等等。

这里不能仅是听见而已，而是要用心去听，能从讲话者的长篇大论中抓重点，或是筛选出对自己有用的材料，加以判断、归纳，最后形成自己的新观点；或者从中汲取教训、获得经验。

其次还要多读，读与听可以获得同样的效果，但是“听”比较被动，别人不说，你从何而听呢？相比之下，“读”的自主性就比较大了，但有的老板先生会说：“我每天的工作都安排得很紧张，连吃饭都在谈工作。“读”即使是让人喜爱做的事，但无暇顾及。假如你是这样想的，那就大错特错了。能力的培养是长期的，不是靠一朝一夕就能完成的。的确，要从快节奏的商业活动中抽出整段的时间来读书、看杂志是不大可能的。

这里给你一个建议：不妨把要看的东西，比如一本书、一本杂志放在随身的公文包里，一有时间就拿出来读一点，长期坚持下去，你就会感到能力倍增。当然，在读的同时，还要进行思考。如果走马观花的阅读，那么即使你读得再多，也是毫无意义的。

“听”与“读”都是从外界输入东西，而“说”和“写”就是要向外界输出东西了。你必须把自己的想法整理成章，整理一个比较完善、系统的观点，然后介绍给别人，让别人能够正确地理解你的意思，同时还要注意搜集别人的反应，从中提炼出有用的东西，使自己的观点更加完善。

“听、说、读、写”是提高沟通能力的最有效途径。作为老板要不断地学习，不断地充实自己，使自己成为一个名副其实的卓越人士。

有思想更要有行动

原文：君子以成德为行，日可见之行也，潜之为言也，隐而未见，行而未成，是以君子弗用也。

译文：生活不是守株待兔的遐想，不是消极的自我研究，不是情绪化的虔敬神明，只有行动才能决定人生的价值。

活学活用：有思想没有构成行为，有好的理想，有好的计划，没有做出来，没有成果，对社会、国家没有贡献，尽管有很好的德行，仍不能算是成功，这可以作知行合一哲学的根本。

西奥多·瓦尔曾经这样说：“现在商界的年轻人最要命的弱点，就是缺乏准备，缺乏实干精神和考虑周到的素养，空有一番进取心，不愿为之努力奋斗。”

岳飞像。岳飞，字鹏举，宋朝抗金名将。《易经·比》卦说：疑中之疑。比之目内，不自失也。是说布下重重的疑阵后，能使来自敌内部的间谍归顺于我。南宋初期，宋高宗害怕金兵，不敢抵抗，朝中投降派得势，主战将领宗泽、岳飞、韩世忠等利用投降派极于讨好金兵，探听消息的心理，布下了重重疑阵，使金兵不敢轻易进犯

有一种品质可以让一个年轻人实现自己的愿望，在芸芸众生中脱颖而出，这就是实干精神。而是否具备这种实干精神，常常因人而异。在失败者身上，往往蕴涵着大量没有利用、没有开发的潜力。为什么他们没有好好利用这些能力呢？他们中的许多人都理应获得成功，而不是仅仅在温饱线上挣扎。他们完全有机会做得更好，但是，为什么他们没有呢？

奥利弗·霍尔姆斯说：“与我们行进的方向相比，处在哪个位置上倒是一个次要问题。”那么，我们究竟在向哪一个方向行进呢？

有千千万万的人拥有伟大的雄心、宏大的志向，他们也决定要实现这些理想，但是他们又因为疑虑困惑而停滞不前，甚至不肯迈出一小步。他们一直在等待着，不敢前进，就像有魔鬼守在门口一样。他们常常不愿意全力以赴，更不用说完全切断自己的退路了。

在我们的人生当中，我们期望自己的成功，就要为自己创造一个可进可退的人际宽松环境，这是最好的处世之道。环境宽松了，我们的工作开展起来就显得游刃有余了，成功也不会离我们太遥远了。

没有辛勤的付出就不会有收获的季节，要想收获丰硕的果实就得先有播种的行为。

生活不是守株待兔的遐想，不是消极的自我研究，不是情绪化的虔敬神明，只有行动才能决定人生的价值。

行动是一个人敢于改变自我、拯救自我的标志，是一个人能力有多大的证明。光心想、光会说，都是虚的，不能看到一点实际的东西。美国著名成功学大师马克.杰弗逊说：“一次行动足以显示一个人的弱点和优点是什么，能够及时提醒此人找到人生的突破口。”毫无疑问，那些成大事者都是勤于行动和巧妙行动的大师。

人是自然的一部分，怎么来的又怎么去，真正属于自己的是经历。你的经历决定

了你是什么,你感觉到了什么,你又创造了什么。

不管你的肉体怎么来的,也不管你的灵魂如何的丧失,作为人,一个完整的人,你应该知道你是什么。男人或女人,医生或学生,丈夫和教授,等等,都不能代表你是什么。就像水有河水,污水,雨水,口水,等等,可水是什么?无色、无味、透明的液体。如果你知道了你是什么,你就能像水一样,遇冷成冰,遇火成气,遇堵能绕,滴水穿石。

你的感觉是你对外部周围世界反应。你要爱和美好,你爱的一切都是美好的。从最初的感觉来认识和接受别人和事物,适应和选择你的爱,决定付出。当你付出而不图回报时,你已感觉到付出和回报是同步的。像你的呼吸是自然地一体,如果刻意地把呼和吸分开进行,就感到累,即使努力去协调,也不如忘掉它而让它自然调节来得舒服。

当你认识到了你是什么,而不是去把你做成什么其他谁,你就会感觉到这世界里的一切都不是你的敌人。如果你是水,就可解渴、荡涤、蒸发、灌溉、任意流淌,甚至成为雨、雪、彩虹。

你认识了自己也感觉了世界,同时你势必采取了行动。你的行动决定了你对世界的影响,也是你被认可的依据。别人不如你了解你自己,但他们可根据你的行动来判断你。当你爱上一个人、你的生活、这个世界,你必然会有所行动。也许你会犹豫、彷徨,但你终会做个决定且付诸行动。你的行动是创造性的,只要你爱你的行动而且没有无奈的压力。你有所创造,世界会更美好,你会爱也会得到爱,你知道你是必然的存在,任何其他人都不能替代你。

"随时"者昌,"随人"者亡

原文:大亨贞无咎,而天下随时。

译文:"随时变通"。意为顺时以动,人必随之,动皆走正道,故上下悦从,这说明大亨通,也会发生错误,要"大亨通无咎",则必准之于理,随时变通。理在于上之随下,则随其下;理在于下之随上,则随其上;理在于泰,则随其时之泰;理在于否,则随其时之否,总之,要随其时之所宜而变通。

活学活用:赵子龙随从刘玄德的道理很简单:"良禽择木而栖,良臣择主而事"。自古以来,随人就是跟人。但是究竟跟什么样的人才能成就大业,这就颇费踌躇,需要有所抉择。《随》卦六三:"系丈夫,失小子。"或者不失为一种正当的抉择。《随》卦又说大丈夫为人所随,假如真想当好一个成功的领导者,胸中就应该深怀"四德":以善为先导是"元"德;畅通礼法是"亨"德;以义相和是"利"德;行正无邪是"贞"德。

关、张、赵、马、黄随从刘玄德,那么刘玄德又随从谁呢?按照《随》卦的说法,不论谁随谁,只要是人相随,一概必须服从另一个不可逾越的原则:"天下随时。"那就是说"随时"高于"随人",为人所随的人应当"随时"。"随时"高于一切!肩负重任,被天下共随的人,无论如何不可以不随时。只有随其时,才能以其昭昭使人昭昭。所以《彖传》意味深长地说:"随时之义大矣哉!"

有这样一个故事:

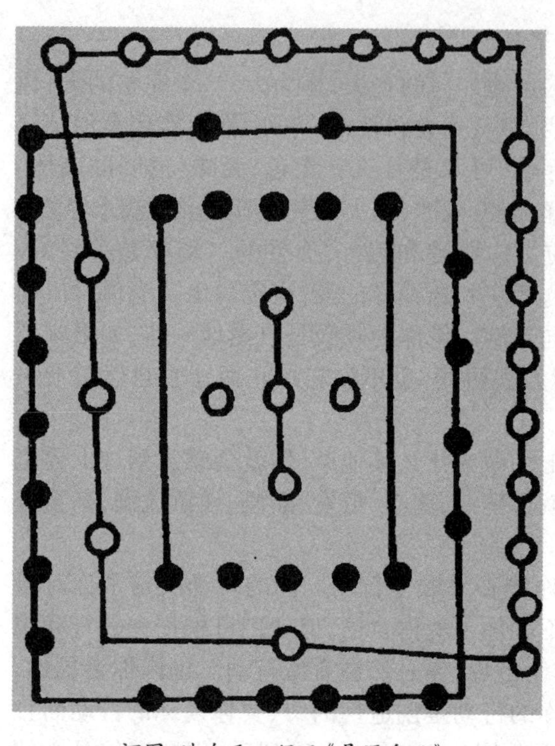
河图，选自元·保巴《易源奥义》

小和尚想跟老和尚学书法，老和尚说，从“我”字练起吧，并给小和尚提供了几个前辈和名家们的“我”字帖。

小和尚练了一个上午的“我”字之后，拣自己比较满意的一个“我”字，拿去让师父指点。老和尚斜乜了一眼说：太潦草了，接着练。

小和尚接着练了一个星期，自己也记不清究竟练了多少个“我”字了。便又捡几个自己满意的字，拿去让师父看。老和尚随手翻了翻那几个字，一边背过身去一边轻声说：太漂浮了，接着练。

小和尚存住气，接着练了半年，基本上能把前辈和名家们的几个“我”字临摹得惟妙惟肖了，便又拿去，请教师父。老和尚静静地看了一阵那几个字，拍拍小和尚的肩膀说：有长进，有出息，不过，还得接着练，因为你还没掌握“我”字的要领。

受到承认和鼓励之后，小和尚终于静下心来，揣摩着师父的开导，一遍遍、一天天地练下去。半年之后，小和尚又来找师父了。这次他只拿来唯一的一个“我”字，不过，这个“我”字再不是泛写和临摹了，每个笔画都是异样的一种新写法。很显然，小和尚熟能生巧地练就，独创了一种书法新体。

老和尚终于满意地笑了，他意味深长地对小和尚说：你终于写出自己的“我”、找到“自我”了。

模仿别人，永远是别人，只有自己的特点，才是自己的。学字是这样，做人也是这样。人要有自己的立场，自己的位置，不能人云亦云，跟人跑，跟风走，要以自己的眼光看世界。

随时者生，随人者死！

随人者必然会迷失自己。

窥视内心，以身作则

原文：观我生，君子无咎。

译文：对照高尚的道德标准省察自己的言行，不断地完善自己，君子就不会有祸患。

活学活用：我们社交处世全在于以身作则。在每个工作日（甚至包括休息日）的每时每刻，人们都在观察身边的人。这构成了周围的人的判断依据。

在交往活动中，每一名相关人员的一言一行，往往代表着一个国家、一个民族、一个地区、一个城市的形象，若是对自我形象毫不修饰，不但难言对交往对象的尊重，而且也属失礼行为。所以我们不论是领导干部还是接待人员在公务活动中，都应时时刻刻注重个人言谈举止、服饰仪容，不可蓬头垢面、不修边幅。

人们的行为举止，包括他穿的衣服和如何穿着，包括他的发型和指甲修剪，也包括他们说的每句话，以及是否使用拉格菲尔德香水，或是否有狐臭。人们的行为举止还包括居室的格调，以及如何回答电话（不同的回答，如“我是杰基·琼斯”，或“是我”或“是琼斯”，可以透露许多东西）；另外，还包括他的待人接物，即他是否表现得过分粗鲁或者礼貌过度。

行为包括人们所做的每一件事。成就源自行为。

风度可看作是人在社交活动中所有的言行举止的总和，包括精神状态、待人态度、礼节仪表、言谈举止，等等。这些因素制约着你在交往对象心目中的形象，也影响着对方以什么样的方式对你做出反应。

在人际交往中，人们常常用“气质很好”这句模糊其意的话来评价对某个人的总体印象，似乎正是其模糊性才体现出较高的概括力。然而，一旦要把这个具体的感觉用抽象的概念作解释，就变得难以表达了，大有“可意会而不可言传”的味道。

如果说气质源于陶冶，那么风度则可以借助于技术因素，或者说有时是可以操作的。风度总是伴随着礼仪，一个有风度的人，必定谙知礼仪的重要，既彬彬有礼，又落落大方，顺乎自然，合乎人情——这便是现代人的潇洒风度。

有人说：“高雅的风度是通向朋友心灵的畅通无阻的护照。”风度是社交活动中给人印象深刻的内在潜质的综合反映。风度是一个人的姿态举止、言谈、作风等表现出来的美。这种美既是一种外在美，又是一个人内心美的自然流露，也就是内在美和外在美的和谐统一。正如屈原所说：“给吾既此内在美兮，又重之以修能。”

举止风度所展现出来的性格魅力是令人为之折服的，这在很大程度上还与人本身内在的个性化的东西有关。举止魅力产生凝聚力，往往会感染他人。一个有风度有性格魅力的人，就会在团队中激发出一种力量，这种力量将会超越一切，将为优秀的你锦上添花。

知道麦卡夫是谁吗？提起麦卡夫，也许你会问：“麦卡夫是谁？”

他就是以太网之父、3Com 创始人、一位广受欢迎的专栏作家、一位见多识广的博学者，还是业内著名的会议主办人。这些头衔和成就都集中在他身上。有人评价麦卡夫是一口汇集魅力的“大锅炉”。他坚韧不拔，举止风度翩翩，具有极强的说服力，也知道如何倾听别人，善于鼓动，却又能避免过多树敌。正是这些才能使他自己发明的以太网最终成为网络标准（如今连接有 1 亿多台电脑），也使麦卡夫挣到了他的第一个 100 万美元，办起了 3Com 公司。可见这口有魅力的“大锅炉”散发出来的影响力是多么巨大。成功人士在举止风度上注重表现自己的魅力，从而彰显其个性特征。这也是他们容易成功的因素之一。

可见，许多成功人士之所以能够成功，除了努力、奋斗、智能、机遇等重要因素外，还需有自身的性格魅力和独特的个性做基石,他的举止风度所展现的效果会非同寻常。在一个团队中,要想稳坐如山,呼风唤雨,让领导和下属为之钦佩和叹服,你的举止风度的展现尤为重要。

因此,我们既要重视化妆、服饰与姿态的美,更要看重内在的修养,何况外在仪表本身就渗透着个人内在的修养。要想在社交场合风度翩翩,应从根本做起:

⊙洒脱的仪表,周到的礼节

仪表和礼节是人初次见面所要接收的信息,第一次印象就从这里产生。一个人神貌端庄,俊逸潇洒,就能使人产生乐意接近的魅力。这种魅力不仅来自相貌和服装,而且来自人的气质。风度的培养是人内在气质的展现。气质不佳者,难有好的风度。内在气质的优化是靠平时修养、陶冶而成,因而它会不经意地显露出风度。

《世说新语》中记载:曹操个子较矮,一次匈奴来使,应由曹操接见,可是曹操怕使者见自己矮而看不起,于是请大臣崔琰冒充自己,曹操则持刀扮成卫士站在崔琰的旁边观察使者。崔琰"眉目疏朗,须长四尺,甚有威重"。接见后,曹操派人去探听使者的反应,使者说:"魏王雅望非常,然床头提刀者,此乃英雄也。"曹操具有高度的政治、军事、文化素养,养成了封建时代的政治家特有的气质,因此他的风度并不因他身材矮小而受到影响,也不因他扮成地位低下的卫士而被掩盖。

而周到适宜的礼节,是人的内在品质的流露。得体的礼仪则使得交际可以顺畅地进行,你敬重别人,别人也敬重你。一个良好的开端是成功的一半,如果第一印象好,那么以后就感到情感的距离近多了。

⊙饱满的精神状态

一个人神采奕奕,精力充沛,显得自信和富有活力,才能较好地激发对方的交际热情。如果无精打采,有气无力,会使人家感到你并不乐于交际,觉得兴味索然。即使你有交际的诚意,对方也难以理解,因为你言行不一。

⊙诚恳地对人态度

对人应当诚恳而坦率。对人不应居高临下或卑躬屈膝,这都是不应该的或不必要的。言谈之时也可看出态度之诚恳与否。切忌支支吾吾,言语和表情自相矛盾。比较恰当而中肯的待人态度是端庄而不矜持冷漠,谦逊而不矫饰伪作。

不过,社交虽应注重诚实的原则,但也不必看得过死,只要不是损人利己,能达到社交的目的,不妨"不诚恳"一点。灵活机动处理问题比一味追求诚实效果要好。

⊙适当的表情动作

人的体态和面部表情,是沟通人际关系的非语言交际形式。也是社交风度的具体表现方式。从体态来说,上身倾向于对方,表示兴趣与热情,也显得谦恭有礼;身体后仰,显得坦然随便,但有时会显得过于傲慢;侧转身子,表示嫌恶与蔑视;背朝对方则很不礼貌,意味着不理不睬了。在面部表情上,自自然然微笑,是友好热情的表示;如果肌肉紧绷,面若冰霜,不是心有敌意,就是过分拘谨,因此别人就不易接近了。

在说话语调上,语气应柔和自然,诚恳友善,切忌阴阳怪气,冷嘲热讽。当然也要掌握好谈话时阳刚与阴柔的分寸。朴实大方，温文尔雅的行为，能正确地表达你的愿望，粗俗不雅观的动作使人讨厌，给人留下很不好的印象，也根本谈不上有什么风度。

总之，高雅的言谈举止，是社交中必须具备的素质和修养。每个人的风度不可能是千篇一律的，一个人身上优雅的风度到了另一个人身上就不一定合适。所以每个人都应培养适合自己的性格特点的“风度”。正如一位艺术家所言：“只有你自己才能识别自己的长处和魅力。它们也许是你的浅笑，也许是你的畅谈，也许是你的和蔼。它可能是你对生活乐趣的领悟，也可能是你的沉静安详。不管你那特有的吸引力是什么，它都会因为魅力的技术因素而得到加强。”

温暖互换好人缘

原文：无平不陂，无往不复，艰贞无咎。勿恤其孚，于食有福。

译文：没有平地不变为陡坡的，没有只出去不回来的。处在艰难困苦的环境中坚守正道就没有灾害，不要怕不能取信于人，安心享用自己的俸禄是很有福分的。

活学活用：大自然的规律，盛极必衰，否极泰来，刚刚是“夕阳无限好”，转眼间“只是近黄昏”。所以经文告诫我们：安泰的局面到达极盛，必然遭遇阻塞。

前进的路途，没有平坦，只有起伏，没有只往不返，只有艰难曲折。所以，必须明白，安泰得来不易，仍需坚守纯正，一本初衷。这样，该得到的自然能得到，该享受的自然能享受。

这是智者的一种先见之明，是优秀人士的一种远见卓识。

在伊索寓言中有这样一则故事：太阳和北风打赌，看谁能先让行人把大衣脱去。于是太阳用它温暖的光轻而易举地使人脱下大衣；而北风使劲儿地吹，反而使行人的大衣裹得更紧。

太阳与北风的故事向我们展示了这样一个道理：对朋友要像太阳那样，用温暖去感化他们，让他们从中体会到温暖；如果一味地强逼压制，这样，会使人感到有一种极强的心理压力。

人与人之间需要以诚相待，要心心相印。要了解一个人的心，并不仅凭读几本心理学教科书就能做到的。

学习心理学固然很必要，那只是纸上谈兵。人们只能从中借鉴一些与人相处的方法。拿着心理学教科书去与人打交道，无论你把对方的心理分析得多么透彻，对方绝不会对你倾吐心语。你也许会问长问短，甚至不惜逢迎，但在对方看来，这一切不过是虚情假意，你们之间有一条极宽的鸿沟。

要做一个人缘好的人，你就要有一个很大的胸怀，人与人相处，总要有一方先打开胸襟，对他人要真诚实意，把自己的热情温暖送到每一个相识的人心坎上，不能做两面三刀的事。如果彼此间等待对方先有所表示，那么别指望会有互相理解、彼此友好的那一天了。

在生活中我们是想做北风呢，还是想做太阳呢？

有容者不妒，一个有包容心的人，能够包容异己，对于不同意见的人，不同的思想、种族、国家、语言行为，都有包容的雅量。对于他人的成就、荣誉、声名也不会嫉妒。乐于看到他人的成就，不妒不忌，这就是包容者表现出的涵养。

一个富有的人，可以用金钱财富来将房子打点得富丽堂皇；一个有智能的人，则是以敦品励德，来涵养仪态容貌的庄严。一个人的内心修养，显现在外就成为气质风度，所以说：诚于中，形于外。

英国王室为了招待印度当地居民的首领，在伦敦举行晚宴，身为"皇太子"的温莎公爵主持这次宴会。宴会快要结束时，侍者为每一个客人端来了洗手盘，印度客人看到这个精致的银制器皿，以为是喝的呢，就端起来一饮而尽，作陪的英国贵族目瞪口呆。温莎公爵神色自若，一边与众人说笑，一边也端起自己面前的洗手水，像客人那样"自然而得体"的一饮而尽。接着，大家也纷纷效仿，本来要造成的尴尬与难堪顷刻烟消灰灭，宴会取得了预期的成功。

纪伯伦说："大智慧是一种大涵养，有涵养的人善于学习，我们从多话的人学到静默，从偏狭的人学到宽容，从残忍的人学到了仁爱。"

在一次庆功宴会上，一位年轻的士兵斟酒时，不慎将酒泼到前民主德国将军乌戴特的秃头上。士兵悚然，全场寂静，人们不禁为这个冒失的士兵担心。没想到，将军拍了拍士兵的肩膀，说："老弟，你以为这种治疗能让头发再生吗？"全场顿时爆发出一阵笑声，尴尬紧张的气氛因此而变得欢快热烈。

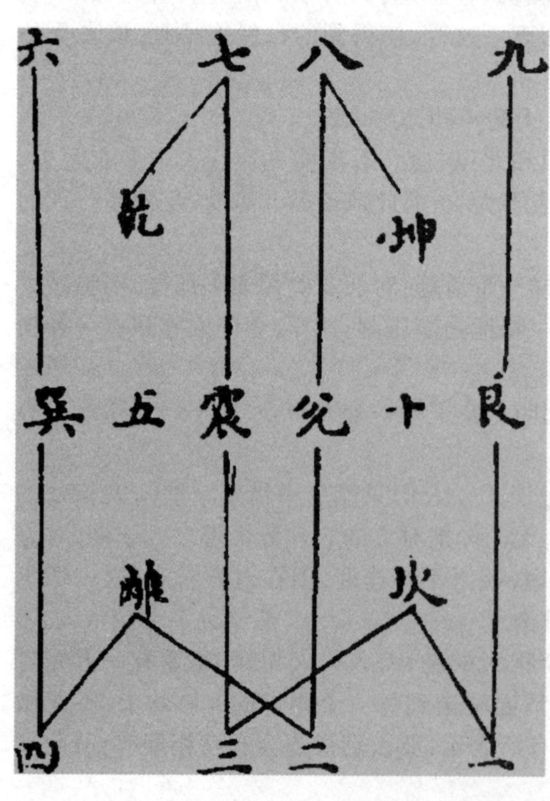

卦数之方图，出自元 · 吴澄《易传言外翼》

乌戴特不愧是化解尴尬、消除矛盾的高手。但在高超技巧的背后，反映出的却是将军令人敬佩的涵养和襟怀。要是换了一个待人苛刻、缺乏容人雅量的人，结果会怎样呢？那个士兵可能就要倒点小霉了。

正所谓"意识支配行动"，一个人的言行反映出的就是这个人的思想境界与心理修养，虽然我并不是一个大奸大恶之人，仅是暴躁的脾气和急躁的性格在作祟，但也足以看出我的素质修养还修炼得不到火候，仍欠缺内功心法的引导啊。在生活中，同样还有很多人都是如此，就是因为一时之气而大骂出口或者大打出手，忍不得一时、吃不得一点亏，遇见无赖就比无赖还无赖，遇见流氓就比流氓还流氓，不论是市井小民，还是高级知识分子全然没了形象。

如若能做到心静如水、泰然处

之,心中无气、无怨,也便没有了争辩与争吵。所以,一个人的涵养还应先从思想境界上去提高,当意识上升了,行为也就受到控制了。

或许有人会说自己根本不在乎别人如何看待自己,那么,请问为什么就不能在别人心中留有一个好的形象呢?难道让人厌恶自己给自己带来了极大的乐趣吗?但丁虽然说过"走自己的路,让别人说去吧"这句话,可我想他本意并不是要人们去坚持走一条错误的道路,而是鼓励人们坚持真理、坚持美好的人生理想与追求地走下去。如果有人举着彰显自我的牌子,打着标榜个性的牌子,依旧我行我素,不知悔改,那便是执迷不悟、无可救药、自甘堕落!

确实做一个有涵养的人不易,但是做一个有涵养的人应是我们给自己做人处事的形象定位,更是我们行事的准则,为了早日实现这一目标,希望大家和我一起从现在做起,时时刻刻提醒自己,从思想上端正态度,从行为上严于律己。若不幸遇上低素质低修养之人,我们更应高姿态面对,不与之争辩争吵,以宽宏大量的心胸,宽容以待。

越出名,就越要小心

原文:在师中,吉,无咎,王三锡命。

译文:在军中任统帅,持中不偏可得吉祥,不会有什么灾祸;君王多次进行奖励,并被委以重任。

活学活用:有抱负、有才能的人都会垂涎这个"在师中"举足轻重的职权,但并非每个人轻而易举就能干好,就能得到上司的"锡命"(赏赐)。因为人才越出名,职权越大,就越要小心!

职权意味着权力,而权力意味着腐败。利己主义会因职权而膨胀,而不称职的管理人员却不知足地追求职权。他们要权,为的是可以更多地开销费用,更多地网罗亲信,更多地旅行出差。他们到处攫取权力以便为所欲为。但是这样的权力是不存在的,也是绝不会有的,除非你是个体经营者。

职权的行使是一件事关信任的事务。在充满不信任的组织内,权力问题总是显得相当突出。

人们为权力而钩心斗角,为失去权力而悲叹哀鸣。在这类组织内,管理人员相信,在人们眼里额外的职权意味着额外的荣誉,将提高他们在其他人眼里的身价,给他们一种高于他人的权力。在这样的组织里,追求和获得权力是一种自私自利的行为,目的在于个人的满足,而不是为了整个公司及其全体员工的最大利益。

优秀的管理者则是谨慎小心地运用其职权。他寻求的仅仅是足以使自己有效履行职责的那部分职权,以便完成公司要求他作出的贡献。优秀经理并不将这份职权视为"高于他人的权力",而更多地看做是实现本组织目标需要的决策权。如果他感到自己缺少完成所担任的工作需要的职权,他会说服上司授予他更多的权力。

见好就收是高手

原文：肥遁，无不利

译文："肥遁"就是赚了大钱功成身退。急流勇退，于企业，于自己，于接班人都有好处。

活学活用：急流勇退，见好就收。及时而漂亮的撤退与漂亮的进攻同样重要。辅佐某人久了，连幸运女神也会累的。凡事终了时务必小心谨慎，顺利抽身退出要比顺利地进入时更难。最重要的不是到场时博得别人的喝彩，而是离开时别人对你的想念。

有人去见宋襄王，得到了十辆车子赏赐，这个人便向庄子夸耀。

庄子就用以上道理告诫他，还说了一个故事。有个人住在河边，家境贫寒，他靠编芦苇制品养家糊口。某日，他的儿子潜入河底，得到一颗价值千金的珍珠。

这个人见了儿子送上的珍珠，没有高兴，而是叫儿子，赶紧找块石头砸碎它。他对儿子说；珍珠虽然很值钱，但一定产生在极深的潭底，在黑龙的下巴下面。你能取得这颗珍珠，一定是碰上黑龙在睡大觉。假使黑龙那会儿醒了，你还有命吗？

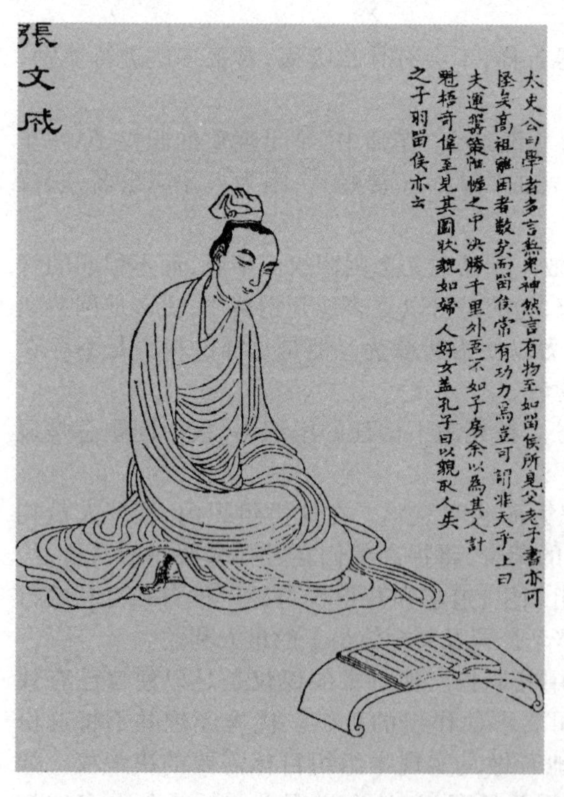

留侯张良像。张良辅佐刘邦取得天下后归隐，功成身退。张良见好就收。此做法与《周易》"肥遁，无不利"思想相一致

庄子告诉这个人说："如今宋国的形势凶险无比，还不止像深渊，宋襄王的凶残狠毒，远远超过黑龙逞威。你能够得到十辆车子，一定是碰到襄王在睡梦中。假如他突然醒悟过来，你只怕想当他的阶下囚也不可得了。"

知道不可侥幸，便知道取舍，便知道和气的生活，自由的人身可贵。

有位诸侯用厚礼招聘庄子做官，庄子一笑，回复这位诸侯的使者说："你见过作为祭品的牛吗？祭祀时，它满身文彩，还披着彩绸，吃的嫩草和黄豆，受宠极了。等到它被牵进太庙宰杀的时候，即使这时它想作一条山野无人照料的野牛，也已经不可能了！"

所以，贤能的人一定要认真选择可以服务的对象，才接受职位，美好的飞鸟一定要寻找适合栖身的树林，才筑巢作窝。

侥幸求利，小则终身遗憾，大则

当时就丧失性命。

有人生阅历的老人知道，人的寿命并非越长越好，最好是在别人还需要自己的时候就撒手人寰，这叫做见好就收。恋世以至于苟延残喘，终会让人生厌，活得没有滋味。

有艺术经验的演员知道，“再来一个”得有严格的节制，最好是在观众兴致正浓的时候就悄然退场，这也叫见好就收。因为台下掌声热烈，就没完没了地“再来一个”，等到观众倒了胃口再收场，总是有点灰溜溜的。

中国历史上有不少政治家功成身退，他们懂得见好就收。

李泌要与唐肃宗分手时，是与唐肃宗同榻而寝的，简直情同手足。但李泌决意离唐肃宗而去，他说“臣有五不可留”：“臣遇陛下太早，陛下任臣太重，宠臣太深，臣功太高，亦太奇。”李泌明白，倘若迷恋这一切而不想“收”，那么，事情就会悄悄地发生变化。周围的环境会变，信任会变成猜疑，拥戴会变成妒忌；自己的心态也会变，功能使人变骄，权会使人变蛮，弄不好就会身败名裂，以致像李斯那样，想当平民百姓而不得。

当然，急流勇退见好就收，并不是舍弃如荼的生活主流走远，急流勇退更不是强求不食人间烟火的脱俗。而是呼唤一种率直的生活分析，一种近乎平淡却真挚的人生态度。当生活向我们发出真善的召唤，当弱者向我们伸出求援的双手，你、我、他就应奔涌着呼啸向前。

恩威并用，宽猛相济

原文：有孚挛如，富以其邻。

译文：具有诚信的德行，与别人紧密联系并互相帮助，自己致富也要使邻人跟着一同富起来。

活学活用：事业能否成功，关键在于人的个人修养、志向、威信如何。

所谓威信，就是威严加诚信，没有威严的诚信，会使诚信淡然无味，没有诚信的威严只能是空架子。

下面是一个关于美国电话业巨擘——密西根贝尔电话公司总经理福拉多的生活片段：在一个寒冷的深夜，纽约的一条不算繁华的道路很少有车辆行驶。这时从街中心的地下管道洞内钻出一位衣着笔挺的人来。路旁的一个行人十分狐疑，他上前想看个究竟，一看却怔住了，他认出这人，竟是大名鼎鼎的福拉多。

原来地下管道内有两名接线工在紧急施工，福拉多特意去表示慰问。

福拉多被称作“十万人的好友”，他与他的同事、下属、顾客乃至竞争对手都保持着良好的关系，这位富有人情味的企业巨子，事业如日中天。

当然，作为一个行政主管，要做到令出必行，指挥若定，必须保持一定的威严。在领导与指挥业务上，没有令对方与下属感到畏惧的威慑力，是难以尽责称职的。仅靠有一张和蔼的脸，一番美丽动听的言辞所起的推动作用，可以说非常有限。唯有恩威并用，宽猛相济才是上策。

但是威严不等于严言相向，开口大骂，整日板着面孔训人。只是在工作时对待属下错误必须不姑息，立即指出，及时纠正。不允许讨价还价，要让属下滋生敬畏之心，才会使你威风凛凛，在万马千军冲锋陷阵的商界中指挥自如。

居安思危的忧患意识

原文：明于忧患与故。

译文：凡是衰落的，都是由于过去曾经荒淫腐败；凡是灭亡的，都是由于过去曾自以为平安无事；凡是败乱的，都是由于过去曾自以为治理得宜。

活学活用：中国生命哲学可谓源远流长，但其第一个系统性的成熟形态无疑是《周易》大传的哲学体系。这个哲学的终极关怀是"观我生""观其生"（《易·观》），即对人生的高度关注。它把"三才"（天地人）一体的宇宙视为一个大生命系统，从而提出了"天地之大德曰生"，"生生之谓易"（《易·系辞传》）的思想；它引领我们去直观地领悟这个生命系统的"易道"——天道、地道，尤其人道；它让我们倾听"道言"，然后"言道"。由此，它指示我们将所领悟到的人道运用于我们的人事中，求得天人之际的和谐、人际的和谐、身心的和谐。

毫无疑问，周易哲学的核心可以归结为"阴阳"范畴；而我们更进一步认为，阴阳范畴的实质则可以概括为"生命的结构"：从其内容来看，阴阳范畴是一种"生命忧患"意识；而从其形式方面来看，阴阳范畴则是一种"结构思维"方法。

阴阳范畴的内容，就是生命关怀，或曰生命忧患意识。故《系辞传》一言以蔽之："生生之谓易。"孔颖达曰："生生，不绝之辞。阴阳变转，后生次于前生，是万物恒生，谓之'易'也。"这是讲的生命绵延之道，所以笔者说周易哲学就是生命哲学。又云："作《易》者其有忧患乎！"此即生命忧患意识，或者生存忧患意识。忧患的具体内容随时代而转变，但生命忧患本身是中国哲学永恒的主题。

《易经》作为一部形成于殷周之际的占筮之书，其目的是为了引导人们防患于未然，化险为夷，趋吉避凶。因而，在其卦爻辞中，包含了较为深沉的忧患意识。成书于战国时期的《易传》把这种意识概括为"明于忧患与故"。其曰："《易》之为书也不可远，为道也屡迁。变动不居，周流六虚，上下无常，刚柔相易，不可为典要，唯变所适。其出入以度，外内使知惧，又明于忧患与故，无有师保，如临父母。"（《系辞传》）"明于忧患与故"，就是使人认识忧患所在及忧患之因，这就是忧患意识。

忧患意识，说得通俗一点，就是"居安思危"。《周易·系辞传》借春秋末期的著名思想家孔子之口说："危者，安其位者也；亡者，保其存者也；乱者，有其治者也。是故君子安而不忘危，存而不忘亡，治而不忘乱。是以身安而国家可保也。"大意是说，凡是衰落的，都是由于过去曾经荒淫腐败；凡是灭亡的，都是由于过去曾自以为平安无事；凡是败乱的，都是由于过去曾自以为治理得宜。

因此，君子安居而不忘倾危，生存而不忘灭亡，整治而不忘败乱。这样才可以自身安全而国运常新。这是叫人对自己的处境和现状，时刻抱有警惕之心。战国中期的著名思想家孟子用非常精练的语言把它概括为"生于忧患而死于安乐"。

真正做到居安思危，并非容易之事，须从细微处着眼，时时警惕，防微杜渐。《周易》特别强调“几”和“知几”。照《系辞传》中的说法，《周易》是一部“研几”之书。其曰：“夫《易》，圣人之所以极深而研几也。唯深也，故能通天下之志。唯几也，故能成天下之务。唯神也，故不疾而速，不行而至。”意思是说，《周易》是穷究幽深事理而探研细微征象之书，只有穷究幽深事理，才能会通天下的心志；只有探研细微征象，才能成就天下的事物；只有神奇地贯通《易》道，才能不需急疾而万事速成，不需行动而万理自至（译文参见黄寿祺等《周易译著》，上海古籍出版社 1989 年版，第 554 页）。“几”即“微”，就是事物发展变化的苗头或萌芽。《周易》中认为，这种苗头或萌芽虽然“微”而似无，但却能够预示事物发展变化的方向是吉是凶。

范仲淹像，选自《吴郡名贤图传赞》。范仲淹“先天下之忧而忧，后天下之乐而乐”的感慨也许是受到了《周易》忧患意识的影响

正所谓“合抱之木，生于毫末；九层之台，起于累土；千里之行，始于足下”（《老子》六十四章）。用《易传》中的话说即是：“积善之家，必有余庆；积不善之家，必有余殃。臣弑其君，子弑其父，非一朝一夕之故，其所由来者渐矣，由辩之不早辩也。”（《坤·文言》）“早辩”即及早察觉，也就是“知几”。能及早察觉，就能防患于未然。

在《周易》看来，可否做到防患于未然，并不单纯是一个认识问题，还是一个德性修养的问题。《乾》卦九三爻辞说：“君子终日乾乾，夕惕若厉，无咎。”意即君子整日进德修业，到晚上还惕惧反省，就不会有什么灾害临到自己。可见，防患于未然的关键是谨慎自守，提高道德修养。用《象传》中的话讲即“见善则迁，有过则改”。孔子就是在这一层面上特别彰显其忧患之心的。他说：“德之不修，学之不讲，闻义不能徙，不善不能改，是吾忧也。”（《论语·卫灵公》）

北宋著名政治家范仲淹，“泛通六经，尤长于易”。正是在《周易》忧患意识的启迪下，他抒写了“先天下之忧而忧，后天下之乐而乐”的千古名句，成为中国历代仁人志士自强不息，担当道义的自警格言。

在中国人的俗话中，有这么一句话：“没有吃不了的苦，却有享不了的福”。其意思是说：人们忍受苦难的能力，是非常大的。不论有多么大的困苦，都可以千方百计去克服。但是优裕的生活条件、事业上的顺利、追求的满足，对于某些人却是受用不了的。一些人在艰难困苦的境遇中,不会做出什么不好的事;而在优裕的条件下,或是在顺利之中、满足之中,却出了一些不应当发生的事。

顺利、追求的满足,会使人自高自大,傲慢,胆大妄为,对别人不尊敬,为人变得尖刻,

盛气凌人,不可一世。灵魂中的这类疾病,是很难治愈的。如果在这种时刻,经历到人生的磨难,那么痛苦也许能使他清醒一些。如果能因此认真反省,改过迁善,则可以使其以后免除此类的挫折,走上幸福的坦途。

凡是做成功的人生,必须懂得一种人生的哲理,八个字:生于忧患,死于安乐。忧患对一个人的成长、成熟起决定性的作用,忧患使人很快成熟起来,使人很快聪明起来,使人很快的取得经验,忧患对人有好处,没有什么坏处,不要怕忧患。安乐使人的意志消沉,使人不想学习,使人停止进步,所以叫做死于安乐,对今天仍然有很好的教育意义。

柔顺刚烈,随机而施

原文:恒其德,贞。妇人吉,夫子凶。

译文:长久地保持柔顺服从的美好品德,永远坚守正道;这样的话,女人可以获得吉祥,男人则遭遇凶险。

活学活用:不会随机应变灵活处世,对于一个处世入世的人来说也是不应该的。

《三国演义》第 21 回描写,刘备寄居曹操篱下,为怕引起曹操的猜疑,实行“韬晦”之计,在自己的住处后园里种起菜来了。不料曹操和他青梅煮酒论英雄,一语道破他“英雄”的真面目,刘备惊慌失措,手中筷子不觉落在地下。恰巧这时老天作美,雷声大作,刘备急中生智,以雷声巧妙掩饰而过,在这里是随机应变的能力救护了他。

《三国演义》第 71 回,描写了赵云临敌应变以“空营计”吓退曹兵的故事。汉献帝建安二十四年,魏国大将夏侯渊在定军山被黄忠斩杀,曹操得知后亲率大军 20 万杀奔汉中,要为夏侯渊报仇。黄忠自告奋勇深入敌后去夺取曹军粮草。诸葛亮放心不下,令赵云也领一支人马同去。黄忠在北山脚下被围,苦战多时。不得脱身,赵云见黄忠去后许久不归,急忙披挂上马,前去接应,曾先后两次杀入重围,救出黄忠及其部将张著。曹操在高处看到赵云东冲西突,所向无敌,愤然大怒,自领左右将士追赶。眼看大军追到蜀营军门以外,守营将领张翼看到敌我悬殊,情势危急,慌忙要关闭营门,赵云喝止,一面将弓弩手埋伏到寨外,一面令大开营门,偃旗息鼓,自己单枪匹马立于营外,魏将张郃、徐晃先到,看到这番情景,疑心设有伏兵,不敢向前,曹操到后,却催督众军,大喊一声,杀奔营前,这时,赵云大智大勇,依然纹丝不动,魏兵以为确有伏兵,转身就往后逃。赵云乘机把枪一招,蜀军鼓声震天,杀声动地,强弩硬弓一齐射出,魏兵心慌意乱,只顾逃命,互相践踏,死伤累累。拥到汉水边时,又互相争渡,落水淹死者无数,大批辎重器械丢弃,蜀军无一伤亡,取得了出乎意料的胜利。刘备得知后,亲到现场了解作战经过,非常赞赏地对诸葛亮说:“子龙(即赵云)一身都是胆也!”在这个战例里,看到的是赵云的英勇气概和随机应变、创造发挥的能力。

《三国演义》中表现随机应变的例子很多，曹操拔刀行刺董卓，被发觉后借物随机，顺势改为献刀；曹操马惊踏农田，灵机一动来了个“割发权代首”等，无不闪烁着随机应变的智慧之光。《三国演义》中还有以这方面的专家自居的人，那便是大名鼎鼎的庞统。当孙权问他：“公平生所学，以何为主”时，他不无得意地回答：“不必拘执，随机应变。”

应变是闪烁着才能、机智、胆略之光的高超艺术，好比曹操的“割发权代首”，人们尽可以驰骋自己的想象，但是只能得出这样的结论：唯有曹操在这种特定的环境里，才能急中生智，想出这个两全其美的解决问题的办法。这是一种极富个性的艺术表演。可见，应变没有统一的模式可循，没有固定的规律可依。随机的“机”是多种多样的：有天时，有地利，有人物，有事件，有情况，有势态……应变的“变”也是千姿百态的：可以迎难而上，可以另找新路，可以寻求支援，可以等待时机，可以顺水推舟，可以置之不理……究竟如何？运用之妙，存乎一心。这里的共同点在于，都需要快速灵活的反应，都需要急中生智和临场发挥。

终日乾乾，勤勉成功

原文：君子终日乾乾，夕惕若厉。无咎。

译文：君子整日勤奋刻苦，夜间警惕反省，这样即便遇到危险也可免遭灾祸。

活学活用：著名哲学家、哲学史家、国学大师，北京大学哲学系教授张岱年先生把中华民族精神概括为“自强不息”“厚德载物”。作为“高山仰止，景行行止”的国学大师，他终生勤勉，致思学问，造福祖国的文化学术事业，堪称一代学人楷模。

人世沉浮如电光石火，盛衰起伏，变幻难测。如果你有天才，勤奋则使你如虎添翼；如果你没有天才，勤奋将使你赢得一切。命运掌握在那些勤勤恳恳工作的人手中。推动世界前进的人并不是那些严格意义上的天才，而是那些智力平平而又非常勤奋、埋头苦干的人；不是那些天资卓越、才华四射的天才，而是那些不论在哪一个行业都勤勤恳恳、劳作不息的人们。

天赋超常而没有毅力和恒心的人只会成为转瞬即逝的火花。许多意志坚强、持之以恒而智力平平乃至稍稍迟钝的人都会超过那些只有天赋而没有毅力的人。懒惰是一种毒药，它既毒害人们的肉体，也毒害人们的心灵。无论多么美好的东西，人们只有付出相应的劳动和汗水，才能懂得这美好的东西是多么的来之不易。

真正的智慧总是与谦虚相连，真正的哲人必然像大海一样宽厚。浅薄的嫉恨和无知的轻蔑都是真正不尊重劳动、不尊重勤劳的表现。人们常说：播下行为的种子，你就会收割习惯；播下习惯的种子，你就会收割性格；播下性格的种子，你就会收割一定的命运。“闻鸡起舞早耕耘，天道酬勤有志人。”让我们养成勤劳的习惯，培养勤奋的性格，收割丰收的果实！

是的，我们要勤勉的工作，要珍惜每一刻时间，去除一切不必要之举，勤做有益之事。人虽有愚、智、贤、不肖之异，然而成功之诀在于勤勉。只要持之以恒，坚以毅力，勤勉地做下去，所谓“勤能补拙”，即使本身天分不足，也能因勤勉而弥补之。

在美国，工作时间最长的当推高科技行业的人，尤其是国际网络业的新创业者。约翰·丹尼斯是一位电脑程序设计师，在美国硅谷的一家网络软件公司工作。虽然他和父母住在一起，但他早出晚归，父母难得见他一面。晚上他往往三更半夜才回家，他父母早已进入梦乡。每天天还未亮，他父母还没醒过来，他已经出了家门。如果他们半夜醒来，看见儿子的车在门前的车道上，他们就知道他回来了。如果见不到他的车，那他一定是在公司里通宵达旦加班了。

约翰·丹尼斯累了就在电脑桌上睡一会儿，他们公司的老板也想得挺周到，每个人发了一个折叠床，就放在电脑桌下，工作太累了就躺一会儿，醒了继续干。饿了就到隔壁咖啡厅买点东西吃。公司搬到这栋写字楼时，公司的老板有先见之明，在他们公司和咖啡厅之间开了一道门，大大方便了公司员工用餐，节省了不少时间。而从咖啡厅吹来的咖啡清香便整天飘荡在办公室的空气中。

约翰·丹尼斯说："我们现在干得辛辛苦苦，就是希望有朝一日成功，我和我亲爱的家人可以过着安逸的生活，悠闲自在地享受我过去辛勤劳动的成果。或者到将来我经验丰富时，我也可以每周优哉游哉地工作 35 个小时，而效率与产出和后来者每周拼命工作 60 个小时一样高。"

不论我们是对待工作还是学习，我们都应该知道，能同成功画上一个等号的那就是我们的勤勉。

审时度势，待机而发

原文：或跃在渊。无咎。

译文：龙或腾跃而起，或退居深渊，不会有灾祸。

活学活用："或奋发跃起，或退而在渊。可进可退，能进则'跃'，不能进则退。一切待机而动，而不是盲目冲动，浮躁妄动。跃是为了发展，退是为了发展而积极地准备、筹划，创造更为有利的条件和先机。"

西奥多·瓦尔曾经这样说："现在商界的年轻人最要命的弱点，就是缺乏准备，缺乏实干精神和考虑周到的素养，空有一番进取心，不愿为之努力奋斗。"

有一种品质可以让一个年轻人实现自己的愿望，在芸芸众生中脱颖而出，这就是实干精神。而是否具备这种实干精神，常常因人而异。在失败者身上，往往蕴涵着大量没有利用、没有开发的能力。为什么他们没有好好利用这些能力呢？他们中的许多人都理应获得成功，而不是仅仅在温饱线上挣扎。他们完全有机会做得更好，但是，为什么他们没有呢？

经常问问自己，我们是否在努力做好？我们是否充分利用了自己的机会？我们是进步了还是落后了？这些思考都是非常有益的。

奥利弗·霍尔姆斯说："与我们行进的方向相比，处在哪个位置上倒是一个次要问题。"那么，我们究竟在向哪一个方向行进呢？

有千千万万的人拥有伟大的雄心、宏大的志向，他们也决定要实现这些理想，但是他们又因为疑虑困惑而停滞不前，甚至不肯迈出一小步。他们一直在等待着，不敢前进，就像有魔鬼守在门口一样。他们常常不愿意全力以赴，更不用说完全切断自己的退路了。

在我们的人生当中，我们期望自己的成功，就要为自己创造一个可进可退的人际宽松环境，这是最好的处世之道。环境宽松了，我们的工作开展起来就显得游刃有余了，成功也不会离我们太遥远了。

飞龙在天，时机成熟

原文：飞龙在天，利见大人。

译文：龙飞行在天空，利于出现大人。“大人”，指“大众”、“众人”。

活学活用：是“飞龙”所面对的，而不是当初“在田”的龙所面对的。无论从群体层面和群体的素质层面上比较，“飞龙”所面对的众人、大众远远超过前者。因为“飞龙”是已经具备了成熟的社会处世能力，已经有了成就自己的才能了。这里的“飞”字既是名词，修饰“龙”；又是动词，形象地描述了此时的“龙”腾空而起的情形，象征着崛起、业绩和称雄及其在社会上的影响力。

泰罗通过自己的管理学著作《计件工资制》（1895 年）、《车间管理》（1903 年）、《科学管理原理》（其中包括在国会上的证词，1912 年），总结了几十年试验研究的成果，归纳了自己长期管理实践的经验，概括出一些管理原理和方法，经过系统化整理，形成了“科学管理”理论。泰罗在管理理论方面做的许多重要的开拓性工作，为现代管理理论奠定了基础。由于他的杰出贡献，他被后人尊为“科学管理之父”，这个称号被铭刻在他的墓碑上。

人才的业绩和成就也是企业的业绩和成就；人才的成长和发展，也是企业的成长和发展。所以说，一个企业、一个单位想要“飞龙在天，利见大人”，只需要“无为而治”，为人才的成长和发展营造一个良好的环境。当你把一条条“飞龙”送上天的同时，你的事业也随之腾飞在天了。

防微杜渐，知错而返

原文：初六，履霜，坚冰至。

译文：脚踏上了霜，气候变冷，冰雪即将到来。

活学活用：刚一起步就发现问题了，并能从问题的迹象预计到前面的问题会更麻烦，如果照此走下去，其结果将会使局面越来越艰难险阻。不要急，好在是事物的开端，纠正还来得及。

是的，此时或者知难而进，或者知错而返。如果你已发现自己处世的方法原本是一个天大的错误时，你首先考虑的是如何纠正它，无论这个问题的原因和责任在于谁，都不能任其发展。

有人说过这样的话，一个善于处世交际的人，仅仅有专业能力还是不够的，要想成为杰出的人必须有两个翅膀：丰富的社会常识和良好的判断力。否则，具有雄心壮志的人也只能与成功擦肩而过。我们都见过一种精巧的机器,它可以没有噪声地在钢板上打洞,能做到这一点靠的是它有一个巨大的平衡轮。这个平衡轮为完成任务储存了能量、速度和动量。一旦从这台能够轻巧打洞的机器上移走了平衡轮,这机器就会散架。在这里,平衡轮就是机器的关键零件,而常识和判断力就是人的平衡轮。如果一个人没有这两点,他的宏大愿望也仅仅是愿望而已。

一个过分高估自己能力、过于自负的人如果没有弄清自己的实际能力和缺陷,他的下场往往很可怜。对一个人来说,知道自己不能做什么,与知道自己能做什么同样重要。

如果把一个人比作一架机器人,那么,他对问题的判断力、防微杜渐的能力就是其中的平衡仪。

见微知著,防患于未然;知著察微,总结经验。

明代传世智书《经世奇谋》中说:事情虽然还未显露出来,它的细微迹象却已露出,愚昧无知的人对它熟视无睹。比如烟囱安装不当,将招来火灾,而燕雀却怡然自得,不知大祸将临头。如果是君子,看到迹象就知事物的结果,怎么会到这种地步呢!明代的另一部传世智书《智囊》也说:圣人没有必死之地,贤人没有必败的结局。圣贤之人,当彼处昏暗时能在此处躲避,当机遇到来时能自觉加以运用。由先贤先哲的这两段遗训可知,人是否具备见微知著的能力,将直接影响到人的吉凶祸福,将直接影响到事情的成败得失。

谈到做事中的“微与著”,就是强调,我们无论做什么事,都要注意察微知著。

扁鹊是历史上名医,他第一次见到蔡桓公,发现桓公脸色与常人不同,说他有病,而桓公自恃身体强健,认为扁鹊想卖弄自己的医术,没有放在心上。扁鹊第二次见桓公,发现他的病情加深,要求医治,桓公还没引起注意,果然不多久,桓公的病情加重,病入膏肓,派人去寻找扁鹊而不见踪迹,最后桓公病死。这个故事告诉我们:我们无论做什么,应该防微杜渐,防患于未然,才能将事情办好,我们经常在书中看到一些名言警句,足以作为日常生活行事的依据。像这样的句子,我们不妨将它当成座右铭,时时拿来提醒督促自己。

“处世”多少事,都付笑谈中

原文:盘桓,利居贞,利建侯。

译文:万事开头难,在初创时期困难特别大,难免徘徊不前,但只要能刚正不阿,仍然可建功立业。

活学活用:有时候,虽然局势使人一筹莫展,但只要动机中正,思路清晰,能够与人们有融洽的关系,还是能得到拥护和理解的。

所以,局势盘桓并不是一件坏事,在有头脑,会发挥各方面人员积极性的成功人士眼里,这是处世每前进一步前的“蓄势”阶段。蓄什么势?势者,东风也。“万事俱备,只欠东风”,这时的“东风”或许就是人的积极性,是人们的理解和支持,是一种打破局势的“创意”。

有一位名叫马克的人深谙此道。在大多数情况下，如果他有个创意需要一名下属去执行，马克会在一次谈话中漫不经心地提到它。他一般不会直接亮出底牌说：“这里有一个很棒的创意！”相反，他会若有所思地把它用比较大一点的声音说出来，以便听众中有一个机灵的人能够发现它。然后，他就可以坐待佳音了。

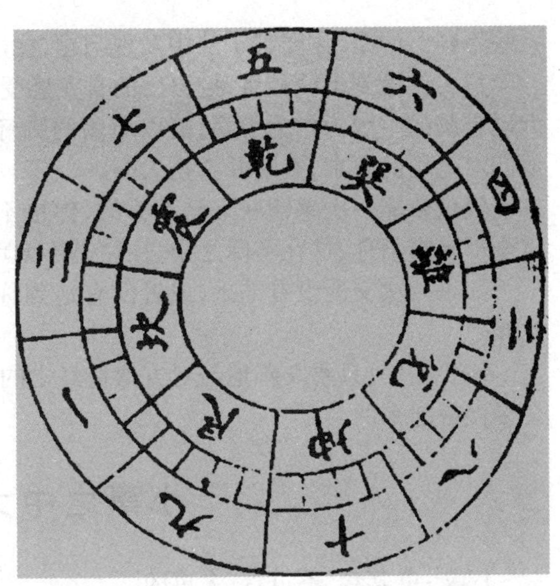

卦数之圜图，出自元·吴澄《易传言外翼》

过了一两个星期后，如果那名下属仍然没有把事情做好，马克会在下次谈话的时候再次漫不经心地把它提出来。几天以后，马克会给这名下属一份附有他一些其他相关想法或者新闻剪报的备忘录。几个星期以后，他又这样轻轻地但又略显无情地这样刺激他一下，即使是反映最迟钝的下属，都应该知道他是什么意思了。但是，马克并没有强迫下属接受自己的观点，而是用了几个星期的时间让这个主意慢慢地渗透到他的脑海中去，使下属慢慢地自觉接受这样的想法。当这名下属把这个创意付诸实施的时候，他肯定会认为这是他自己的创意。

正因为马克先生“以贵下贱”，所以能受到下级的理解，能将自己的创意变为下属的创意和实际行动。

友善接触，魅力再现

原文：即主鹿无虞，惟入于林中，君子几，不如舍，往吝。

译文：追鹿而没有虞人做向导，只能独自闯入林海。君子应有预见性，不如舍弃不追，一味前往必招致遗憾。

活学活用：古人说，刚过为悔，柔过为吝。凡事做过了头，出现了错误，便会生悔。既悔必吝，吝是失误后接着产生委委琐琐的消极状态。因为这种消极状态，不但会影响大局，还会疏远朋友之间的关系。如果你是一位领导，在这种消极的状态中工作，还有谁会愿意跟着你真干、实干呢？

如果你这种情绪是由于下级对你的领导不满而引起的，你是将气一股脑儿撒在下级身上，还是反省自己，及时认识自己的过错？善处理人事关系的人肯定会选择后者。因为他明白了解了自己的缺点，就应该及时去改正，而不是摆领导架子，依旧我行我素。否则，只会更增加一些下属的愤怒。

一些下属对你的领导工作心存不满，你是可以看出来的，如见到你之后总是表情十分冷淡，有时对你竟不予理会。作为领导，你自然会感觉很没面子，心里多少会有一些不畅。但是,你要善于从中发现问题,找出其中存在的原因。

只要你做到坦诚相待,把自己的真实感受和想法透露给对方,相信对方也会对你诉说衷肠的。因为作为上司,能以坦荡的胸怀对待下属,大多数下属是会被感动的。他们对上司的要求,有时并不是太高。

仅仅依靠一次感情联络是不够的,你也不能奢求下属第一次交谈就把所有的心声全部吐露给你,这在实际之中,往往是不太可能的。

如果一次交谈没有结果,或者没有达到你满意的程度,你也不要太灰心,更不能放弃。

你要相信,只要友善地与对方保持经常的接触和交流,你与对方的关系也就一定会慢慢好起来的。

小事之中大禅机

原文:屯其膏,不贞吉,大贞凶。

译文:处在困难的境地,不能大量施以恩泽。这时,做小事情,动机纯正,可以吉祥;做大事情,即使动机纯正也会发生凶险。

活学活用:当生活中遇到很大的险阻的时候,要想摆脱困境,最要紧的是稳健。此时,头脑要冷静,要紧紧依靠得力的朋友。问题要逐渐地解决,困境要逐步地摆脱。步子迈得过大,急于求成,势必导致失败。

也许你不明白"小贞吉,大贞凶"的含义,不知道其中蕴藏着一种微妙得使人惊讶不已的秘诀。这里我想用一个漫不经心的小故事,提示一下这"小"与"大"的禅机。

某一个下雨天的下午,有位老妇人走进匹兹堡的一家百货公司,漫无目的地在公司内闲逛,很显然是一副不打算买东西的样子。大多数的售货员只对她"瞧上一眼",然后就自顾自地忙着整理货架上的商品,以避免这位老太太去麻烦他们。其中一位年轻的男店员看到了她,立刻自动地向她打招呼,很有礼貌地问她,是否有需要他服务的地方。这位老太太对他说,她只是进来躲雨罢了,并不打算买任何东西。这位年轻人安慰她说,即使如此,她仍然很受欢迎。他并且主动和她聊天,以显示他确实欢迎她。当她离去时,这名年轻人还陪她到街上,替她把伞撑开。这位老太太向这名年轻人要了一张名片,然后径自走开了。

后来,这位年轻人完全忘了这件事情。但是,有一天,他突然被公司老板召到办公室去,老板向他出示一封信,是这位老太太写来的。这位老太太要求这家百货公司派一名销售员前往苏格兰,代表该公司接下装潢一所豪华住宅的工作。老太太指名要求让这位小伙子承担这项工作。

故事中的小店员、小事,使人联想到一些商业部门的一些大炒作、大行动、大举措,轰轰烈烈之后不知有多大的效果。有些单位甚至因此而遭到消费者的投诉,其结果不正是"大贞凶"吗?

动之以情，晓之以理

原文：发蒙，利用刑人，用说桎梏，以往吝。

译文：启蒙教育应利用典型的事例，避免走上邪路，而急于求成必将出现悔之莫及的结果。

活学活用：我们处世要以人为主体，要以法为主体，要经常向身边的人进行法律常识的教育，把我们认识的人都置于国家法律的自我保护和自我监督之中，这样，不但形成了良好的社会环境，也会使自身人群中的威信得到提升和巩固。

我们可以举一个简单的例子。假如一个年薪 200 万美元的人得了肺炎，那他就必须去找医生诊治。而事实是这个医生年薪只有 20 万美元。这样问题就出来了：一个年薪 200 万的人凭什么要听一个年薪 20 万的医生摆布呢？答案很简单：术业有专攻，在肺炎方面医生知道的比患者多。他能治好你的病，你就得听他的。

法律的作用仍然是有限的，因为绝大多数人，绝大多数情形都在合法的范围内活动，动用法律的机会很少，可能只占百分之一二，动用规章制度的情形也不可能是全部，而大部分情形，还得靠常规的启蒙、启示、教育等方法去处理。

先扬后抑的“击蒙”

原文：击蒙，不利为寇，利御寇。

译文：启蒙教育要及早实行，要针对蒙童的缺点，先发制人。不要等到蒙童的问题彻底暴露再去教育，而要防患于未然，事先进行启蒙教育。

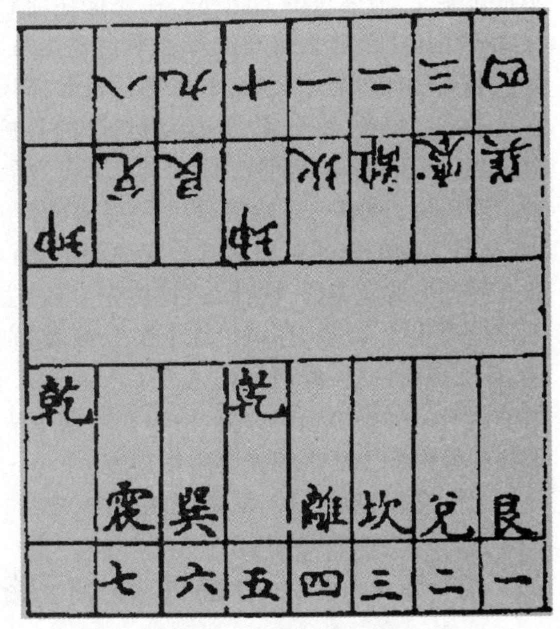

卦数之横图，出自元·吴澄《易传言外翼》

活学活用：对别人的教育和批评，方法是多种多样的。其中，“发蒙”、“包蒙”、“童蒙”，都是比较典型的方法之一，而“击蒙”的区别则是指批评的力度上大一点，方法属刚性，或以刚制刚，或以刚制柔。但在实际运用上还得灵活掌握，要始终注意保持一个度。

批评也是一门艺术，许多人之所以没有好的人缘关系，并非他本人没有能力，而是不善于运用批评这种技巧。部下免不了犯各种大大小小的错误。因此，作为领导，对他们提出批评是常有的事。但是，一提起批评这个词，许多人会不寒而栗。因为他们接受的都是粗暴地训斥,虎着脸,把他们损得一钱不值,以致为人处世总是谨小慎微,不敢承担责任。这种习惯会让人丧失积极主动的创造精神。这样的批评无助于改进,反而适得其反。要知道,批评的最终目的不是要把对方压垮,而是为了帮助他成长;不是去伤害他的感情,而是要帮助他把事情做得更好。

这种批评有助于使对方认识到你不是在批评他这个人,而是批评对方的某项工作或某件事情。把你的批评指向他的活动,就无损于他的整个自我形象,这样就使批评建立在友好的气氛中,使对方感到无拘无束,欣然接受批评。用这种方法,你在指出他人错误的同时实际上夸奖了他,使他得以重新树立自我形象,因为你的意思给他的感觉是"领导的话说明我这个人还是不错的。"这样,你就让他知道,你是信任他的,并期望他做得更好,这本身对于他不辜负你的信任和期望就是一种强有力的激励。

如果对方需要忠告批评,要从赞扬其优点开始。这种方式就好像外科医生手术前用麻醉药一样,病人虽然有不舒服的感觉,但麻醉药却能消除苦痛。

彼此妥协,才会共享胜利

原文:需于血,出自穴。

译文:在血泊中等待,不小心陷进深穴,用尽全力才逃脱出来。

活学活用:在人际交往中不但需要足够的耐心,同时还需要做出某些付出甚至牺牲。要想得到理想的人缘,不付出一定代价是不行的,不栽树,只想伸手摘桃子的事是没有的。

在上一个世纪,印度的国父莫汉达斯·卡拉姆昌德·甘地奉行"勿以暴抗暴"的不抵抗主义,最终获得了胜利。在亚穆纳河之滨,印度为怀念他建造了一座纪念碑。纪念碑是用黑色砖头修建的普通平台式建筑物,上面用英文和印地文铭刻着他的教诲:"我希望印度自由强盛,敢于牺牲自己,勇于创造一个美好的世界。每个人应当为自己的家庭牺牲,每个家庭应当为自己的县牺牲,每个县应当为自己的省牺牲,每个省应当为自己的国家牺牲,每个国家应当为全人类牺牲。我期望'天国'降临尘世。"

可以说,婚姻一开始就是一种妥协的产物——男女之间想象中的"王子"、"公主"与现实中的恋爱对象总有一定的差距,面对"固执己见"的姑娘小伙们,介绍人总要开导他们放宽条件,说什么"这位先生各方面条件都达标了,就是身高差了2厘米,不过他今年才20岁,还可以往上长",或者"别总是看人家姑娘的缺点,结了婚有了感情,什么黑呀白呀,看惯了就完美了",而这么一说,双方一般来说也就"凑合"了。而婚前就有一种妥协感的夫妻,由于在婚姻生活中仍然不忘妥协原则,一般来说并不比那些曾爱得死去活来的夫妻生活得差。

人际交往也是一样,懂得彼此妥协,才会共享胜利。

山高水险,行路难,不畏难

原文:升而不已必困,故受之以困。

译文:“前进遇险而不盲目冒进,退归原处获得赞誉”,往前进发遇到险难,并不急躁冒进盲目犯难,而是平平静静退归原处,以便从长计议,所以获得了人们的赞誉。

活学活用:初六爻辞“往蹇,来誉”,《小象传》:“宜待”,九三《小象传》:“‘往蹇来反’,内喜之也”,都是说蹇难在前,宜退不宜进。所谓“宜待”,含义很清楚:用来战胜困难所必需的人力物力积聚得还不够,对我们不利的客观形势还没有发生变化,像打仗一样,最好耐着性子等待有利时机的到来。

《蹇·大象传》说:“山上有水,蹇;君子以反身修德。”——处在蹇难的时候,应该诚心诚意地进行自我反省,不要张狂,不要怨天尤人,不要大呼“非战之罪”,老子也罢,小子也罢,都不可能一贯正确。

善静和尚27岁的时候,弃官出家。他去乐普山投奔元安禅师,

禅师令善静管理寺院的菜园,在劳动的过程中修行。

有一天,寺内一位僧人认为自己已经修业成功,可以下山云游了,于是就到元安禅师那里向他辞行。当然,下山是要等到禅师的批准的。

元安禅师听了僧人的请求,笑着对他说:“四面都是山,你往何处去?”

僧人无法想出其中蕴涵的禅理,只好转身回去。

那僧人无意中走进了寺院的菜园子。

善静正在锄草,看见僧人愁眉苦脸的样子就惊讶地问:“师兄为何苦恼?”

僧人就将事情的来龙去脉一五一十地告诉了他。

善静马上想到“四面的山”就是暗指“重重困难”、“层层障碍”。元安禅师实际上是想考考僧人的信念和决心。可惜,僧人参透不了师父的旨意,于是笑着对僧人说:“竹密岂妨流水过,山高怎阻野云飞。”意思是:只要有决心,有毅力,任何高山都无法阻挡。

僧人于是就来到元安禅师那里,对禅师说道:“竹密岂妨流水过,山高怎阻野云飞。”

僧人以为师父一定会喜笑颜开地夸奖他,然后准他下山,谁知元安禅师听后,先是一怔,继而眉头一皱,两眼直视僧人道:“这肯定不是你拟的答案!是谁帮助你的?”

僧人见师父已经察觉,于是只好把善静和尚的名字说了出来。

元安禅师对僧人说:“管理菜园的僧人善静和尚,将来一定会有一番作为的!多学着点吧,他都没有提出下山,你还要下山吗?”

世上无难事,只怕有心人!世上没有不可逾越的障碍,关键在于自身,只要下定决心,一切困难都能迎刃而解。

其实有很多事是事在人为的,做什么事只要立场坚定、勇往直前,就能把事情做好。这正如高尔基说的“志在顶峰的人,绝不留恋半山腰的奇花异草而停止攀登的步伐”,也就是说事只要有决心,就不会半途而废。

所以说人是能够掌握自己的命运,只要你朝着那个方向走去,无论有什么困难都坚持己见把拦路石搬开,等着你的将是美好的希望和美好的将来。

人生之路并不是坦途一条,获得幸福之路也不是通畅无阻的。人生有顺逆境之分,幸福的取得也有难易之分。但不管在怎样的条件下,人们都不应放弃对幸福的追求。在顺境中,人们以舒畅的心情谋求幸福,在逆境中,人们依然应当坚韧不拔,矢志

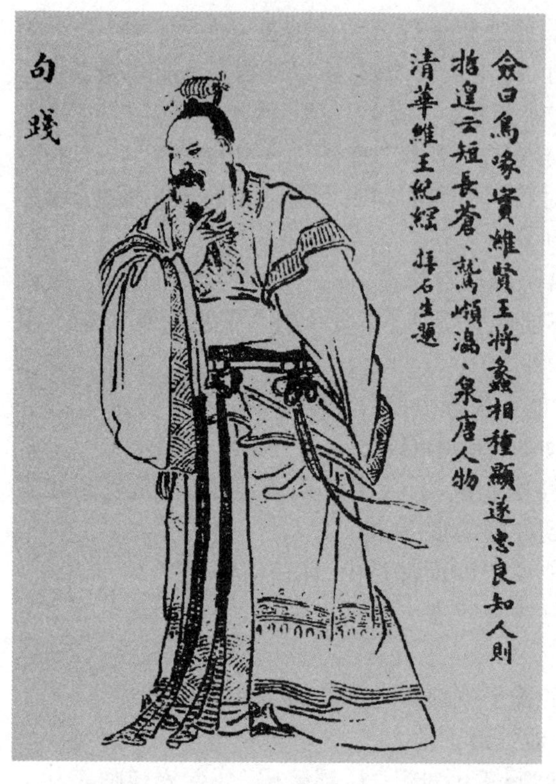

勾践像。勾践，春秋时代后期越国的君主。春秋末期，吴国征伐越国，越国战败。句践及王后及几乎所有大臣入吴为奴，受尽凌辱而不屈，他奇迹般回到越国后，卧薪尝胆，励精图治，最终灭吴。勾践的做法是《周易》“升而不已必困，故受之以困”思想的具体体现

不渝地追求幸福。幸福既可以在顺境中顺利地实现，也可以在逆境中艰难地获得。

一般来说，人们都希望一生顺利，平安地获得幸福。但现实往往并不尽如人意。人的一生中，既会有得心应手的顺境，又会有困难重重的逆境。我们争取处在顺境中，但也不应该害怕逆境带来的磨难，而应该公正地看待顺逆境。

顺境固然有利于事业的成功，逆境却能磨砺人的意志，激发人们克服困难，顽强进取。温室里的花朵经不起风雨的袭击；饱受风浪考验的海鸥却能够搏击海空。处在顺境中的人也许会虚度一生，处在逆境中的人却能够顽强奋进，取得辉煌的成就，获得更大的幸福。

相对而言，处于顺境中是幸运的，陷于逆境中是不幸的，是一种厄运。但幸运的好处是应当希望的，而厄运的好处是应当惊奇叹赏的。许多奇迹都是在厄运中出现的。用平凡的话来说幸运所生的德行是节制，厄运所生的德行是坚忍。

在逆境中有安慰与希望，人们只要抓住这种希望，并把它当作动力，就能够在逆境中崛起。在逆境中善于自处，锻炼自己的意志，就能够在逆境中奋起，越王句践在国破家亡之后，卧薪尝胆，用艰苦的生活来磨炼自己的意志，结果十年后一举灭吴。

当然，逆境确实容易使人消沉，丧失斗志，自认倒霉，结果跌倒后再也无法站起来，顺境有利于人们在良好的环境和心态下自由地正常发挥自己的才能，但也可能仅仅是正常而已，也许有时连正常都达不到，因为顺境容易消磨人的斗志，使人养成懒惰的习惯，从而平平常常，无法杰出。

因此在条件不利情况下，要有坚定信心，要养精蓄锐，等待时机的到来。

坦言消解芥蒂

原文：或锡之鞶带，终朝三褫之。

译文：或许能够得到赏赐的显贵服饰，但在一次的朝见中就多次被剥夺。

活学活用：有人总误认为在争讼中取胜是英雄的象征，可以得意忘形。其实，争讼失败的一方固然感到冤屈和沮丧，但争讼胜利的一方同时也不是滋味。俗话说："赢了官司输了钱"，"打官司是惹气受"。可见争执毕竟不是好事，能避免的当尽量避免，能化解的应尽量化解。

你肯定会遇到你的领导对你发脾气的时候，如果这个脾气发的对，你就必须承认错误并且作出该如何去改正或提高的承诺，而不是对你的错误进行辩护。我们在电视片上也会经常看到这样的情形，当一个职员犯了错误而又想辩护，领导则会毫不客气地说道："我不希望听你解释。"因为这时领导最希望看到的是你能弥补过失，把公司损失的利益追回来。如果他的脾气发的不当，你可以给他指出并且向他把事情解释清楚，告知他不应当对着你发脾气。

而且，你这样与他达到谅解后还可以为他提供一些解决问题的建议。

在社会中与人相处既需要技巧而且要有艺术性。技巧通过学习可以得到，但艺术性则是一种长期的素质，是作为一名学者、一名教练、一名领袖、一名核心人物或一名举足轻重的权威人士要具有的优良素质。有一些领导者有很多优点，同时，必然有缺点。而在现实中，往往会因为这些缺点而导致上下级之间的争执，如果这种争执发展下去，将会直接冲击企业或单位的利益。这时，只要某一方，当然最关键的是领导方主动承担责任，主动与对方交换意见，自然会消解芥蒂，这自然是十分有利的结果。

强强联合竞争中的合作

原文：外比之，贞吉。

译文：在对外交往中互相信任，亲密团结，尽力辅佐贤明的君主，其结果是吉祥的。

活学活用：当今世界呈现多极化，经济全球化，企业与企业之间，都在热衷于"强强联合"和"精诚合作"。

拿破仑·希尔在讲到合作时举了个生动的例子。他说，挪威的海岸外有一处世界上最著名及无法抗拒的大旋涡。这个永不停止转动的大旋涡十分可怕，任何人只要被卷了进去，就再也无法逃生。

那些并不了解"团结合作"原则的人，也正在向着生命的大旋涡前进，他们必然也会遭遇不幸的毁灭。在我们生存的这个世界中，到处都可看到"适者生存"的证据。这儿所说的"适者"就是有力量的人，而力量就是团结努力。

很不幸的是，由于无知，或是自大，有些人因而误认为自己能够驾驶脆弱的小帆船驶入这个危险的生命海洋。这些人将会发现，有些旋涡比任何危险的海域更要危险万分。大自然所有的法则与计划，都是建立在和谐与合作的基础上，世界上所有的领袖早就发现了这个伟大的真理。

当人们处于不友好的状态时，不管是在何处，也不管矛盾的性质及原因是什么，我们都可以发现，在"战场"附近都有这样的一个大旋涡在等待着这些"战斗"人员。

只有通过和平、和谐的合作努力，才能获得生命中的成功。单独一个人必定无法获得成功。

即使一个人跑到荒野中去隐居,远离各种人类文明,然而,他仍然需要依赖他本身以外的力量来生存下去。他越是成为文明的一部分,越是需要依赖合作性的努力。

不管一个人是依靠白天辛勤工作维生,或是依靠利息收入过活,只要他能够和其他人友好"合作",他的生活就可以过得更为顺心一点。还有,其生活哲学以"合作"而不是以"竞争"为基础的人,不仅可以比较容易过日子,以及获得舒适豪华的生活,也将享受到额外的"幸福",而这是其他人所永远享受不到的。

以真诚取得对方信任

原文:有孚,血去惕出,无咎。

译文:具有诚实守信的德行,互相信任;抛弃忧患意识与戒备心理,这样就没有灾祸。

活学活用:当合作双方发生分歧或利害冲突时,唯一的办法是"有孚",即以诚信去感动对方,取得对方的信任和理解。

拿破仑·希尔幽默地讲述过一件他个人的这方面经历。事情是这样的:

有一天,拿破仑和办公室大楼的管理员发生了一次误会。这场误会导致他们两人之间彼此憎恨,甚至演变成一种激烈的敌对情绪。这位管理员为了显示他对拿破仑的不悦,当他知道整栋大楼里只有拿破仑一个人在办公室中工作时,他立刻把大楼的电闸全部关掉。这种情形一连发生了几次,最后,拿破仑决定进行"反击"。某个星期天,机会来了,拿破仑到书房准备一篇预备在第二天晚上发表的演讲稿。拿破仑刚刚在书桌前坐好,电灯就熄灭了。

拿破仑立刻跳了起来,奔向大楼地下室,拿破仑知道可以在那儿找到这位管理员。当拿破仑到达那儿时,发现管理员正忙得很,管理员把煤炭一铲一铲地送进锅炉内,同时一面吹着口哨,仿佛什么事都未发生似的。

拿破仑立刻对管理员破口大骂。一连五分钟之久,拿破仑以比那个锅炉内的火更热辣辣的词句痛骂管理员。

最后,拿破仑实在想不出什么骂人的词句,只好放慢了速度。这时候,管理员站直了身体,转过头来,脸上露出开朗的微笑,并以一种充满镇静及自制的柔和声调说道:"呀,你今天早上有点激动吧,不是吗?"

管理员的这句话像一把锐利的短剑,一下子刺进拿破仑的体内。

想想看,拿破仑那时候会是什么感觉。站在拿破仑面前的是一位文盲,管理员既不会写也不会读,但虽然有这些弱点,管理员却在这场战斗中打败了他,更何况这场战斗的场合——以及武器——都是拿破仑自己所挑选的。

拿破仑暗自想着:我的良心以谴责的手指对准了我。我知道,我不仅被打败了,而且更糟糕的是,我是主动的,而且是错误的一方,这一切只会更增加我的羞辱。

拿破仑的脑海中涌出了一些十分令自己难堪的念头。他想,自己认为是个高深心理学的学者,是"黄金定律"哲学的创始人,精通莎士比亚、苏格拉底、柏拉图、爱默生等人的作品，还有《圣经》；而站在自己对面的这人对文学及哲学一无所知，而他却在这次的舌战中把我打得惨败。

拿破仑转过身子，以最快的速度回到办公室。他再也没有其他事情可做了。当他把这件事反省一遍之后，即刻看出了自己的错误。但是，坦白来说，拿破仑却很不愿意采取行动来化解自己的错误。

拿破仑知道，他必须向那个人道歉，内心才能平静。最后，拿破仑下定了决心，决定到地下室去，忍受必须忍受的这个羞辱。这个决心并不是很容易下的，拿破仑更是费了很久的时间才做出决定。

拿破仑开始往地下室走去，但这一次比上次走得慢了很多。拿破仑不断地在思考，应该如何进行这第二次的行动，以便把羞辱减到最低程度。

拿破仑来到地下室后，把那位管理员叫到门边。管理员以平静、温和的声调问道："你这一次想要干什么？"

拿破仑告诉他，"我是回来为我的行为道歉的——如果你愿意接受的话。"管理员脸上又露出了那种微笑，他说："凭着上帝的爱心，你用不着向我道歉。除了这四堵墙壁，以及你和我之外，并没有人听见你刚才所说的话。我不会把它说出去的，因此，我们不如就把此事忘了吧。"

这段话对拿破仑所造成的羞辱更甚于他第一次所说的话，因为管理员不仅表示愿意原谅拿破仑，实际上更表示愿意帮助他隐瞒此事，不使它宣扬出去，以对他造成伤害。

拿破仑向管理员走过去，抓住他的手。拿破仑不仅是用手和那人握手，更用自己的心和他握手。在走回办公室的途中，拿破仑感到心情十分愉快，因为他终于鼓起勇气，化解了自己所做错的事。

做事有始有终的人才有成就

原文：君子有终。

译文："君子"指有修养、有作为的人，"君子有终"指人必须有所坚持，历来成大事者都是有始有终的。

活学活用：人们做事情，总是在快要成功时失败，所以当事情快要完成的时候，也要像开始时那样慎重，就没有办不成的事情。

老子依据他对人生的体验和对万物的洞察，指出"民之从事，常于几成而败之。"许多人不能持之以恒，总是在事情快要成功的时候失败了。出现这种情况的原因是什么？

老子认为，主要原因在于将成之时，人们不够谨慎，开始懈怠，没有保持事情初始时的那种热情，缺乏韧性，如果能够做到"慎终如始，则无败事"。

老子认为，一个人应发挥智能或技能的最佳状态，只有在心理平静的自然状态下才能做到。总之，在最后关头要像一开始的时候那样谨慎从事，就不会出现失败的事情了。

现代心理学证实了这一名言。世界上很多伟大的科学家,其智力与我们这些凡人并没有什么两样,他们成功的秘诀是具有超越凡人的非智力因素:强烈的事业心,吃苦耐劳的干劲,尤其是持之以恒的毅力和善始善终的精神。

追求的目标越远大,所要付出的劳动就越多,所要进行的时间也越长,而且,有些工作越到后来难度越大。开始完成的多是些外围或简单的工作,到接近尾声时剩下的都是些硬骨头,这时就更需要热情、耐力和毅力。

但事业的可悲和不幸往往就出在这儿:许多人在事业开始时劲头十足、热情也高、精力集中,随着困难的增大和时间的拖长,越到后来就越气馁,越到最后就越粗心,事情快要办成了却甩手不干了。就像爬山的人快要到达无限风光的顶峰,却因腰酸腿疼而突然止步,转身向山下逃去。

忍的意义为忍苦、坚忍。所谓“头悬梁,锥刺股”,就是说的这个忍字。老百姓说,吃得苦中苦,方为人上人;又说,九十九拜都拜了,还有一拜不上头,也是强调这个忍字的重要。我们要做成一件事,无不有许多困难,如果不能忍,中途退步,就会前功尽弃。尤其生而为人,能够善始善终地在天地间做一番事业,更是需要数十年坚韧不拔地努力。

就拿读书治学来说,十年寒窗,考个大学已是不易,不过大学仅四年,也只是摸了个门,知道了在何处起步而已。要想有所建树,还有九十九条河,九十九道坡,非有一种忍劲不行。外交谈判,有时也是靠这一个忍字。左右应付,唇枪舌剑,就是不让步,坚持到最后一分钟,忍过来了就胜利了。

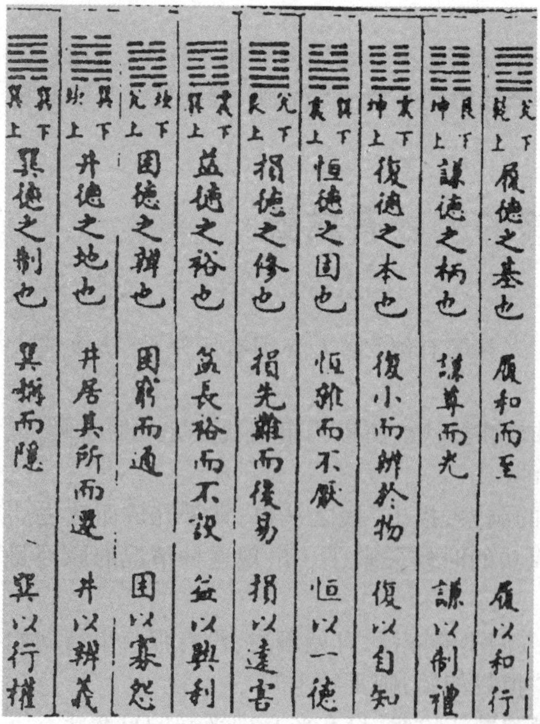
乾下兑上 履德之基也 履和而至 履以和行
艮下坤上 謙德之柄也 謙尊而光 謙以制禮
震下坤上 復德之本也 復小而辨於物 復以自知
巽下震上 恒德之固也 恒雜而不厭 恒以一德
兑下艮上 損德之修也 損先難而後易 損以遠害
震下巽上 益德之裕也 益長裕而不設 益以興利
坎下兑上 困德之辨也 困窮而通 困以寡怨
巽下坎上 井德之地也 井居其所而遷 井以辨義
巽下巽上 巽德之制也 巽稱而隱 巽以行權

文王九卦处忧患图,出自元·胡一桂《周易启蒙翼传》

其实,你来到人世带来希望,需要无限的耐心等待长大成人。父母相信自己才会相信你,正是因为父母的自信才能维持对你的希望寄以无穷的耐心。有一天,父母失去了自信,你的成长会受到影响,如果父母同时失去对你的希望,他们也没信心对你负责任,你就会被遗弃或成为别人的孩子了。

人生活在自信和希望之中,当失去自信时还有希望,当失去希望时,靠责任和义务来支撑。当你自信的时候选择了希望,也同时选择了责任,你的付出会得到快乐,如果只有痛苦的时候,靠的是耐心。痛苦是难免的,痛苦的结果是绝望,当极度绝望的时候靠的是希望的来临,或者是渴望一线希望的光芒。

随着人的成长,你会发现很多事情是周期性的。当你付出努力后希望结果的时候,需要的只是耐心。当你绝望的时候,已经是到了运气的底部,一个转折点,再坚持一下,你的运气就开始回升了。

也许回升的过程不会一下到顶,但你又看到了希望。有希望的时候,你又会有耐心。当绝望的时候,你会失去耐心。你的运气由坏变好的转折点也仅仅再需要把一点点绝望变为希望,把一点点无奈变为耐心。

乌云的后面是蓝天,不管乌云挡住你的视线有多久,只要你相信蓝天总会出现,(希望),总会有云开日出时。耐心来自于你要相信你的希望。你的命运靠的是希望,你的运气靠的是耐心。

耐心是一种品德。除了先天的成分不同,后天的培养决定耐心的大小和程度。价值是靠满足需要体现的,包括物质和精神需要,具体在生理、心理、情绪、财务等方面。人们对有价值的对象赋予比较大的耐心。

大人应给小孩以大一些的耐心,这也是锻炼和检验你耐心的时候。不过,这一点对多数人不难。对老人、病人和新来的人也应赋予耐心,这是需要学习和努力的,否则,世界上会多一些仇恨。当然,如果你充满爱心对人,也就有耐心了。

感情会影响价值。无论对人、事或物,一旦有了感情,也就赋予了价值,你会让自己更有耐心地去面对、等待。

人们为了实现价值会付出耐心。你爱上一个人,其为你终生所求,那么你要有无限的耐心。也许没有结果,但过程是由耐心铸成的。爱你所爱也无怨无悔了。

除了感情和爱以外的物质世界是工作和事业。你的事业成功能体现你的价值。在你成功之前,你愿意付出多少耐心取决于你的判断力和意志力。如果你相信你的判断并有足够的耐心,就不怕不能成功。短期内耐心取决于价值,长期来讲,耐心决定价值。

用真诚给友情打补丁

原文:城复于隍。勿用师。自邑告命,贞吝。

译文:城墙上的士兵又返回到壕沟里。不要动用军队。在自己的国度里发布告示,宜守持中正不变,防止发生悔恨。

活学活用:此话告诫泰已极,否将至,颓势已经显现。如果从朋友的关系上理解,意思是说,关系已经闹僵,似乎隔阂已经形成。此时只有我们自己去主动承担责任,以化解眼前的矛盾。

当了解到双方隔阂的原因时,先要分析一下,这个原因本身,是不是包含由你自己的缺点所造成的因素。如果有,就应该敢于去改正它,而不要因为自己是领导,碍于面子而掩盖缺点。如果是其他原因,则要视情况而采取办法。

自己的缺点如果已经被对方诚恳地提出来了,而你又不想去改正,那么前面的一切思想交流将前功尽弃。

我们固然很重视言语，但我们更重视行动。空口无凭，如果你不落实到实际的行动中，说了又有什么用？如果你还对自己的缺点无动于衷、遮遮掩掩、闪烁其词，那只能是欲盖弥彰，结果更坏。

在互相理解、充分交流之后，有必要再做一些增进感情的工作。就像一种慢性疾病在治愈之后，仍需要用一定的时间加以调养、巩固疗效一样。

你要选择一些适当的时机，比如他就要结婚了，你不妨在大喜之日带上一份贺礼，亲自前去表示一下祝贺。你的到来，一定会使他备受感动、倍加亲切的。原本还残存的一点儿心理隔阂，也会随着你的到来而彻底消除。

许多增进感情的工作，都需要平时抓紧一切时间去做，并要瞅准时机去做。不要在友谊出现裂痕时，再去做增加感情的工作，那时候已经迟了，也会让朋友认为你是一个只顾眼前利益的人。不被朋友怨恨，要从一点一滴做起，处理好自己与朋友的关系。

大事有原则，小事要灵活

原文：可小事，不可大事；……不宜上，宜下。

译文：做事没有原则，或者太坚持原则，两者都不可取。

人如果太固执，太偏执，就是道德与精神的不正。那些一味以为自己坚持原则的人，到头来一个拥护的人也没有，成了孤家寡人。

活学活用：《易经》节卦的卦辞里说："苦节不可贞。"本来，节是可以亨通。因为水流入泽中，过度就会溢出。节制是一种美德。天地因为有了节，才有四时的生成；社会也因为有了节，才有了制度规则。但你一味节制，或者利用这种节制伤害人民，那就不可取了。

再比方，同是节卦的爻辞"不出门庭，凶"。这里指的是懒惰与保守。该走出门庭的时候，你还没有走出去，极端地失去了时机。机会抓而不紧等于不抓。

再有，归妹卦的卦辞说："归妹，征凶，无攸利。"这里说的，嫁妹凶（春秋时期，有正夫人的妹以介妇的名义，与妹一起出嫁，这叫"从嫁为妾"的风俗，两女一夫。但妹的行为要有所规范，在姐之下）。妹嫁了，为什么凶？这里面的一个爻象：妹主动向男的行动，有违妇随夫唱的原则。一说，则是指男的入赘到女方家里。

这里的例子，可以粗置，它主要讲了一个如何对待原则和规则的事。有违原则和规则的事，前往必定是凶，不会吉。

中正，原则，而又灵活。这才是人的道德与精神所在，是为人处世的本钱。任何僵硬，死守和贪欲，都是一败涂地的根源。

如何将原则性与灵活性结合起来是一个说来容易做来困难的问题。在处理人际关系问题时要做到"大事讲原则，小事要灵活"。

其实，一件小事如果事关自己的品德、名誉、事业、前途，就是当然的大事。你不必为不能得到别人的尊重而黯然神伤，因为别人如何对待你，恰是你暗示别人可以那样对待你的——你的谦卑与忍让的心理都会一览无余地写在脸上，让人家可以不考虑是否会伤害你；相反，人的独立和尊严，也会以不可忽视的神韵令人敬畏，从而对你不敢胡为。

有原则的人，行事果断，宽宏大量，有一种独立、有个性、魅力的感觉。没原则的人，表现出斤斤计较、优柔寡断、瞻前顾后，让人感到愚俗而不可靠。

原则像路一样，有人沿着修好的路走，有人要走出自己的路。可爱的人不一定需要坚持原则，可敬的人离不开原则。不计较、易妥协、大智若愚的人是可爱吧，那是你没有违犯其根本原则；当你的为所欲为让其不高兴时，你会体会到其威严让你敬畏。

做人应该有原则，不要严酷得让人望而生畏，也不要和蔼得让人胆大妄为。

大事有原则，小事要灵活，为人处世，就是不能拘泥形式的，该圆时圆，该方时方，需要有任意形状时，也无不可，这样才能做到圆润通达。

坑弃万军图，选自清·马骀《百将传图》。在长平之战中，赵将赵括用兵不知权变，结果败于秦将白起，赵括身死，四十万降卒被坑杀。这是赵括没有把握用兵作战的原则性与灵活性相结合的规则所致

方圆的意思，就是中规中矩，它们是在圆规和矩形板的限制下画成的图形，代表着做人行事的基本规则。但同时，由于世事的千变万化，人的多样面孔，一个人为人处世总要能与外界相适应才成，一个面孔对外，完全的规规矩矩，一成不变，就会拘泥不化，作茧自缚。

孙武呕心沥血，著成《孙子兵法》，然而每次作战却都要脱离兵书，注意权变。赵括用兵，依葫芦画瓢，死守兵法规则，不知融会权变，二十万大军战败被活埋，为世人耻笑。

辩证法认为，任何事物的发展都存在着必然性和偶然性，二者是相互统一的。必然性是本质，构成了事物发展的规律、规则和趋势；而偶然性则是事物发展中某一时空的具体行为，具备千变万化、灵活多样的特性，忽视偶然性的存在也就忽视了事物的个性，世界就会停止。孙武的用兵，能将规则的必然性与战术运用的偶然性灵活地结合起来，因而百战不殆。赵括的用兵则死守规则的必然性，因而只能纸上谈兵，一战而殁。

规则源于生活，生活的多姿多彩也要求采取规则行事的灵活性。

张弛有度，本色待人

原文：有命无咎，畴离祉。

译文：奉行天命，替天行道，开通闭塞，没有灾祸，大家互相依附都可以获得福分。

活学活用：清楚地认识自己的力量而不被小人所迷惑，同正直的人团结在一起。

对你有意见的人，突然向你阿谀奉承，时常找你聊天或者共进午餐，你一定有点不知所措。最聪明的办法是，一方面采取低姿态，对他的饭约有拖无欠，谈话也以“应酬”待之；另一方面，不妨向其他的朋友打探一下，看看对立面最近的动态。

如果对方原来抛弃前嫌，那就易办。因为他的目的只为化敌为友，以便为未来铺路，害怕“山水不相逢”。你的反应也该热情一些，把过去的过节忘掉，只须记取对方的为人和行事作风，以作规诫就够了。甚至你可以反过来做东，请他吃一顿，作为饯行也好，联络感情也好。

要是对方最近很得意，那么他一定是在为将来打算，或许会与你有更多合作机会，又或者连你也有升迁机会。总之对方的地位高了，你自然更要戴眼镜走路。对方既主动对你友好，切莫“拒人于千里之外”。但也不必过于热情，保持你一贯的作风，偶尔与他一聚就够了，以免被人误会你在拉关系。

骄傲，行动的资本

原文：无交害，匪咎，艰则无咎。

译文：不相互往来，彼此没有伤害，也就不会有灾祸。保持艰苦奋斗的精神，可避免灾祸。

活学活用：才华过人容易使人骄傲，惹人忌妒。可是有才华，无人援引，还是不能出人头地。所以，由此而自卑，甚至自暴自弃。从这种意义上说，骄傲并非完全是坏事，骄傲是要有资本的，没有资本的骄傲是一种狂傲和轻薄，以才华做资本，便值得骄傲，这种骄傲是一种自信，一种自尊，一种凌云的志向，这有什么不好呢？有位成功的人士曾经说过：“我就喜欢这样的人，不要怕别人骄傲，就怕你心里容不下别人的骄傲，说穿还是自己交往处世的短视。”

大体来看，循规蹈矩的人比较受欢迎。因为，这些人有一定的社会阅历，熟悉社会的情况，了解一些人的习惯与脾气，思路往往容易沟通，同这样的人相处起来得心应手，这些人一般不犯大错误，他们的作风严谨而审慎。

在具有挑战性的当今时代，更需要具有挑战性的人。这些人所具备的特点是：不满足于现状，总在寻求新的开拓与进取，对现成制度与做法敢于做大胆的改革、完善的处世。他们是“恒保野性，具有挑战意识的野鸭”，他们是我们社会交往中不可多得的朋友。

道理很简单，野鸭是可以驯服的，而没有野性的鸭子，则难以飞往远方。作为我们有了这样的朋友，就可以让他们发挥自己的创新特长，就能使自己在交往中得到很大的提高，也会对我们的事业有极好的帮助。

如果我们都是些唯唯诺诺、不敢越雷池半步的平庸的朋友，那么或者生活总是平淡如水，毫无新意；或者在事业上“推一下，转一下”，不能对自己有所帮助，还将自己拖累了。

谋事在人，成事在天

原文：推天道以明人事。

译文：谋事在人是说人的行为和努力，成事在天是说人的意念和期盼。前者是有形的，外在的，后者是无形的，内在的。有些人比较在乎意念的力量和作用，有些人并不是不在乎，而是尚未意识到，或尚未领悟和实践之。

活学活用：虽然古语有“谋事在人，成事在天”，但是关键还是在人。易学论天（包括天地），主要是讲自然界的规律，易学论人，则认为人是自然的产物，人类社会是自然发展的结果，人与其事物不一样，他有复杂的思维能力，他有智能，所以只有人才能与天、地配成三才。

人类必须遵循自然规律，效法自然规律，所谓要“推天道以明人事”。如谦卦有“天道亏盈而益谦，地道变盈而流谦……人道恶盈而好谦”，这是教人效法天道，加强道德修养，树立好的品性。

旅卦说：“山上有火，旅，君子以明慎用刑，而不留狱。”这是教人效法，谨严礼仪法度，正大光明，治理好国家。由于天人之间有共通规律，所以人道可以效法天道，如人的道德行为，生活习俗，以至于社会制度，治国方法，用兵原则等，都可以效法天道，按照自然规律进行。但八卦在效法天道的同时，大量论述的是人谋之事，讲人的地位和

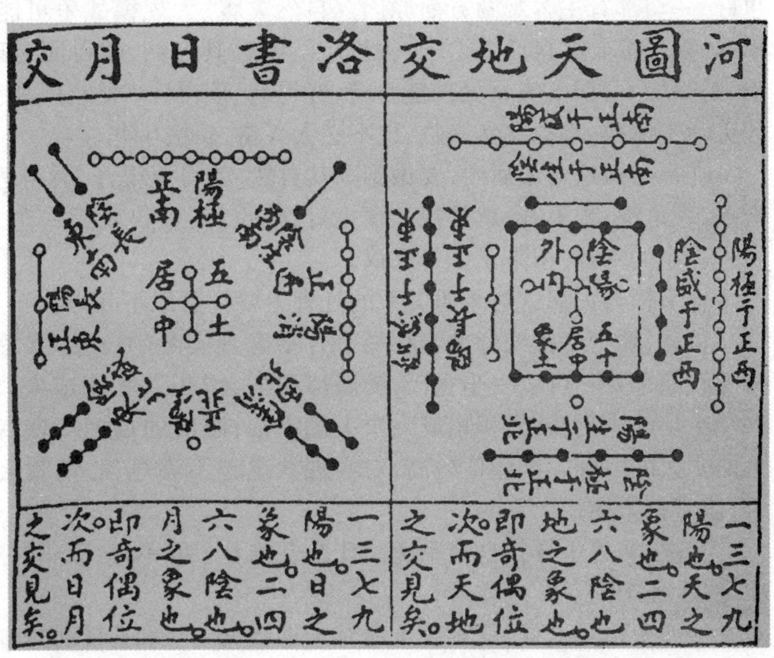

河图天地交图、洛书日月交图，出自明·来知德《易经来注图解》

作用，讲人的成就，讲人的努力，即所谓谋事在人。

人的努力表现在几方面：第一，乾卦强调“自强不息”。第二，系辞还强调“穷神知化”。第三，系辞还指出“裁成相辅”。即言要有所作为，遵循自然规律，从而与天地协调；又要在遵循固有的基础上，加以辅助、节制和调整，使其更加符合人类的要求。

当然，卦辞、爻辞只体现了他们对事物判断的可能性，每一卦辞和爻辞都不把问题表示得绝对，都是大概如此。必须引而伸之，触类而长之，即要触类引申，举一反三，善于联想，善于归纳出原因，以便于去改变环境，趋吉避凶，这就是谋事在人。

事物的变化是由大量随机的、偶然的因素作用的结果，当变化参数达到一定的阈值即临界点时，或趋好，或趋坏，或成或败，意念的砝码会使“天平”倒向你。

“谋事在人，成事在天”，谋事在人是说人的行为和努力，成事在天是说人的意念和期盼。前者是有形的，外在的，后者是无形的，内在的。有些人比较在乎意念的力量和作用，有些人并不是不在乎，而是尚未意识之，或尚未领悟之，或尚未实践之。

意念是把一个人所有的精力、气力都向一个点上凝聚，把意念的信息刻画在内心，并转化为某种信息场、意念场向外传递，去影响相关的人与事，甚至能使客观对象的行为向对意念者有利化的方向转移。

意念的效果与意念者的修炼水平、专注程度相关，与意念者对宇宙和人生本质的领悟深度有关。一个人期望每件事都能够如愿以偿，心想事成，单靠意念的力量是不够的，它需要不懈的追求和努力。

当意念与努力交互时，幸运之神就会伴随你左右。意念的力量是神奇的，只要你深信之，它的力量就会变得更神奇。

幸福绝不是天地鬼神赐给的，但其灾祸和痛苦却不是由个人造成的。祸也好，福也好，一切都有主客观两方面原因。自然灾害、大规模战争可能无法抵御，但个人的幸福、祸患都要靠自己去追求、去抵抗。要顺其自然，就得面对现实，相信“是福不是祸，是祸躲不过”。灾祸面前能自持，经得起、顶得住，摊上了，听天由命，慨然以对，寻死觅活不值得；幸福突然来临，也不必太兴奋，乐极生悲。

在福与祸这对矛盾中，要做到顺其自然，就得想得开，看得透。有时候想开点，看透点，就是福；想不开，就是祸。福也好，祸也好，仅仅就是一念之差，一时冲动，自己毁了自家的幸福，招来了杀身之祸。

在幸福与灾祸这对矛盾关系的处理上要注意以下几点：

首先，要把幸福的标准定在一个合乎客观实际的位置上，总的期望值可以很高，可实践起来万不可以一步登天，要懂得和学会“积”，积小成大，积少成多，逐渐积累。一个个小的满足，就会积累成一个大的幸福；眼前的目标实现，就会逐渐实现一个长远的永久的目标。期望值越高，对实现状况越不满意，心情就会越浮躁，轻者伤身劳神，重者招来横祸。

其次，要善于寻找自我平衡。什么事摊上了躲不过，就得往好处想、往前看，别钻牛角尖、死胡同。

谈恋爱也是这样，就算终生遗憾未遇到知音，你还有别的事可弥补人生的缺憾。

美满幸福的婚姻可遇不可求，何况幸福的内涵是广博的，绝不是仅指爱情。再说："强扭的瓜不甜"，绑成夫妻也不会幸福的。一切都顺其自然，看其发展，切不可浮躁强硬。再者，要摆脱愚昧，掌握科学，别太固执。要全身远祸，就得学点本领，盲目追求与愚蠢蛮干，必然闯祸。

人类掌握了科学，像地震这样的天灾就可以预报预测，提前做好防范；个人学点常识，也能抵御杀身之祸，比如家庭急救，路遇危急病人就不会慌乱。

墨守成规还是标新立异

原文：系小子，失丈夫。

译文：倾心随从于年轻小子，则会失去了阳刚方正的丈夫。

活学活用：生活中绝大多数人都死守现状，从不付出，这种人是永远没有出头之日的。你若想劝导他，他还会冷哼一声反过来劝你呢。他们几十年守着同一个失败的模式，用唉声和叹气苦苦地度过了一生，他们总是慨叹命运的不公，总是埋怨机遇的偏心，总是从外在找借口，从来就没有真正反省过自己，从来就没有将自己的恶习改变过一丝一毫，从来就没有为自己的人生从正面做一点点建设性工作。对于只会硬挺的人来说，任何时候，生意都是难做的。因为经验与认识束缚了他。

有这样一个有趣的故事：

在同一个地方有两个报童。

第一个报童很勤奋，每天沿街叫卖，嗓门也响亮，可每天卖出的报纸并不多，而且有减少的趋势。

第二个报童肯用脑子，除去沿街叫卖外，他还每天坚持去一些固定的场所，先给大家分发报纸，过一会儿再来收钱。地方越跑越熟，报纸卖出去的也就越来越多。

第一个报童很奇怪，为什么他卖得多而我卖得少，我比他卖报的时间还长呢？他向第二个报童请教，当他得知第二个报童运用了"先看报，后收钱"的办法后，对第二个报童很是佩服，他决定把这个地区的生意让给第二个报童，他不想抢第二个报童的生意，另谋职业了。

同一个地区，同一份报纸，读者也是有限的，但是有的人遵循着老方法，先给钱后看报，结果越卖越少；有的人肯动脑子，打破常规，"先看报，后收钱"，读者是跑不了的，钱却收回来了。

同一份职业，不同的脑袋决定了不同的口袋。

艺术大师毕加索指出："创造之前必须先破坏。"破坏什么？传统观念和传统规则。正所谓不破不立，只有拥有敢于挑战规则、打破常规的脑袋，才能有所作为，才能摆脱危机，才能获得无限商机，最终使自己的口袋装得满满的。

总之，谁因循守旧，谁就会被淘汰出局。

19 世纪中叶，美国加州传来发现金矿的消息。许多人认为这是一个千载难逢的发财机会，纷纷奔赴加州。17 岁的农夫大维也加入了这支庞大的淘金队伍。越来越多的人蜂拥而至，一时间加州遍地都是淘金者，金子自然也就越来越难淘。不但金子

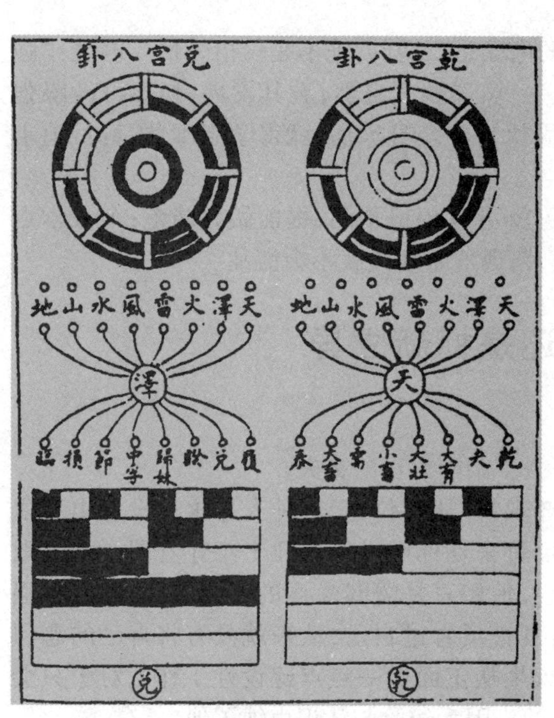

八卦加八卦方圆图，出自明·来知德《易经来注图解》

难淘，而且生活也越来越艰苦。当地气候干燥，水源奇缺，许多不幸的淘金者不但没能圆致富梦，反而葬身此处。大维和大多数人一样，没有发现黄金，反而被饥渴折磨得半死。

一天，望着睡袋中一点点舍不得喝的水，听着周围人对缺水的抱怨，大维忽发奇想：淘金的希望太渺茫了，还不如卖水呢。于是大维毅然放弃淘金的努力，将手中挖金矿的工具变成挖水渠的工具，从远方将河水引入水池，用细沙过滤成清凉可口的饮用水。然后将水装进桶里，挑到山谷一壶一壶地卖给找金矿的人。

当时有人嘲笑大维，说他胸无大志：“千辛万苦地赶到加州来，不挖金子发大财，却干起这种蝇头小利的小买卖，这种生意哪儿不能干，何必跑到这里来?”大维毫不在意，不为所动，继续卖他的水。

结果，大多死撑的淘金者都空手而归，而改变方向的大维却在很短的时间靠卖水赚到6000美元，这在当时是一笔非常可观的财富。既然淘金无果，为什么不能改变一下赚钱的策略呢?

一个人如果没有具备适应变化的头脑，必将难以在竞争激烈的社会中拥有财富。

你为什么是穷人，这是你必须正视的现状。由此回头看看走过的路，你就可能发现原来方向不对，有人说的好：“换个方向，你就是第一。”

许多人终其一生没有什么大的成就，一生碌碌无为，就是因为舍不得放弃去冒风险，结果到老时无限悔恨。

全球第二大软件公司“甲骨文”的行政总裁、世界第四富豪艾里森对此就有着深刻的理解。在美国耶鲁大学300周年校庆时，艾里森应邀参加典礼。当时，他当着耶鲁大学校长、教师、校友、毕业生的面，说出一番惊世骇俗的言论。他说：“所有哈佛大学、耶鲁大学等名校的师生都自以为是成功者，其实你们全都是loser(失败者)，因为你们以有比尔·盖茨等优秀学生念书为荣，但比尔·盖茨却并不以在哈佛读过书为荣。”

艾里森接着说：“众多最优秀的人才非但不以哈佛、耶鲁为荣，而且常常坚决地舍弃那种荣耀。世界第一富豪比尔·盖茨，中途从哈佛退学；世界第二富豪保尔·艾伦，根本就没上过大学；世界第四富豪，就是我艾里森，被耶鲁大学开除；世界第八富豪戴尔，只读过一年大学；微软总裁斯蒂夫·鲍尔默在财富榜上大概排在十名开外，他与比尔·盖茨是同学,为什么成就差一些呢?因为他是读了一年研究生后才恋恋不舍地退学的……”

艾里森随后话锋一转,“安慰”那些自尊心受到极大伤害的耶鲁毕业生,他说:“不过在座的各位也不要太难过,你们还是很有希望的,你们的希望就是,经过这么多年的努力学习,终于赢得了为我们这些人(退学者、未读大学者、被开除者)打工的机会。”

这番话令全场听众目瞪口呆,艾里森是不是太狂了,居然敢把耶鲁大学那些骄傲的师生称为失败者。是的,艾里森的话非常之偏激,但其中所蕴涵的道理却异常的深刻,世间有几人能够明白。我们身边几乎所有的人,都可能会有一种强烈的“身份荣耀感”,或以出生于一个良好家庭为荣,或以在大公司工作为荣,当然,不能说这种荣耀感是不正当的,可是,当我们正陶醉于自己的所谓的“成功”时,我们已经被真正的成功者看成了失败的人。

人生是被一个又一个亮点照亮的,而为了创造新的亮点,就需要你随时放弃你正在拥有或曾经拥有的荣光。所谓置之死地而后生的,其实就是把机会成本变为零甚至负数的策略,结果反能赢得战争。

人只有把过去的成功当作新的起点,才可能有更上一层楼的机会。一个人如果很有潜力与抱负,而现在又有点不大不小的成功,那么此人今后能否干出一番更大的事业,就取决于他敢不敢把现有的机会成本从主观上降低,甚至降低至零而做出新的选择。否则平庸生活会悄无声息地剥离成功者身上的光彩,消解他的英雄气,最终掏空了他的激情和想象力,使他变得萎缩、卑微和庸俗。

力不足不宜论技,技不熟不可论道。征服天下易,征服自己难。天自潇洒随已意,人又何故负今生?——在金钱面前多多理性地考虑一下成本,对你肯定是大有益处。要有长远的眼光,不要鼠目寸光——选择了一片树叶而放弃了整片森林。

有人的财富装在脑袋里,有人的财富装在口袋里,能让财富装满脑袋又能从口袋掏出财富的人才是真正的富翁。思路决定出路,观念决定贫富。做事先做人,做人做观念。观念变人就变。先知先觉是机会者,后知后觉是行者,不知不觉是消费者。

今天,许多人在苦苦工作、苦苦挣扎,其原因就是因为他们依然固执于陈旧的观念。他们希望事情都能原封不动,他们抵制任何变化。那些失去了工作或房子的人总在抱怨技术进步,或是埋怨经济状况不佳以及他们的老板,却没有意识到,问题的症结在于他们本身。陈旧的观念是他们最大的包袱,也可以说是最大的债务。为什么呢?原因很简单:他们没有意识到已有的某种思想或方法在昨天还是一种资产,但今天却已经变成了负债。

有天夜里,一支美国海军舰队在海上航行,观察哨发现正前方有灯光,可能是迎面过来的船只,便报告给舰长。舰长下令:通知对方,让他们改变航线,否则有相撞的危险。可是,用“灯语”与对方交流过后,观察哨又来报告说:对方传来的信号是,让我们马上改变航线。舰长一听就火了:“什么?岂有此理!”舰长不可一世地说:“告诉他,我们是美国舰队,命令他必须改变航线!”这样的“命令”发出后,得到的回应是:“我是灯塔,请你立刻改变航线。”

通往财富的道路上问题很多,有的是"缺少资金",有的是"缺少技术"。有的是什么都缺。不论是哪一种,面对这些问题,我们应该意识到:自我的改变才是非常重要的。因为你的改变肯定会影响到问题的改变。

珍惜时间,就是抓住当前

原文:君子以施禄及下,居德则忌。

译文:痛苦一再告诫我们,只有今天是属于我们,而明天则是上帝拥有。千万不要轻言放弃今天。

活学活用:时间对于每一个人,各具特殊的意义。有些日子对于一般人来说,是平平淡淡的日子,却对一些人刻骨铭心。有一些时间段,使人痛苦,或使人快乐,但这一段过去,会恢复平静。所以,有一句话说,时间可以医治一切。人间的创伤,唯有时间与爱,才能抚平。

时间对于每一个人,都非常有限。如何更有效地利用,是每一个人面临的重大课题。但在这一方面,似乎我们都忽略了。

人类总是这样,总是热衷去关注别的东西,而不关注人类本身。

世间上最可宝贵的是生命,并且不能重复。而生命本身就是时间,珍惜生命就是珍惜时间。

珍惜时间,就是抓住当前。

毛泽东有一句名言:一万年太久,只争朝夕。

抓住当前,这是一个成功的诀窍。

但我们要抓住当前什么呢?这是最重要的问题。因为我们往往抓住的都是似是而非的"当前"。

有一个故事,颇能说明这一点。

有一天,两师兄聊天。师兄石巩问师弟西堂智藏说:"你能不能抓住虚空?"师兄为什么问师弟这句话呢?因为佛门中人最重要的事情,就是"万中皆空",抓住了"虚空",也就是抓住了"当前",抓住了大事。

师弟说:"能。"

师兄说:"那你抓抓看。"

师弟说:"好!"

师弟说着,伸手在空中抓了一把,而且把五指紧紧捏住。

师兄笑了,说:"只是这样吗?结果你并没有抓住什么呀!"

师弟不解,说:"那么你认为应该怎么抓?"

师兄一把抓住了师弟的鼻子,并且用力,痛得师弟"哇哇"叫。

师弟喊:"松开,快松开呀!痛死我了。"

师兄说:"你懂得为什么抓你鼻子了么?"

师弟说:"懂了,懂了!痛死我了。"

师弟那时其实还不懂。他只是怕痛。

师兄告诉他:既然色(我们通常说的物质)即空,空即色,那么与其伸手去扑过空,倒不如捏住你鼻子还更接近真实。

抓"当前",其实要抓住事物的本质。

但我们日常生活中,有哪些事情,我们抓住了事物的本质呢?

兴修水利,我们首先想到的是红旗和锣鼓,我们抓的是声势和宣传;植树造林,我们首先选择的路段是领导经常走过的,我们抓的是上司的赞扬。我们规划自己的人生,是看别人的脸皮,只要别人的脸面是笑的,哪怕牙齿被打得掉进了肚子里也觉得值。

我们都是一群半傻的人。本来是抓下巴的,抓到了胡子就以为是下巴了。

或者,我们根本不傻,抓下巴比抓胡子要多花力气,我们就干脆抓胡子了,省力,省事。

抓住当前,是人生的实在。

哲人说:因为我干,所以我充实;因为我干,所以我不用仰视。

古人说:临渊观鱼,不如回家织网。

等,只是空嗟叹!

《易经》说,抓住当前,还是要有一个万全之计。

《易经》的夬卦,是最能"抓住当前"的一卦。马上与小人决裂,作一个了断。抓的就是"当前"。但《易经》中说,与小人决裂,处置他们,还要有一个万全之计。夬卦的卦辞说:"夬,扬于王庭,孚号,有厉,告自邑,不利即戎,利有攸往。"意思是说,最急、最当前的事,处置起来还是要有原则:一是当众宣布他们的罪状,然后以诚信号召众人,合力将小人铲除;二是首先告知自己领地的人,先获得支持,即使有了支持也不可立即动用武力,这样才会有利。

小人虽少,但诡计甚多。事情虽急,但牵扯甚众。这是我们不能大意的。

抓住当前,切忌浮躁。

《易经》中说,反目是睽。睽卦也是一个很急的卦。反目了,就会出现许多意想不到的事情。也是要抓住当前。

这个卦的上九爻,爻辞里说了一个故事:如果一个人刚愎不明,满腹狐疑,可能会导致孤立。就像一只猪,陷进了泥潭,背上涂满了污泥,人家看见以为是一车可怕的鬼,举起箭来就要射。但仔细辨认,那是一只猪,就把弓箭放了下来。

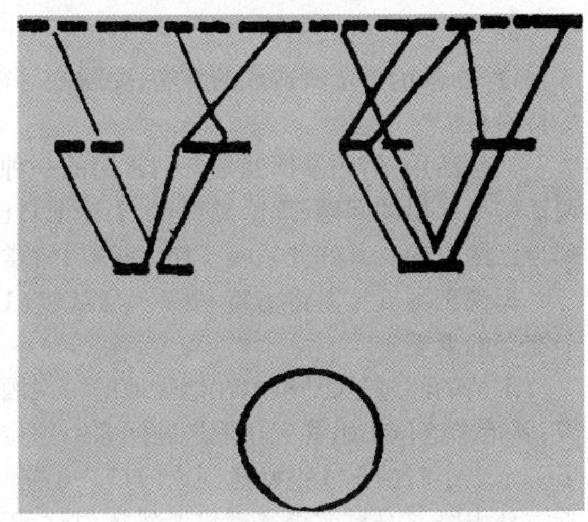

八卦小成图,出自清·陈梦雷《周易浅述》

《易经》里这样说,这只猪虽然涂上了污泥,但依然是猪,不是鬼。就像被怀疑的同志,虽然让人猜疑,但还不是敌人。

睽卦的这一爻的爻象说:遇雨之吉,群疑亡也。那只猪遇到了雨,背上的涂泥被洗干净了,众人的猜疑没有了,吉祥。

抓住当前,除了解决实际的麻烦与问题之外,最高境界是求同存异。

还是睽卦,它认为解决当前之麻烦,应有一个原则,那就是异中求同,结合力量,有所作为。

唯有宽大包容,才能异中求同,异中求同,是为了最大限度的团结力量,不得已的权变。但《易经》中说,积极主动去寻求,并不违背原则。

猜疑,是抓住当前的大敌。

如果要更好地抓住当前,还得用毛泽东的一句话来作为篇末的结句:"抓而不紧,等于不抓。"

"抓不住,空悲切,枉白首"。白白错失良机,而遗憾终身。

我们在古今的戏剧与艺术作品当中,可以看到马蹄疾驰,马背上的人气喘吁吁,冲着刑场高喊:"刀下留人!"这是艺术,更是现实。因为现实的这一幕太感人了,所以被艺术定格了。人的生死成败,往往只差之毫厘。前一秒钟是人,后一秒钟是鬼。在生活当中,我们做人办事,有什么理由拖拉,任何的拖沓,任何的放任,都是对人的生命的亵渎。

是的,时间对于人与事,是有一定期限的,超过了也就是延误了。

延误一般有两种。一种是不该相信的时候,一下子相信了,没有经过考察;一种是本该继续相信下去的,结果中途动摇了。

痛苦一再告诫我们,只有今天是属于我们,而明天则是上帝拥有。千万不要轻言放弃今天。

借题发挥,机不可失

原文:干母之蛊,不可贞。

译文:救治母辈所造成的弊病,要耐心等待,如果时机不成熟的话,就要坚守正道等待时机。

活学活用:借题发挥就是人们常用的一种抓住机会表达的切入方式,它借对方在说话中所提出的问题、理论或观点,来论证自己的观点和主张,以实现反击的目标,达到自己的目的。其好处是易于使人接受,常常起到绝妙的说服作用。

据说美国五星上将卡特利特·马歇尔(1880—1959 年)还利用借题发挥娶了一个漂亮的老婆。

事情的经过是,马歇尔在他驻地的一次酒会上认识了一位漂亮的小姐,酒会一结束,就请求这位小姐答应让他送她回家。这位小姐的家就在附近不远,可是马歇尔开了一个多小时的车才把她送到家门口。小姐于是问:"你来这里不是很久吧?你好像不太认识路。"马歇尔微笑着借题发挥说:"我不敢那样说,如果我对这个地方不熟悉,我怎么能够开一个多小时的车,而一次也没有经过你家的门口呢?"这位小姐听出了这位心慕已久的将军的意思，于是也“借题发挥”，干脆嫁给了马歇尔。

实际上，马歇尔是最初的出题者。

又比如：“鱼，应该闭嘴。”

多嘴，当然容易上钩。贪嘴，也是容易上钩的。论辩中的诱惑太多，而且离不开言来语去，但我们还是以慎言为好——

一则笑话说，夫妇俩在钓鱼，妻子唠叨不休，把小鱼儿吵得四散而逃。一会儿，居然有一条又饿又呆的大鱼上钩了。妻子说：“这条大鱼真可怜。”丈夫于是借题发挥说：“是啊！只要它闭上嘴，不也就没事了吗？”

借题发挥要等待说话的时机。生活离不开借题发挥，离开借题发挥的生活是无趣的。

君子自强不息

原文：天行健，君子以自强不息；地势坤，君子以厚德载物。

译文：人不能有一分一秒的松懈，求学、做人、为道、为德，都应如此，还要“柔顺利贞，君子攸行”效法乾坤一样、天地一样的胸襟，包容万象，自强不息。

活学活用：马和大地一样，逆风而行，就是地球与太阳之间的关系，地球是反太阳的方向运转，行地无疆，地球永远是运转的，马也是不休息的，马睡觉是站着的，懂得物理，这书中的味道就读出来了。像庙里为什么敲木鱼，因为鱼的眼睛不会闭上的，鱼是不睡觉的，所以敲木鱼是教学道的人，要像鱼一样，要时刻警醒。

行地无疆，也就是乾卦“天行健，君子以自强不息”同样的道理。人不能有一分一秒的松懈，求学、做人、为道、为德，都应如此，还要“柔顺利贞，君子攸行”效法乾坤一样，天地一样的胸襟，包容万象，自强不息。

它是“奋斗”与“道德”的结合，它精辟地概括了中国文化对人与自然、人与社会、人与人的关系的深刻认识与辩证的处理方法，是中国文化优秀传统的集中表述。

做一个高尚的人，在气节、操守、品德、治学等方面都应不屈不挠，战胜自我，永远向上，力争在事业与品行两个方面都达到最高境界。在做人做事方面应该顺应自然，胸怀博大，宽以待人，承担起宏伟的历史任务。

确实，数百年来“自强不息，厚德载物”的精神濡染着一代又一代的国人，为中华民族的崛起与腾飞而奋斗不止。走过了风风雨雨，有挫折、失败、艰苦，但更多的是胜利、超越与希望。

要干一番事业，首先必须自强不息，没有自强不息精神，就会怨天尤人、自暴自弃，没有自强不息的精神，就找不到前进的动力源泉。

只有自强不息，企业和个人才能树立远大理想和目标，才能在困难面前不退缩，才能具备忧患、危机意识，居安思危，时常考虑企业和个人所处环境，清醒地反思企业和个人的行为，才能在危机来临时从容不迫，沉着应对，有效地预防危机、排除危机；只有自强不息，才会不断加强学习，通过学习认识到他人的长处，用足够的时间来修补公司和个人在某些方面存在的不足，通过学习发现企业和个人所面临的新问题，接受新的挑战,整合资源实现对现状的突破。

自强不息的企业和个人才能顺应时代变化、抓住机遇,变不利弱势为有利强势,最终达到事业的成功。

自强不息是一个企业和个人能否成功的前提,她固然重要,但在努力自强自尊的同时,我们还应该善于审时度势,深刻把握人与自然、人与社会、人与人的关系,注重与自然的和睦相处,同社会协调发展,推己及人,宽以待人。厚德载物,这是团队精神的必要内涵,人既要宽容他人,更要取人之长,要有虚心求教的宽广胸怀。

在自己的工作中团结一切可以团结的人共同战斗,只有这样,才不会求全责备,尖酸刻薄,才不会斤斤计较、自私自利。目光短小、高傲自大、心胸狭窄、蝇营狗苟等卑下品格都是同"厚德载物"的要求相去甚远的。自古就有德才兼备、德能勤绩的用人及量人的标准,人才德为先,厚德方能载物,成就伟业。

"先人后事"始终是一个颠扑不破的真理。

或许有人认为"天下攘攘、皆为利往,天下熙熙、皆为利来",人活着就是为了利,不可能生活在没有铜臭的真空里。一些领域也因此形成一种倾向,弥漫着一种风气:要钱不要道德,要个人不要集体,要物质不要精神。在那里,人与人之间的关系成为金钱关系。

确实,人的一生是和钱分不开的,没有钱是万万不能生活的,但君子爱财应取之有道,无论做什么事都不能违背做人的准则、道德,更不能违法乱纪,否则势必失去了做人的意义。一个领导人如果没有德,就不可能凝聚人心、聚集人气,鼓舞士气,提升企业整体素质,更不可能使员工树立正确的人生观、价值观、世界观,也不可能团结一帮志同道合的人共同发展。

自强不息的基础是重视以人为本的思想,厚德载物则强调重视整体的以信和为贵的理论。"自强不息,厚德载物"有着强有力的互补,"自强不息"激励人不断地向前,然而人对于压力毕竟有个极限,随时可能出现惰性。而"厚德载物"却给人强烈的责任感,出于这种推力,"自强不息"才能源源不断地得以延续。

牢记"生命不息,奋斗不已",牢记"不求一帆风顺,只盼能在逆境中坚韧不拔"。

支持、掩饰达成共荣

原文:贲其须。

译文:装饰长者的胡须。

活学活用:很多人对自己的上司都会有以下的说法:他的命运比我好,但办事能力却远不及我,可恨他还作威作福,表现出不可一世的样子。只懂得一味批评下属的工作做得不好,一旦问题真正出现之际,他却推卸责任。谁也无法从他那里得到明确的指示,大家都认为他不是一位好上司。奈何在现实生活里,每个职员都要服从他的命令。你感到很气愤,但你要记住一个事实:没有人是十全十美的,在办公室里与其明争暗斗,弄得两败俱伤,不如努力与每一位合作者愉快相处,为日后美好的前途打好稳固的基础。凡事"小不忍则乱大谋",你应该检讨一下自己的态度,学习与办公室里的每一个人做朋友。

不要妄想于短短数月内便可以完全改变上司的性格。良好的人际关系实在是需要慢慢建立的,尽管上司没有要求你把过去的工作纪录拿给他看,你也可以把它们整理妥当,主动呈交给上司过目,让他晓得你的工作能力,晓得你对他忠心耿耿,对方自然会对你增加好感,不再盲目挑剔你的处事方法。

在环境许可的情况下,请尝试支持、爱戴你的上司。站在他的立场想一想,你就会发现对方其实也有许多不得已的苦衷。无论遇到任何工作上的困难,不可过分依赖上司的帮助,避免与他发生任何正面的冲突。尊敬你的上司,你会发觉对方慢慢开始接纳你的意见。

争取老板的器重当然不是一朝一夕的事。有人认为"比其他人做更多的工作,例如超时工作"是最重要的。其实并非如此!新一代的雇主可能有另一种想法:工作并不算繁重,却要超时才完成,太低能了吧!

所以要使老板对你另眼相看,最实际的是除在工作上尽责外,还要学懂每一个程序的进行,了解公司的立场;注意你的上司如何做他人的工作,怎样与其他行政人员沟通,在其他部门又担任什么角色。当你成为这个行业的专家时,老板又岂会忽略你呢?

欲得天下,人心不可不得

原文:虽盘桓,志行正也,以贵下贱,大得民也。

译文:盘是大石头,桓是草木,这个现象,是一块大石头压在土地上,这土地就不能利用了,但土地的草木怎么办?从石头的旁边长出来了。桓则是草木虬结的现象,这样的草木从压着的大石旁长出,就是盘桓的现象。

后来在文学上,描述老朋友见面,陪着玩几天,就说"盘桓几日",就是表示友情虬结不清,逗留一番。在这里是说初九这一个阳爻,代表生命的生发之根在下面,上面虽有那么多阴爻像大石头一样压在上面,可是这个要生发的根,永远是压不住的,终于要盘桓出来。

这种现象是好事情,可是需要时间,需要等待,不可急。利居贞的居,就代表站稳在那里,慢慢地等待,很正地等待,不能动歪脑筋,不能走邪路,等到石头外面的草木成林了,变成观光石头,可以供游人野餐了,更大一点可以利用了。

所以孔子说,虽然是虬结不清,但以整个卦象来讲,中心思想是纯正的,行为是纯正的,那便没有问题,不正就成问题了。但是如果这个卦象,以人生政治的道理来讲,以贵下贱,这是很难做到的。

活学活用:中国历史上做领导人的有四个字"礼贤下士",对人有礼而谦下,向不如己的人请教,就自然得到群众的拥护,自然得到老百姓的拥护,大得民心。何以叫"以贵下贱",在《系传》里讲过,阳卦多阴,阴卦多阳,这个屯卦,是阴爻多,阳爻少,只有两爻,物以稀为贵,而这个时候,最怕傲慢,所以说建功立业,要以贵下贱,便大得民也。

马援像。马援，字文渊，东汉初名将。据史料记载，马援年轻时曾自己养马、种地，因为他做到了《易经》说的“以贵下贱，大得民也”，所以在他起兵卫国时，能一呼百应，成为一代名将

《后汉书》里记载过汉代伏波将军马援的传略。说马援小时候不喜欢四书五经，但对习武非常有兴趣，刀枪棍棒样样都通。马援的哥哥知道要把弟弟往科举的路上引，是毫无意义的，便同意他习武。马援长大后，自己去开辟一块地方，养马，种植，有点像现在的农场。后来，生产了许多粮食，他就把它分给朋友和当地人。到了起兵为国时，马援一呼百应，很快就成为将领，而且屡立战功，成为西汉时期不可多得的一员猛将。

马援之所以成功，是因为他能够立言，说话有人相信，能组成队伍。他之所以能够立言，是因为他仗义疏财，救助困危，有德。

在拜金主义猖獗的现在，重建中华民族的伦理道德，至诚至善，已是刻不容缓。勇挑重担，乐善好施，知恩图报，善于与人相处，等等，这些都是美德，都应该提倡。

得民心者，得天下；失民心者，失天下。古往今来无不例外。从秦皇、汉武、唐宗、宋祖、一代天骄成吉思汗等中国封建皇朝开明君主的清明统治，到夏桀、商纣、秦二世、隋炀帝和李隆基的亡朝统治，直至当今世界的每一个执政党治国安邦的成败得失均能得到印证。

忆往昔，秦国由于商鞅变法而深得民心，受到广大百姓的热烈拥护支持，使变法获得成功，为以后秦统一全国奠定了基础。秦始皇一系列的巩固统一措施使人民的生活得以安定，社会生产得以恢复和发展。

但是，由于秦始皇因修筑长城而滥用民力，抓走壮丁以修长城，弄得人心惶惶，再加上秦朝赋税沉重，法律严苛，刑罚残酷，特别是秦二世的统治更加残暴，使得民心向背，进而激起陈胜、吴广的农民大起义。虽然到最后起义失败，然而民心的丧失也使得秦朝走向衰亡。

再看曾一时强盛的唐朝，唐太宗因重视黎民百姓，能体会到“水能载舟，亦能覆舟”的深刻蕴意，所以体恤百姓，减轻徭役，使百姓安居乐业，进而开创了“贞观之治”的强盛局面。

但唐玄宗后期一味贪图逸乐，用人不当，政治昏暗腐败。与此同时，激烈的土地兼并与藩镇割据战争使百姓失去赖以生存的土地，加之高额租税、连年的自然灾害，

使百姓陷入水深火热之中。农民无所生存只能反抗给他们带来沉重负担的唐皇朝，唐皇朝在农民起义下土崩瓦解。

清朝后期，外国侵略者把中国当作一块肥肉，都想割一份。清政府的腐败无能，使大好的中国河山受尽百般蹂躏，大片国土沦为殖民地。不甘受辱的中国人起来反抗无能的清政府，孙中山先生领导的辛亥革命完成了推翻中国封建王朝这一使命。

纵观史事，仁者几何？凡暴君不外乎江山让人，朝代被覆，甚至身死他手；凡仁君不仅深得人心，受民爱戴，更能巩固千秋大业。

装饰光润，心悦诚服

原文：贲如，濡如，永贞吉。

译文：装饰得光泽柔润，永远坚守正道，便可获得吉祥。

活学活用：人们犯错时，最受不了的是大家对他群起而攻之，因为这伤害了他的感情。他也许会承认错误，但无法接受这种批评方式，这将使他对领导、对同事充满敌意，一旦有机会，他就有可能以牙还牙。

如果你希望自己的批评取得效果，就绝不能使别人反对你。一定要记住，你的目标是取得一些好的效果——如使对方回到正确的航向上来，而不是去贬低他的自我。即使你的动机是高尚的，是真心诚意的，也要记住，对方的感觉也在起作用。当其他人在场时，哪怕是最温和的方式也很可能引起被批评者的怨恨，不论是否辩解，他已感到他在同事或朋友面前丢了面子。

因此，对于一些过失，只要他认识到错了，就没有必要当着全科室的人要求他作出公开检讨，而只要在你的办公室里，一个人面对面跟他谈，就足以使他反省了。任何具有上进心的人都不愿犯错误，这从他个人角度也是如此，何况你的目的只是为了让他改进工作，而不是贬低他的人格。

实际上，你是否奉行这个准则也是对你批评的真实动机，至少是对你的批评艺术是一个很好的考验。人们有句口头禅：家丑不可外扬。其中道理想必你明白。总之，不要在其他人在场时对别人进行说教，无论是批评孩子，还是同事朋友，或是下级，要把批评的范围尽可能缩小——当然以有助于被批评者承认并能改正错误为限，否则就流于迁就了。

对此，你只需扪心自问：我的批评是真心诚意的？还是出于个人动机？其次，如果出自诚心，那么观察你批评的效果如何，得到什么样的反映。有此两点，就可以测试出你的批评艺术水平了。

富贵功名到了极点要谦虚

原文：有大者不可以盈，故受之以谦。有大而能谦，必豫，故受之以豫。

译文：人到了最高点的时候，不要自满，再加便会溢出来，所以大有卦下受之以谦卦。

活学活用：人一旦强大了、富贵了，就该注意了。大有大的坏处。

弱小就要受气，落后一定挨打。一人、一团体、一民族乃至一国家，怎么能不希望强盛壮大呢！然而一旦真的强大了，也未必把持得好，也未必把持得住，所谓大有大的难处，并不轻松。

十八年的媳妇熬成婆，一旦黄袍加身，说话算数，会不会一反常态，作威作福，鱼肉弱小，也很难说。

天下不亡于柔弱，而灭于强盛，如秦皇、项羽、闯王、天王、罗马帝国、拿破仑、希特勒。由强盛到败亡，都有一个共同的特征：强盛而不能守持贞正之道。

《大壮》卦辞强调“利贞”，《彖传》又说“大者正也”，以“贞”“正”自我约束，王而不霸，刚而不猛，强而节用，更不能自恃强壮而胡作非为，行邪恶暴戾之事，这便是居强盛而可以善处的基本要求，也是《大壮》卦所反复强调的核心原则。

九三爻辞讲：“小人用壮，君子用罔”，一贬一褒，再鲜明不过地指出了对待“大壮”的两种基本态度。恃强行暴，必为暴杀。强盛而能以贞正药之，庶几乎可望长治久安。

《史记·郦生陆贾列传》中记载，陆贾老是在刘邦面前唠叨《诗》《书》，刘邦不耐烦了：“乃公居马上而得之，安事《诗》《书》！”唠叨《诗》《书》的人对马上得之的人一本正经地说：“居马上得之，宁可以马上治之乎？且汤、武逆取而以顺守之，文武并用，长久之术也。”无暴不可以得天下，得天下而依然以暴行之，则足以乱天下、亡国家。所谓“马上”，乃是武力强盛的象征；而工作重点由“马上”转变到“马下”，则是变强盛的武功为圣明的文治。

起于弱小，终于强壮。从事物的发展和转化来看，强壮确实并不是什么好事。然则人之为人也，弱亦忧，强亦忧。

陆大夫像

陆贾像，选自清·顾沅辑《古圣贤像传略》。陆贾，汉初思想家、政治家，早随刘邦平定天下，口才极佳，常出使诸侯。汉初，易学研究出现了新高潮，陆贾著书《新语》，将《系辞》文字任意驱遣，所用与上下文文气一致，无斧凿之痕。陆贾的易学思想，对《周易》的发展起了较大的推动作用

与《周易》提出制衡强壮的“贞正”原则不同，老子提出的对策是避刚就柔，避实就虚，避强就弱，即所谓守柔守雌，通过权衡和控制，竭力不使自己处在强盛这个十分危险的位置上。他的根据是：“贵以贱为本，高

以下为基。”他的结论和方略是：“知其雄，守其雌，为天下溪”，“知其荣，守其辱，为天下谷。”这似乎比《周易》来得更彻底，但是同样比《周易》更难做到。

中国古代社会周期性的饥荒、动乱乃至天翻地覆，使这个民族的精神十分敏感，以至于在这种持续不断的刺激中变得越来越脆弱，有时简直就是有些神经质——看似有常却无常，得也患，失也患，不管做什么都是如履薄冰，如临深渊，从国家社稷到个人的生命和生活（几乎谈不上财产所有权）都缺乏真正的安全感。

这种揪心的情节我们在阅读《周易》的过程中时时都能感觉到。《系辞》论《易》，一开首就说：“圣人设卦现象，系辞焉而明吉凶，刚柔相推而生变化。是故吉凶者，失得之象也；悔吝者，忧虞之象也；变化者，进退之象也；刚柔者，昼夜之象也。”

《东周列国志》版画之信陵君窃符救赵图。信陵君窃符救赵，受到赵王的礼遇，然而他没有因此而不可一世，反而愈加谦恭，这符合《周易》“有大者不可以盈，故受之以谦”的思想

这里所举出的“象”，没有一个不是令人揪心的不安之象。惊慌的精神在“象”与“象”接成的一个个孤岛上盘旋栖居，栖居盘旋，可是到头来他依然找不到立命安身的地方。《系辞上》说：“八卦定吉凶，吉凶生大业。”

但是“吉凶”并不是可以一劳永逸“定”下来的，无论怎样辉煌的“大业”都断然不是万年桩。“君子安而不忘危，存而不忘亡，治而不忘乱……”《系辞》讲忧患，几乎不厌其烦，可是最终的目的却只有一个：“身安而国家可保也。”

《彖传》说：“大壮”所谓“大”，就是强大、壮盛。阳刚之气勃然上升，力量越来越强，形成雷电，震动天地，统摄万物，草木走兽无不畏惧，所以说强壮。“时当‘大壮’，最应守持贞正，守持贞正又最为有利”：日中则昃，月盈则食，物壮则老，为强为盛而不使衰落败亡，这本来就是极其困难的事情。

因此，保持强盛的法则就是强不逞强，强不凌弱，强而不暴，威而不猛，王而不霸。这样就能以强盛祛除邪恶，呵护苍生黎民，光大天地正道，从而使自己立于不败之地。

信陵君杀死晋鄙，拯救邯郸，击破秦兵，保住赵国，赵孝成王准备亲自到郊外迎接他。唐雎对信陵君说：“我听人说：事情有不可以让人知道的，有不可以不知道的；有不可以忘记的，有不可以不忘记的。”信陵君说：“你说的是什么意思呢？”唐雎回答说:“别人厌恨我,不可不知道;我厌恨人家,又不可以让人知道。别人对我有恩德,不可以忘记;我对人家有恩德,不可以不忘记。如今您杀了晋鄙,救了邯郸,破了秦兵,保住了赵国,这对赵王是很大的恩德啊,现在赵王亲自到郊外迎接您,我们仓促拜见赵王,我希望您能忘记救赵的事情。”信陵君说:“我敬遵你的教诲。”

唐雎叫信陵君谦虚谨慎,淡忘功劳,这的确是高明的处世哲学。正如《老子》22章中所说的:“不自见,故明;不自是,故彰;不自伐,故有功;不自矜,故长。夫唯不争,故天下莫能与之争。”

规避是非,消除祸事

原文:剥之,无咎。

译文:大床的剥落已经损及于床头了,床头必将被剥蚀损坏,守持正固以防凶险。

活学活用:有些人天生脾气暴躁,情绪容易失去控制。这些人常常为了一些小事而大发脾气,甚至公开斥责他人,叫人难受极了。

请先考虑导致恶劣情况的真正原因,研究一下朋友的习惯。一般而言,爱发脾气是否有一定的模式?是否他一直与别人之间有问题呢?还是只因现有的一个特殊任务,令他紧张不已,才会像吃了火药一般?

知道了所有问题的答案,你就可以做出反应和防止下一次事件重演。环顾一下,身边是否有人比你更懂得应付他?向他学习吧。

据心理学的推断,经常令朋友害怕的人,只是优势作祟而已,你不可能请他去见心理医生,可以做的,就是自我保护了。

当朋友大发雷霆,不要推卸责任或试图解释,冷静地说:“我会注意这情况。”或说:“让我立刻去看看!”然后离开这个紧张的地方。既然目标物已在眼前消失,他就没有咆哮的对象了。

随遇而安顺其自然

原文:是故君子所居而安者,易之序也;所乐而玩者,爻之辞也。

译文:“居”就是平常,也叫“平易”,也就是一个人平平常常,就能居有所安,心安理得。

活学活用:汉语由字的构成开始,再到词到句,都是非常耐人寻味的。现在年轻人为什么对自己的母语没有足够浓厚的兴趣,我想应当是学校里的老师没“玩”好。老师自己没有玩出兴趣来,自然不会对学生产生什么影响,原本许多可以讲得生动的课,很可惜地成了“到此为止”。老师上课最重要的教学任务实际上是激发学生的兴趣,然而现在多数教师是在“教知识”,“教知识”就是这个杯子里的水倒到那个杯子里,也叫“填鸭式”,我教了,你学到多少归咎于你有没有认真听。要是碰上这样的语文老师,那可真是学生的悲哀了。

“心安理得”这个成语看起来很平常,老师讲的基本上跟《成语词典》里的结果大致一样,“自己认为所做的事情是理所当然的,心里很坦然”。我们自己要再拓展一下,要再去丰富它。“心安理得”可以寻根到影响了几千年中国文化的《易经》:

“是故君子所居而安者,易之序也;所乐而玩者,爻之辞也;是故君子居则观其象而玩其辞,动则观其变而玩其占。是以自天佑之,吉无不利。”

用现在的话来说意思是,我们要懂得自然科学的道理,用在人生哲学上。是君子的人都受过教育,应该了解这个道理。“居”就是平常,也叫“平易”,也就是一个人平平常常,就能居有所安,心安理得。心安后,真理才能发现,于是就可以按规律做人,就不会有什么不利的事情发生。

“是故君子所居而安者,易之序也;所乐而玩者”,易经的六十四卦为什么这样排列?懂了其中的道理就懂得人生了。

《易经》里边包括了大自然的物理哲学、人生哲学、政治哲学等,是值得一辈子都去学的。孔子告诉我们学《易经》的好处:学了《易经》,懂了《易经》,我们便心里很安详,很少烦恼、痛苦,这就是上面那句“是故君子所居而安者,易之序也”的道理。

这就说到人生哲学了,我们学《易经》为了解自己,了解人生,所以一个君子所处的日常生活,君子的人生,能够得到安心的,亦即佛教禅宗常说到的安心。人心得安是很难的,世界上几乎没有一个人安心过。

谁心安了?谁满足了?这是不可能的,真安心,不必要求什么,已经满足了,可见这是很难的。安心不易,安身亦难,安生活更难,实际上这些都是心的作用。

孔子说:如果真懂了《易经》,平常所居而安得了心,只要看《易经》变化的次序就够了。为什么?因为它有一定的次序,可以看到卦的变,而且依照《易经》的法则,宇宙万物万事随时在变,但不是乱变,也没有办法乱变,是循一定的次序在变,所以懂了《易经》,人生一切的变故来了,都可以真的安贫乐道度光阴。

人生万物有一个不变的东西,就是这个“必变的道理”,有如气象局的报时台,现在报的下午三时二十五分,下一句就是二十五分十秒,这是一定要变的。人类自己反省,有一件最愚蠢的事,希望自己一辈子不变,最好长生不老,永远年轻,可是这绝不可能。

懂了《易经》,就知道变有个秩序,有一个原则,因此我们做事业也好,做别的也好,第一知道自己怎么改;第二知道变到什么程度了,所以用不着去卜卦,把《易经》变化的程序搞通了,大法则就通了。但是变的当中,一变就有动,一动就有变,那么动与变的结果,就有好有坏,有吉有凶。

关于吉凶,我们已经知道,是根据人为的观念而来,人为的利害得失而来,但得失的究竟如何?“所乐而玩者,爻之辞也”,《周易》每个卦下面所讲的道理——辞,懂了以后,透彻了它的道理,就快乐了。

我们的心灵本来很清静安定,只因为被外界物相迷惑困扰,如同明镜蒙尘,就活得愚昧迷失了。

云居禅师每天晚上都要去荒岛上的洞穴坐禅。有几个爱捣乱的年轻人便藏在他的必经之路上,等到禅师过来的时候,一个人从树上把手垂下来,扣在禅师的头上。

年轻人原以为禅师必定吓得魂飞魄散,哪知禅师任年轻人扣住自己的头,静静地站立不动。年轻人反而吓了一跳,急忙将手缩回,此时,禅师又若无其事地离去了。

第二天,他们几个一起到云居禅师那儿去,他们向禅师问道:“大师,听说附近经常闹鬼,有这回事吗?”

云居禅师说:“没有的事!”

“是吗?我们听说有人在晚上走路的时候被魔鬼按住了头。”

“那不是什么魔鬼,而是村里的年轻人!”

“为什么这样说呢?”

禅师答道:“因为魔鬼没有那么宽厚暖和的手呀!”

他紧接着说:“临阵不惧生死,是将军之勇;进山不惧虎狼,是猎人之勇;入水不惧蛟龙,是渔人之勇;和尚的勇是什么?就是一个字:‘悟’。连生死都已经超脱,怎么还会有恐惧感呢?”

世事变幻,祸福无常,当你遇到一些意外的突发事件时,能否处变不惊,从容应付呢?

“风来疏竹,风过而竹不留声;雁过寒潭,雁去而潭不留影。故君子事来而心始现,事去而心随空。”这是古人对随遇而安的解释。意思是说,人遇到事情时,会本能地有所反映,事情过后又恢复原来的安静。当进而不进,是自暴自弃,应退而不退,是不知自量。

古语说:“伸缩进退变化,圣人之道也。”纵观古今历史,一个在事业上有所成就的人,必定是一个善于驾驭时势的人。顺时驭势与一成不变、墨守成规相对立,它的含义是,要按照变化了的、发展了的情况灵活机动地处理问题。

尧时的名士许由像,传说尧曾欲让天下于许由,但许由向往身心自由拒绝了尧的请求

物质条件的获得,物欲的满足,不要无限制地追求那些不现实的、得不到的东西。正如卢梭所说的那样:“人啊,把你的生活限制于你的能力,你就不会痛苦了。”一切理想都要植根于现实这块肥沃的土壤中。

庄子指出:“穷亦乐,通亦乐。”这是什么意思呢?所谓穷是指不顺利,通是指顺利。庄子认为,凡事顺应境遇,不去强求,才能过上自由安乐的生活。这是一种顺应命运、随遇而安的人生态度。无论顺境或是逆境,人都应该保持一种乐观的生活态度。

“安时而处顺,哀乐不能入也”。

这句话的意思是，能够安于时代潮流，遵循自然法则的人，悲哀和欢乐就不会占据他的内心。这是一种自然的生活方式。有一些人为了出人头地，达到自己的目标，往往不顾一切，拼命去争取。而一旦遭到挫折或打击，往往会意志消沉，一蹶不振。

古时有一位贤者叫许由，尧帝仰慕其名，想将天下让给他。许由对尧帝说："鹤巢于深林不过一枝。"说完便离去隐居了。这句话意思是说，凡事不必求多，只要具有一个够维持正常生活的环境就行了。《庄子》中还讲，"偃鼠饮河，不过满腹。"意思是人要安分，不应贪心纵欲，贪欲一多，烦恼也会增加，心灵便得不到宁静了。人生最重要的是要心灵平静，而知足常乐是心灵平静的唯一办法。

《庄子》中有一句话叫"寿则多辱"。讲的是古时，尧帝到华地视察。当地的官员为尧祈福说："希望你能获得很多男孩，获得丰厚的财富。"但是，尧帝拒绝接受这种祝福，他对官员们说："男孩子多了，操心的事情便会接连不断出现。钱财丰厚了，麻烦的事情就会多起来了。活的时间越长，遭受耻辱的机会也一定更多。"这的确是一种高见。

人们无论做什么事，均有不得不增加的倾向。其实，只要减省某些部分，大都能收到意想不到的效果，倘若这里也想插一手，那里也要兼顾，就不得不动脑筋，过度地使用智能，容易产生奸邪欺诈，所以，只要凡事稍微减省些，便能回复本来的人性，即"返璞归真"。

《呻吟语》的作者吕新吾说过："福莫大于无祸，祸莫大于求福。"意即没有不幸的灾祸降临，就是最大的幸福。一天到晚四处钻营的人，比任何人都更加不幸。所以，人千万不要为欲望所驱使。心灵一旦为欲望侵蚀，就无法超脱红尘而为欲望所吞灭。只有降低欲望，在现实中追求人生的目标，才会活得快乐。

"如果我有一条围巾，我就会把它围到脖子上；如果我有一朵花，我就会每天为它浇水。"就像这歌里唱的一样，生活给了我们什么，我们就应该去承受。